A EFICÁCIA DOS
DIREITOS FUNDAMENTAIS
DOS TRABALHADORES

RUBENS FERNANDO CLAMER DOS SANTOS JÚNIOR

Juiz do Trabalho do TRT da 4ª Região — titular da Vara de Frederico Westphalen. Especialista em Direito do Trabalho e Processo do Trabalho pela UNISC-RS. Mestrando em Direito pela PUC-RS. Professor convidado de Direito do Trabalho e de Processo do Trabalho.

A EFICÁCIA DOS DIREITOS FUNDAMENTAIS DOS TRABALHADORES

Editora LTr
SÃO PAULO

Dados Internacionais de Catalogação na Publicação (CIP)
(Câmara Brasileira do Livro, SP, Brasil)

Santos Júnior, Rubens Fernando Clamer dos

A eficácia dos direitos fundamentais dos trabalhadores / Rubens Fernando Clamer dos Santos Júnior. — São Paulo : LTr, 2010.

Bibliografia.

ISBN 978-85-361-1571-9

1. Direitos fundamentais 2. Trabalho e classes trabalhadoras — Brasil I. Título.

10-03811   CDU-342.7.331

Índice para catálogo sistemático:

1. Brasil : Trabalhadores : Direitos fundamentais   342.7.331

Produção Gráfica e Editoração Eletrônica: **R. P. TIEZZI**

Design de Capa: **DDR COMUNICAÇÕES**

Impressão: **BARTIRA GRÁFICA E EDITORA**

© Todos os direitos reservados

EDITORA LTDA.

Rua Jaguaribe, 571 — CEP 01224-001— Fone (11) 2167-1101
São Paulo, SP — Brasil — www.ltr.com.br

LTr 4157.7   Junho, 2010

Dedicatória

A minha esposa, Ana Lúcia, e a meus filhos, Lucas e Filipe, que são e sempre serão a razão e a motivação de todos os caminhos que hei de trilhar.

A meu querido pai, primeiro e maior responsável por minha opção pelo estudo do Direito.

Agradecimentos

A meus familiares, em especial aos meus pais e a minha esposa Ana Lúcia, pelo apoio e pelo incentivo, os quais tornaram mais leve o fardo de tantas horas de trabalho distante do convívio familiar.

Ao Tribunal Regional do Trabalho da 4ª Região, pelo apoio institucional, sem o qual não teria sido possível o desenvolvimento desta pesquisa.

A meu orientador, professor Dr. Ingo Sarlet, não só pela qualidade dos ensinamentos em aula e pela paciente e segura orientação durante a elaboração da monografia que originou esta obra, mas, sobretudo, pelo estímulo ao estudo acerca dos direitos fundamentais.

Sumário

PREFÁCIO 11
INTRODUÇÃO 13

1. OS DIREITOS FUNDAMENTAIS NO SISTEMA CONSTITUCIONAL 17
1.1. Aspectos terminológicos e conceituais 21
      1.1.1. Distinção entre direitos humanos e direitos fundamentais 23
      1.1.2. Origem histórica e evolução — as dimensões dos direitos fundamentais 24
      1.1.3. Conceito e fundamentalidade formal e material na Constituição Federal de 1988 31
      1.1.4. Classificação dos direitos fundamentais 36
      1.1.5. A correlação entre os princípios fundamentais e os direitos fundamentais 39
            1.1.5.1. O princípio da dignidade da pessoa humana 39

2. OS DIREITOS SOCIAIS E OS DIREITOS DOS TRABALHADORES COMO DIREITOS FUNDAMENTAIS 45
2.1. Os direitos fundamentais na Constituição federal e o problema da fundamentalidade dos direitos sociais e dos trabalhadores 47
2.2. A eficácia e efetividade dos direitos fundamentais dos trabalhadores na Constituição Federal de 1988 52

3. OS EFEITOS DA PROIBIÇÃO DE RETROCESSO NA ANÁLISE DOS DIREITOS SOCIAIS DOS TRABALHADORES 69
3.1. A proteção dos direitos fundamentais frente ao poder constituinte reformador 69
3.2. As cláusulas pétreas e os direitos fundamentais sociais 72
3.3. A dimensão das cláusulas pétreas frente ao poder constituinte reformador 74
3.4. Proibição de retrocesso 75
3.5. Os direitos sociais e a proibição de retrocesso 78
3.6. Configuração da proibição de retrocesso. Princípios e fundamentos 82
3.7. Retrocesso social: exame do direito fundamental ao salário-família a partir da Emenda Constitucional n. 20/98 85

4. ESTUDO DE CASOS: A EFICÁCIA E EFETIVIDADE DOS DIREITOS DOS TRABALHADORES E O PROBLEMA DA OMISSÃO DO LEGISLADOR 92
4.1. Aviso-prévio proporcional ao tempo de serviço 92

4.2. Direito de greve dos servidores públicos 104
    4.2.1. Terminologia. Origem histórica da greve 104
    4.2.2. Conceituação. Natureza jurídica da greve 106
    4.2.3. Sindicalização e negociação coletiva dos servidores públicos 107
    4.2.4. Direito de greve do servidor público 109

5. CONVENÇÃO E ACORDO COLETIVO DE TRABALHO: INTERPRETAÇÃO DA NORMA CONSTANTE NO ART. 7º, INCISO XXVI, DA CONSTITUIÇÃO FEDERAL 118

5.1. Origens do direito do trabalho 118
5.2. Breve histórico das convenções e dos acordos coletivos 121
5.3. A extensão e os limites das normas coletivas 123
5.4. Análise da norma contida no art. 7º, inciso XXVI, da Constituição Federal 128

6. PACTO DE SÃO JOSÉ DA COSTA RICA: ANÁLISE DA PRISÃO CIVIL DO DEPOSITÁRIO INFIEL PROVENIENTE DE EXECUÇÃO TRABALHISTA 134

6.1. A prisão civil no sistema jurídico brasileiro: breve histórico 134
6.2. A prisão civil e a Constituição Federal de 1988 135
6.3. O Pacto de São José da Costa Rica e a prisão civil 135
6.4. Os valores e objetivos estabelecidos no Pacto de São José da Costa Rica 136
6.5. Qual é a prisão civil vedada no Pacto de São José da Costa Rica? 139
6.6. O depositário infiel: espécies de depósito, natureza, funções 140
6.7. A prisão na hipótese de alienação fiduciária: jurisprudência do STF 142
6.8. A previsão constitucional da prisão civil do depositário infiel 143
6.9. A posição hierárquica do Pacto de São José da Costa Rica no ordenamento jurídico brasileiro 144
6.10. A natureza jurídica do crédito trabalhista: o devedor de alimentos 146
6.11. O direito fundamental estabelecido no inciso LXVII, do art. 5º da CF 147
6.12. Análise da prisão civil do depositário infiel sob a ótica do princípio da prestação jurisdicional efetiva 149

CONCLUSÃO 151

REFERÊNCIAS 155

PREFÁCIO

O problema da *Eficácia dos Direitos Fundamentais dos Trabalhadores*, tema que constitui o objeto da monografia que assegurou ao Magistrado da Justiça do Trabalho do Rio Grande do Sul, ora mestrando do Programa de Pós-Graduação em Direito da PUC-RS, *Rubens Clamer dos Santos Júnior*, a obtenção, com destaque, do título de Especialista em Direito do Trabalho e Processo do Trabalho pela UNISC-RS, não pode ser dissociado do quadro mais amplo da teoria jurídico-constitucional dos direitos fundamentais, de modo especial, no que concerne à sua eficácia e efetividade. Embora tal afirmativa possa soar como sendo óbvia, para não dizer absolutamente desnecessária, constata-se, ressalvadas crescentes e significativas exceções no campo da doutrina, que da circunstância elementar de que os direitos dos trabalhadores foram reconhecidos no Título II da Constituição Federal de 1988, portanto, no catálogo dos direitos e garantias fundamentais, ao reconhecimento efetivo de tal condição pela doutrina, pelo legislador, mas também pelos Juízes e Tribunais, ainda resta um longo caminho a percorrer. Com efeito, ou se aceita que os direitos dos trabalhadores, como direitos fundamentais que são, por opção expressa do constituinte, compartilham em linhas gerais do pleno regime jurídico que tal condição lhes assegura (como a imediata aplicabilidade das normas que os garantem e a sua proteção reforçada contra eventual disposição por parte do legislador e dos demais órgãos estatais), ou se admite, como parece ser o caso de muitos, que se trata de direitos fundamentais, mas nem tanto, desqualificando-se em parte ou no que diz com alguns direitos a sua força normativa. Além disso, existem ainda os que chegam a refutar a própria condição de direitos fundamentais aos direitos dos trabalhadores, pelo menos em relação à parte dos que foram expressamente previstos na Constituição.

Desde logo se percebe, especialmente quando se lança um olhar sobre o problema da eficácia e efetividade dos direitos dos trabalhadores, que tais questões e toda a miríade de aspectos que lhes são inerentes seguem a exigir um adequado equacionamento, mesmo na esfera mais limitada do mundo do Direito, que, por sua vez, interage e mesmo reage aos estímulos, neste particular em grande parte altamente complexos e de difícil solução, do ambiente da economia, da política, apenas para mencionar dois dos mais relevantes. Já por tais razões, o trabalho que ora tenho a oportunidade de prefaciar merece ser levado a sério, pois se inscreve justamente no rol das publicações que buscam estabelecer um diálogo profícuo entre a teoria geral dos direitos fundamentais e da eficácia das normas constitucionais que os consagram, com o universo dos direitos dos trabalhadores, que mais do que nunca estão a exigir um tratamento constitucionalmente adequado. O autor, somando uma pesquisa séria com sua experiência profissional como Magistrado Trabalhista, soube bem apresentar os contornos gerais do tema, sem deixar de adentrar, à luz de exemplos altamente polêmicos e de inquestionável atualidade e relevância (como dá conta o caso do direito de greve do servidor público, do aviso-prévio proporcional ao tempo de serviço, entre outros), questões de ordem prática e que demonstram justamente a necessidade de um diálogo mais afinado entre teoria e prática.

Cuida-se, considerado especialmente o perfil de uma monografia de especialização, que — importa frisar — foi objeto de revisão e atualização, além de ajustes importantes realizados pelo autor para fins de publicação, de um texto que merece ser posto à disposição da comunidade jurídica, com os votos de que encontre a devida receptividade e que sirva de estímulo ao autor para, quem sabe quando do término de seu Mestrado, nos brindar com outra obra.

Prof. Dr. *Ingo Wolfgang Sarlet*
Titular da Faculdade de Direito e do Mestrado e
Doutorado em Direito da PUC-RS

Introdução

A Constituição de 1988 — conhecida como Constituição-cidadã — estabelece um marco na história política do País. Surge justamente com o processo de redemocratização, buscando assegurar o exercício dos direitos sociais. O Brasil passa a ser considerado um Estado Democrático e Social de Direito, tendo como fundamentos e objetivos, dentre outros, a dignidade da pessoa humana, os valores sociais do trabalho e da livre iniciativa, a construção de uma sociedade livre, justa e solidária, a erradicação da pobreza e da marginalização, bem como a redução das desigualdades sociais e regionais. Neste contexto, seguindo-se a linha das Constituições do segundo pós-guerra, com forte inspiração no sistema constitucional alemão e português, os direitos fundamentais assumem uma relevância nunca antes vista no regime constitucional nacional, passando a ser considerados como um dos mais importantes, senão o principal, instrumento de realização daqueles fundamentos e objetivos, traçados para o Estado brasileiro sobretudo na busca da dignidade da pessoa humana.

Os direitos fundamentais assumem o estatuto de cláusulas pétreas, com destaque na Constituição, logo após o preâmbulo e os princípios fundamentais, sendo também significativa a ampliação desse rol de direitos na Constituição de 1988, em especial no que tange aos direitos sociais. Nesse sentido, buscaremos o estudo da teoria dos direitos fundamentais, com ênfase nos direitos sociais dos trabalhadores, sendo necessária a análise da fundamentalidade formal e material desses direitos, inclusive em face da abertura material possibilitada pelo art. 5º, § 2º da Constituição, acerca dos chamados direitos implícitos ou decorrentes do regime e dos princípios. Mostrar-se-á também necessário o estudo da força normativa da Constituição, vista como um conjunto normativo formado por princípios e regras, sobretudo com base nos novos métodos de interpretação constitucional, bem como no exame e na utilização dos princípios constitucionais de interpretação constitucional.

Com o advento da Constituição de 1988, teve início a discussão sobre os efeitos gerados pelas normas constitucionais que estabeleceram inúmeros direitos, especialmente a respeito da eficácia das normas relativas aos direitos fundamentais. O debate intensificou-se com a inclusão do § 1º ao art. 5º da Constituição, dispondo que as normas definidoras dos direitos e garantias fundamentais têm aplicação imediata, razão pela qual procederemos ao estudo da teoria clássica das normas constitucionais, construída basicamente por *Ruy Barbosa*, no Brasil, detendo-nos na evolução trazida pela doutrina a respeito da matéria, principalmente a partir da classificação construída por *José Afonso da Silva*. Esta Constituição confere, igualmente, mecanismos de proteção dos direitos estabelecidos em seu texto, impondo limites às reformas posteriormente estabelecidas pelo Poder Constituinte derivado. Entre estes limites estão, por exemplo, as chamadas cláusulas pétreas. Desse modo, há limites objetivos impostos ao constituinte derivado para a reforma constitucional. Nesse aspecto, foi construída pela doutrina a teoria da proibição de retrocesso, inicialmente pelos autores internacionais — principalmente alemães e portugueses.

O princípio da proibição de retrocesso, apesar de ainda ser objeto de sérias discussões teóricas acerca do seu conteúdo e dos seus limites, tem como norte a proteção dos direitos fundamentais, em especial dos direitos sociais, a fim de evitar a erosão desses direitos estabelecidos pelo constituinte originário. Nesse sentido, procuraremos analisar o conteúdo do princípio da proibição de retrocesso social, especialmente em um Estado Social e Democrático de Direito, como é o Estado brasileiro. Esta análise será feita também com base no estudo da jurisprudência derivada do Direito Comparado, já consagrada internacionalmente, que deve ser usada como paradigma para uma série de reflexões a respeito da proibição de retrocesso social. Depois de estabelecidos os parâmetros iniciais acerca desse princípio, procuraremos analisar o instituto sob a ótica do sistema jurídico brasileiro. Com isso, examinaremos a alteração legislativa constitucional relativa ao salário-família, por emenda constitucional. O direito fundamental social ao salário-família, assegurado inicialmente a todos os dependentes dos segurados inscritos na Previdência Social, posteriormente, através da Emenda Constitucional n. 20/98, passou a ser alcançado apenas aos dependentes dos segurados detentores de baixa renda.

Em virtude da tentativa de redução dos direitos sociais já assegurados aos cidadãos, passa a ser necessária uma análise mais profunda do princípio da proibição de retrocesso. Frente à tentativa de se implementar um estado com ideologia neoliberal, é importante verificarmos os instrumentos criados pelo constituinte para a proteção dos direitos fundamentais, tanto no plano formal como também no plano material. Partindo-se dos dados teóricos estabelecidos pela doutrina a respeito da proibição de retrocesso, pretendemos demonstrar o retrocesso acarretado pelo constituinte derivado acerca deste direito fundamental, por meio do exame da Emenda Constitucional n. 20/98, que restringiu o campo de concessão do benefício previdenciário intitulado salário-família.

Outro ponto a ser destacado é o problema da falta de efetividade de algumas normas constitucionais. Passados vinte anos da edição da Constituição, há direitos sociais constantes na Carta Constitucional que ainda não foram efetivados, sendo classificados, pela jurisprudência, apenas como normas programáticas ou, então, de eficácia limitada. É necessário um reexame da matéria acerca da eficácia das normas constitucionais, na busca de maior efetividade possível das normas constitucionais, em especial daquelas que dizem respeito aos direitos fundamentais. Dentre estes direitos está o aviso-prévio proporcional ao tempo de serviço, previsto no art. 7º, inciso XXI, da Constituição Federal, cuja jurisprudência sedimentou o entendimento de se tratar de norma não autoaplicável — programática. O direito de greve do servidor público, previsto no art. 37, inciso VII, da Constituição Federal, também será objeto de estudo, inclusive em razão da recente alteração da jurisprudência do Supremo Tribunal Federal sobre esta matéria, a partir de uma nova leitura do Mandado de Injunção.

Chega-se o momento de rediscutir a eficácia das normas que asseguram direitos fundamentais aos trabalhadores, buscando-se no presente estudo o especial exame das normas que preveem o direito ao aviso-prévio proporcional ao tempo de serviço e o direito de greve do servidor público. Com isso, torna-se necessária também a análise dos direitos fundamentais e dos efeitos gerados pelas normas constitucionais, em virtude do sistema constitucional vigente, estabelecido pela Constituição de 1988. A rediscussão da matéria torna-se imperiosa em razão da crise política e social que atinge o País. A todo instante testemunhamos projetos de diminuição dos direitos trabalhistas, intitulados de "flexibilização" das normas trabalhistas, ficando cada vez mais esquecidas as normas constitucionais que asseguram direitos aos trabalhadores, ainda que estes jamais tenham sido realmente efetivados. Trataremos de buscar vida para essas normas constitucionais, a fim de que não sejam sepultadas definitivamente, tornando-se, mais uma vez, direitos que se consagraram na história como simples normas programáticas.

Rompendo-se com as teorias clássicas acerca da eficácia das normas constitucionais, pretendemos demonstrar a aplicação imediata daquelas normas constitucionais que possuem força normativa suficiente para gerarem efeitos integrais, sustentando a regra geral a respeito da aplicabilidade imediata e da eficácia plena dos direitos fundamentais, não significando ser absoluta esta regra, pois se admitem exceções que, como tal, devem ser tratadas.

Para alcançarmos o fim pretendido, será necessário, igualmente, o desenvolvimento de estudo a respeito do grande espaço, ainda existente, para criação do Direito, que deve ser preenchido não apenas pela lei, mas também por todas as demais fontes do Direito, especialmente pelos princípios, inclusive com base na doutrina que está sendo desenvolvida acerca dos mecanismos de controle das inconstitucionalidades por omissão. Valendo-se do Direito Comparado, em especial dos regimes alemão e português, dos modernos métodos de interpretação constitucional, das teorias atuais acerca da eficácia das normas constitucionais, em especial daquelas referentes aos direitos fundamentais e aos mecanismos de controle da chamada inconstitucionalidade por omissão, pretendemos demonstrar a força normativa da Constituição e a máxima efetividade possível dos preceitos a respeito dos direitos fundamentais dos trabalhadores.

O presente estudo visa também, ainda que de maneira incipiente, analisar a problemática da extensão e dos limites atribuídos às partes na negociação coletiva, com vistas ao estabelecimento de um contrato coletivo de trabalho (acordo ou convenção coletiva de trabalho). A controvérsia a respeito do tema é antiga e ganhou relevo a partir da Constituição Federal de 1988, com a edição do inciso XXVI do art. 7º, quando passou a ser reconhecido pelo constituinte originário o instituto do acordo e da convenção coletiva de trabalho. Essa análise constitucional será feita em consonância com o sistema constitucional como um todo, considerando-se os valores, objetivos e princípios fundamentais contidos no texto fundamental. Necessariamente será feita uma abordagem a respeito da localização do art. 7º da Constituição Federal, no seu Capítulo II, sendo assim considerado um direito social fundamental. Com isso, o estudo dos princípios fundamentais estabelecidos no texto constitucional, bem como a análise da teoria dos direitos fundamentais é imprescindível para a boa compreensão do instituto em foco.

Desse modo, pretenderemos examinar a extensão da referida norma constitucional, bem como o regramento infraconstitucional a respeito da matéria. Inicialmente, faz-se mister o estudo das origens, dos objetivos e das características do Direito do Trabalho, inclusive com uma abordagem histórica deste ramo do Direito, a fim de posteriormente ingressar na análise dos contratos coletivos de trabalho. Os princípios do Direito do Trabalho inserem--se no contexto tendo em vista a controvérsia acerca da sua aplicação — direta ou não — na interpretação dos contratos coletivos de trabalho celebrados. Por fim, teremos de trazer a posição da jurisprudência sobre o tema, sobretudo das cortes superiores.

Pretende o presente estudo trazer uma posição objetiva acerca da matéria, não tanto sobre os efeitos e a validade das normas coletivas estabelecidas, mas principalmente sobre o papel a ser desempenhado pelas partes — principalmente pelas categorias profissionais e econômicas — na negociação coletiva, a fim de se entender quais são os objetivos estabelecidos em lei para os acordos e as convenções coletivas de trabalho celebrados.

Finalmente, buscamos abordar o instituto da prisão civil no sistema jurídico brasileiro, sobretudo a partir da análise do Pacto de São José da Costa Rica, ratificado pelo Brasil e incorporado ao nosso ordenamento jurídico por meio de Decreto-Legislativo. A matéria ganha importância nestes últimos anos em razão da modificação de entendimento pelo Supremo Tribunal Federal, ao analisar a prisão civil do depositário infiel nas hipóteses de alienação fiduciária. Desse modo, pretendemos analisar o instituto nas execuções trabalhistas, na hipótese de configuração do depositário infiel, por meio do exame dos posicionamentos dos Tribunais, em especial do STF, bem como do instituto da prisão civil, desde os primórdios até o seu reconhecimento na Constituição Federal de 1988.

Necessariamente, teremos de ingressar na análise da natureza jurídica do crédito trabalhista e também nas espécies de depósitos, a fim de estabelecer suas diferenças e finalidades. Esta abordagem ganha relevo porque atualmente se impõe a necessidade de buscarmos mecanismos eficientes e eficazes ao processo, quando chamado o Estado a tutelar os direitos violados. Com efeito, buscaremos demonstrar a previsão constitucional da prisão civil do depositário infiel — devedor de alimentos oriundos de uma execução trabalhista. Para tanto, examinaremos os verdadeiros objetivos, premissas e valores estabelecidos no Pacto de São José da Costa Rica, constatando que tais premissas são também aquelas estabelecidas na própria Constituição Federal e nos fundamentos do Direito do Trabalho. A partir da devida interpretação sistemática do Pacto de São José da Costa Rica, poderemos sustentar que este Tratado Internacional de Direitos Humanos não tem como condão proteger o devedor trabalhista — quando este assume o encargo de depositário fiel do bem penhorado, cujo bem servirá para efetividade das decisões judiciais, visando alcançar tutela efetiva ao trabalhador, quando este trabalhador não teve o pagamento dos seus respectivos salários em razão do trabalho prestado.

1. Os Direitos Fundamentais no Sistema Constitucional

A história política e constitucional construída pelo Brasil até o advento da Constituição de 1988 é triste e desanimadora. Restou consagrada a falta de efetividade das suas Constituições e, especialmente, infindáveis ofensas às próprias normas constitucionais. Evidencia-se uma sociedade com enormes problemas em suas políticas sociais — na educação, na saúde, no saneamento e na habitação, impossibilitando uma vida com o mínimo de dignidade para a imensa população e causando, com isso, reflexos diretos, mediatos e imediatos também na área da segurança pública.[1] Esses fatores vieram a aumentar, de maneira significativa, as distorções sociais, fazendo com que o Brasil seja considerado atualmente um dos países com pior distribuição de renda no mundo. São oportunas, nesse sentido, as palavras trazidas por *Lenio Streck*:

> Percebemos, também, que a Constituição não é somente um documento que estabelece direitos individuais, sociais e coletivos, mas, mais do que isto, ao estabelecê-los, **a Constituição coloca a lume a sua ausência,** desnudando as mazelas da sociedade; enfim, não é a Constituição uma mera Lei Fundamental que "toma" **lugar no mundo jurídico,** estabelecendo um novo dever-ser, até porque antes dela havia uma outra "Constituição" e antes desta outras quatro na era republicana [...], mas, sim, **é da Constituição, nascida do processo constituinte, como algo que constitui, que deve exsurgir uma nova sociedade.**[2]

As Constituições brasileiras acabaram não tendo efetividade, o que ocorreu por diversas razões, sobretudo porque não houve o devido reconhecimento da força normativa dos seus textos, bem como pela falta de vontade e compromisso político em dar aplicação direta e imediata às suas normas. A propósito, é valiosa a contribuição de *Konrad Hesse*, ao enfrentar o problema da força normativa da Constituição:

> A concretização plena da força normativa constitui meta a ser almejada pela Ciência do Direito Constitucional. Ela cumpre seu mister de forma adequada não quando procura demonstrar que as questões constitucionais são questões do poder, mas quando envida esforços para evitar que elas se convertam em questões de poder (*Machtfragen*). Em outros termos, o Direito Constitucional deve explicitar as condições sob as quais as normas constitucionais podem adquirir a maior eficácia possível, propiciando, assim, o desenvolvimento da dogmática e da interpretação constitucional.

---

(1) Cf. BARROSO, Luís Roberto; BARCELLOS, Ana Paula de. O começo da história: a nova interpretação constitucional e o papel dos princípios no direito brasileiro. In: BARROSO, Luís Roberto (org.). *A nova interpretação constitucional*: ponderação, direitos fundamentais e relações privadas. Rio de Janeiro: Renovar, 2003. p. 328-329, grifo nosso.
(2) STRECK, Lenio Luiz. *Hermenêutica jurídica e(m) crise*. 2. ed. Porto Alegre: Livraria do Advogado, 2000. p. 284.

Portanto, compete ao Direito Constitucional realçar, despertar e preservar a vontade de Constituição (*Wille zur Verfassung*), que, indubitavelmente, constitui a maior garantia de sua força normativa. Essa orientação torna imperiosa a assunção de uma visão crítica pelo Direito Constitucional, pois nada seria mais perigoso do que permitir o surgimento de ilusões sobre questões fundamentais para a vida do Estado.[3]

Destarte, as leis fundamentais brasileiras nunca passaram de promessas e de meras caricaturas de simbólicos direitos, que jamais se efetivaram. Acabou reinando a teoria clássica de interpretação das normas constitucionais, sendo a Constituição vista apenas como uma carta que previa programas de ação, convocações ao legislador ordinário e aos poderes públicos em geral.[4] Com isso, a história constitucional brasileira simboliza a insinceridade daqueles que pretensamente incluíram direitos nas cartas, mas ao mesmo tempo nunca possibilitaram a efetivação desses direitos, pela falta de vontade política e de mecanismos legais que propiciassem a concretude desses direitos.[5]

É interessante a crítica trazida por *José Adércio Sampaio*: "Haverá no Brasil um modelo e uma história de direitos fundamentais? Dizem alguns que no Brasil não há direitos, sequer história".[6] Para aqueles mais otimistas, que acreditam haver uma história, há, isto sim, uma história marcada também pela completa frustração do povo brasileiro, que comemorou a aquisição desses direitos mas nunca desfrutou desses benefícios.[7]

Essa história, da trajetória dos direitos fundamentais no Brasil, também é contada pela voz da elite, conforme assevera *José Adércio Sampaio*:

> Há quem se negue a acreditar que tais direitos tenham em domínios brasileiros uma trajetória que não seja a contada pela voz da elite que, por meio de manobras políticas, faz de conta que confere direitos para acalmar os ânimos e manter a quietude dos espíritos reivindicatórios. Seriam, como no Medievo que nunca vivemos, direitos concedidos, não conquistados. Por isso mesmo, direitos de aparência e de precariedade, nunca realizáveis, sempre reversíveis.[8]

A Constituição de 1988, até mesmo pelo momento político em que ela foi concebida, tem como objetivo estabelecer um processo de mudança, de recomeço em relação ao que havia sido construído anteriormente, mas principalmente em relação ao que deixou de ser construído até então. A partir dela, passa a existir quase que uma unidade doutrinária, no

---

(3) HESSE, Konrad. *A força normativa da Constituição*. Porto Alegre: Sergio Antonio Fabris, 1991. p. 27.
(4) Segundo Guastini, há basicamente três teorias: cognitiva, cética e intermediária. A cognitiva sustenta que a interpretação é uma atividade do tipo cognoscitivo, sustentando que interpretar é averiguar (empiricamente) o significado objetivo dos textos normativos e/ou a intenção subjetiva de seus autores (as autoridades legislativas). Considera que todo texto normativo admite uma — e somente uma — interpretação verdadeira. Segundo a teoria cética, a interpretação é atividade não de conhecimento, mas de valoração e decisão. O texto pode ser entendido numa pluralidade de modos diferentes, e as diversas interpretações dependem das diversas posturas valorativas dos intérpretes. De acordo com a teoria intermediária, que visa uma conciliação das anteriores, a interpretação é por vezes uma atividade do conhecimento, outras vezes uma atividade de decisão discricionária (GUASTINI, Riccardo. *Das fontes às normas*. Trad. Edson Bini. Apresentação: Heleno Taveira Tôrres. São Paulo: Quartier Latin, 2005. p. 138-143).
(5) Cf. BARROSO, L. R.; BARCELLOS, A. P. de. *Op. cit.*, p. 328.
(6) SAMPAIO, José Adércio Leite. *Direitos fundamentais*: retórica e historicidade. Belo Horizonte: Del Rey, 2004. p. 311.
(7) Cf. BARROSO; BARCELLOS. *Op. cit.*, p. 328.
(8) SAMPAIO, J. A. L. *Op. cit.*, p. 313.

sentido de propiciar uma construção teórica de avanço social e de construção de um país justo e digno.⁽⁹⁾ Desse modo, é mais uma vez oportuna a mensagem trazida por *José Adércio Sampaio*:

> Do mesmo modo, a sociedade, ainda que com a predominância de setores médios e perifericamente **com a ralé dos excluídos, tem reivindicado maior efetividade de respostas judiciárias adequadas à missão que hoje se espera desse Poder que não pode ser, socialmente, nulo,** bem como dos controles institucionalizados de uma maneira geral, como o do próprio Ministério Público, de organismos fiscalizatórios do Executivo e das comissões parlamentares, mas principalmente daqueles realizados pelos Tribunais de Conta, exigindo, o que é mais importante do que tudo descrito e somado, mais espaços participativos nos domínios decisórios dos três Poderes. Somente o avolumar-se da cidadania, por ela mesma e por provocação, por ela controlada, das instâncias de poder institucionalizado abrirão clareiras no imobilismo tão benéfico aos locatários, melhor, comodatários do poder, **possibilitando a vida real dos direitos de papel.**⁽¹⁰⁾

Portanto, a Constituição de 1988, chamada Constituição-Cidadã, vem demarcar uma nova etapa na história política do Brasil. Ela é fruto do processo de redemocratização do País, em razão do longo período de ditadura militar que aqui perdurou por mais de vinte anos.⁽¹¹⁾ Por essa razão é que ela é o resultado de um longo período de discussões, tendo sido realizado um debate sem precedentes na história nacional acerca do conteúdo da Constituição.

A Assembleia Nacional Constituinte, instalada após as eleições diretas do Governo José Sarney, deu início ao debate, a partir da sua instalação em fevereiro de 1987. O anteprojeto elaborado pela comissão de sistematização continha inicialmente 501 artigos, recebendo em torno de 20.000 emendas. Importante destacar que o projeto contou com 122 emendas populares, estas assinadas por no mínimo 30.000 eleitores. Apesar de os trabalhos da Constituinte não terem sido guiados por um pré-projeto, verifica-se forte influência nas conclusões do anteprojeto da comissão Afonso Arinos, pois alguns de os seus artigos foram literalmente transcritos no primeiro projeto da Comissão de Sistematização.⁽¹²⁾

Concluído o trabalho da Assembleia Nacional Constituinte com a promulgação da Constituição Federal de 1988, constata-se que esta carta outorga uma dimensão jamais vista na história constitucional brasileira aos direitos fundamentais. É com a Constituição de 1988 que os direitos fundamentais passam a receber tratamento que nunca houve, tanto no que diz respeito ao catálogo⁽¹³⁾ destes direitos, trazido no corpo da Lei Fundamental, como também no que tange ao *status* jurídico conferido aos direitos fundamentais. O local destinado na Constituição de 1988 aos direitos fundamentais é reconhecidamente de

---

(9) Cf. BARROSO; BARCELLOS. 2003. p. 329.
(10) SAMPAIO. *Op. cit.,* p. 358, grifo nosso.
(11) PIOVESAN, Flávia. *Direitos humanos e o direito constitucional internacional.* 8. ed. São Paulo: Saraiva, 2007a. p. 21-22.
(12) Cf. SARLET, Ingo Wolfgang. *A eficácia dos direitos fundamentais.* Porto Alegre: Livraria do Advogado, 2005. p. 73-75.
(13) Por catálogo, entenda-se o rol de direitos fundamentais trazidos no corpo da Constituição.

destaque, logo após o preâmbulo e os princípios fundamentais. Com isso, são elevados a um patamar diferenciado em relação ao restante das normas dispostas ao longo da carta, acompanhando a tradição do constitucionalismo na esfera dos direitos fundamentais, justamente por possuírem valores superiores em relação a toda a ordem constitucional e jurídica.[14]

A Constituição de 1988 apresenta como características o caráter analítico, o pluralismo e um traço programático e dirigente.[15] Estas três características também são extensivas aos direitos fundamentais.[16] A carta de 1988 é analítica em virtude da grande quantidade de artigos que possui (mais de duzentos), encontrando-se esta particularidade também no título que regula os direitos e garantias fundamentais, o que evidencia alguma desconfiança do constituinte em relação ao legislador infraconstitucional, com o intuito de buscar a preservação das conquistas trazidas no texto constitucional contra eventual supressão destes direitos posteriormente. O pluralismo decorre das grandes pressões políticas evidenciadas em seu processo de discussão, o que se verifica inclusive no título que versa a respeito dos direitos fundamentais, que reúne clássicos direitos de liberdade e direitos políticos com uma gama sem precedentes de direitos sociais, sobretudo dos trabalhadores. Por fim, constata-se um grande número de dispositivos constitucionais que estabelecem programas e diretrizes a serem implementados, por estarem na dependência de regulamentação pelo legislador infraconstitucional. Esta característica também é constatada entre as normas atinentes aos direitos fundamentais, ainda que de maneira muito menos intensa em relação ao restante da Constituição, principalmente em face da aplicabilidade imediata assegurada no art. 5º, § 1º.[17]

Sem dúvida que a maior inovação trazida na Constituição de 1988 é a regra constante no § 1º do art. 5º, dispondo acerca da aplicabilidade imediata dos direitos fundamentais.[18] É consenso na doutrina que esta norma concedeu um *status* completamente diferenciado aos direitos fundamentais em relação às demais normas trazidas na constituição, ficando evidente a importância, a preocupação e a proteção outorgada pelo constituinte aos direitos fundamentais, o que se torna ainda mais evidente com a inclusão desse direitos entre as chamadas cláusulas pétreas da Constituição (art. 60, § 4º), com vistas à sua preservação frente ao Poder Constituinte Reformador.

Os direitos fundamentais acabam assumindo um destaque nunca antes visto nas Constituições brasileiras também em virtude dos movimentos sociais e políticos que envolveram o processo de discussão na Assembleia Nacional Constituinte, em reação ao período histórico anterior, marcado pela restrição e destruição de inúmeras liberdades

---

(14) Cf. SARLET. *Op. cit.*, p. 77.
(15) Flávia Piovesan salienta que com a Constituição de 1988 se busca a reaproximação da ética e do direito, havendo um reencontro com o pensamento Kantiano, com as ideias de moralidade, dignidade e paz perpétua (PIOVESAN. 2007. p. 29).
(16) Segundo Alexy, a abertura do sistema jurídico, provocada pelos direitos fundamentais, é inevitável. Porém, trata--se de uma abertura qualificada, não no sentido de arbitrariedade ou de mero decisionismo (ALEXY, Robert. *Teoria dos direitos fundamentais*. Tradução de Virgílio Afonso da Silva da 5. ed. alemã. São Paulo: Malheiros, 2008. p. 574).
(17) Cf. SARLET. 2005. p. 75-76.
(18) A discussão a respeito da amplitude dos efeitos gerados por essa norma será retomada no capítulo seguinte, quando da análise da eficácia das normas constitucionais.

fundamentais. Pelos mesmos fatores, verifica-se forte influência da Constituição portuguesa de 1976 e da Constituição espanhola de 1978 na Constituição de 1988, cabendo também o registro da influência, ainda que mais remota, da Constituição italiana de 1947 e da Lei Fundamental da Alemanha de 1949.[19]

Outra característica diferenciadora é a significativa ampliação do catálogo de direitos fundamentais previsto na Constituição de 1988, o que é motivo de aplausos. O art. 7º, por exemplo, contém 34 incisos que asseguram um extenso rol de direitos sociais aos trabalhadores, e o art. 5º apresenta 78 incisos que também alcançam outros tantos direitos fundamentais. Esta distinção jamais foi vista anteriormente na história constitucional brasileira e visa justamente a alcançar os objetivos traçados pelo próprio constituinte, expressos tanto no preâmbulo como nos princípios fundamentais da Constituição. Isso tudo demonstra estar a Constituição brasileira em sintonia com os principais pactos internacionais sobre Direitos Humanos, bem como com a Declaração Universal dos Direitos Humanos de 1948, não apenas pelo conteúdo do Título II (que trata dos direitos fundamentais), mas também em razão das disposições do Título I (que traz os princípios fundamentais).[20]

Portanto, são inúmeros os motivos para se concluir que os direitos fundamentais estão em um plano privilegiado em relação às demais normas constitucionais. Assim sendo, confirma-se que os direitos fundamentais nunca tiveram tanta valorização e reconhecimento no cenário político e jurídico deste país como estão tendo a partir da Constituição de 1988.[21]

1.1. Aspectos terminológicos e conceituais

Não há entre nós uniformidade na doutrina e no direito positivo constitucional, nem mesmo no plano internacional, acerca da terminologia apropriada para se referir aos direitos fundamentais.[22] Diversas são as expressões utilizadas, tais como: *direitos do homem*[23], *direitos humanos fundamentais, direitos individuais, liberdades fundamentais, direitos humanos, direitos subjetivos públicos e liberdades públicas*. Nos Estados Unidos, originariamente era utilizada a expressão *direitos naturais* ou *direitos inalienáveis*, como se vê na Declaração da Virgínia, sendo também utilizados na época os termos *direitos civis* e *liberdades civis* ou *individuais*.[24]

A Constituição Federal utiliza expressões diversas para fazer referência aos direitos fundamentais, fenômeno que também se constata em outras Constituições, o que traz alguns problemas de análise da real dimensão e eficácia de vários direitos fundamentais dispostos ao longo da Lei Fundamental, como será oportunamente demonstrado ao longo deste estudo.

---

(19) Cf. SARLET. *Op. cit.*, p. 76.
(20) *Ibidem*, p. 77.
(21) PIOVESAN. 2007. p. 24-25.
(22) A respeito, também SAMPAIO. 2004. p. 7 et seq.
(23) Cf. Canotilho, as expressões *direitos do homem* e *direitos fundamentais* são frequentemente utilizadas como sinônimas (CANOTILHO, J. J. Gomes. *Direito constitucional e teoria da Constituição*. 7. ed. Lisboa: Almedina, 2003. p. 393).
(24) Cf. SAMPAIO. *Op. cit.*, p. 11.

À guisa de exemplo dos diversos termos utilizados na própria Constituição, o art. 4º, II, faz referência a *direitos humanos*, enquanto a epígrafe do Título II e o art. 5º, § 1º referem-se a *direitos e garantias fundamentais*. Outro inciso do art. 5º, LXXI, fala em *direitos e liberdades constitucionais*, sendo que o art. 60, § 4º, inciso IV trata os direitos fundamentais com a expressão *direitos e garantias individuais*. Essa diversidade ocasiona enormes problemas, como mais tarde serão evidenciados, notadamente na análise das cláusulas pétreas previstas na Constituição.

A Constituição de 1988, ao fazer uso da expressão *direitos fundamentais*, emprega a expressão utilizada pela Lei Fundamental da Alemanha e pela Constituição Portuguesa de 1976, continuando a seguir a inspiração alemã e portuguesa em seu texto.[25] Com isso, altera a terminologia que vinha sendo usada sistematicamente nas Constituições brasileiras. Na Constituição de 1934, por exemplo, era utilizada a expressão *direitos e garantias individuais*, mantida nas Constituições de 1937 e de 1946, assim como na Constituição de 1967, inclusive após a Emenda n. 1 de 1969.

A expressão *direitos fundamentais* vem tendo a preferência da doutrina constitucional, basicamente por dois motivos.[26] Em primeiro, porque decorre do próprio direito positivo, ao estar presente na Constituição por força da inspiração alemã e portuguesa, já que também é encontrada em seus respectivos textos constitucionais.[27] Principalmente a partir da Segunda Guerra Mundial, as Constituições passaram a utilizar a expressão genérica *direitos fundamentais*, o que ocorreu também com as Constituições da Espanha de 1978, da Turquia de 1982 e da Holanda de 1983.[28] Em segundo, porque os demais termos utilizados não se mostram completos, capazes de demonstrar a real importância, os efeitos e as funções dos direitos fundamentais no âmbito de um Estado democrático e social de Direito, inclusive no plano internacional. As demais expressões utilizadas acabam vinculando-se a determinadas categorias dos direitos fundamentais, não servindo de forma adequada e completa para o gênero direitos fundamentais, mas sim para uma ou outra espécie, conforme o termo usado.[29]

Seguindo a mesma linha de pensamento do professor *Ingo Sarlet*[30], utilizaremos a expressão *direitos fundamentais* para tratarmos de todas as espécies ou categorias desses direitos, elencados no Título II da Constituição sob a nomenclatura "Dos Direitos e Garantias Fundamentais".

---

(25) Este termo também teve grande utilização na França, a partir de 1770, com notória influência germânica (SAMPAIO. 2004. p. 9).
(26) Nesse mesmo sentido, Jorge Miranda, ao sustentar que a locução "direitos fundamentais" tem sido nas últimas décadas a preferida para designar os direitos das pessoas frente ao Estado que são objeto da Constituição (MIRANDA, Jorge. *Manual de direito constitucional*. 2. ed. Coimbra: Coimbra Editora, 1998. t. 4. p. 48). Ver também: SAMPAIO. *Op. cit.*, p. 22.
(27) Cf. Comparato, direitos fundamentais são os direitos humanos reconhecidos como tais pelas autoridades às quais se atribui o poder político de editar normas, tanto no interior dos Estados quanto no plano internacional. São os direitos humanos positivados nas Constituições, nas leis, nos tratados internacionais (COMPARATO, Fábio Konder. *A afirmação histórica dos direitos humanos*. 3. ed. São Paulo: Saraiva, 2003. p. 57-58).
(28) Segundo pesquisa de Sarlet (2005. p. 35).
(29) Jorge Miranda também aponta vantagens do termo "direitos fundamentais" em comparação com outras designações (MIRANDA. 1998. t. 4. p. 49).
(30) SARLET. *Op. cit.*, p. 33.

1.1.1. Distinção entre direitos humanos e direitos fundamentais

Existe atualmente uma discussão acadêmica e também de ordem prática no sentido de estabelecer a diferenciação entre os direitos humanos e os direitos fundamentais. *Canotilho* e *Jorge Miranda*, dentre inúmeros autores, estabelecem esta distinção.[31] A Constituição Federal de 1988 ora versa sobre *direitos humanos*, como, por exemplo, no art. 4º, inciso II — quando trata dos princípios fundamentais — e no § 3º do art. 5º, ao se referir aos tratados e convenções internacionais sobre direitos humanos, ora trata dos chamados *direitos fundamentais*, ao elencá-los no Título II. Quando trata dos direitos humanos, está referindo-se aos direitos humanos reconhecidos no plano internacional. Efetivamente, mostra-se essencial estabelecermos a real distinção entre as expressões "direitos fundamentais" e "direitos humanos", porquanto não estamos diante de expressões sinônimas. Para tanto, é necessário fixar o critério distintivo. O critério que vem sendo adotado pela doutrina é o critério do plano ou do nível de positivação do direito.

Jorge Miranda defende que a expressão "direitos humanos" deve ser evitada até mesmo como sinônimo da expressão "direitos do homem".[32] *Canotilho* também entende apropriado estabelecer a diferença entre as expressões "direitos do homem" e "direitos fundamentais", defendendo que estes são os direitos do homem, jurídico-institucionalmente garantidos e limitados *espacio-temporalmente*, enquanto aqueles são direitos válidos para todos os povos e em todos os tempos (dimensão jusnaturalista-universalista).[33]

Direitos humanos e direitos fundamentais estão expressa ou implicitamente positivados no ordenamento jurídico, porém não são idênticos. Enquanto os direitos humanos são reconhecidos a qualquer pessoa, os direitos fundamentais são aqueles constitucionalizados, que compõem o núcleo de uma Constituição. É ponto pacífico que os direitos fundamentais também são direitos humanos, pois o titular do direito sempre será o ser humano, ainda que representado por entes coletivos, como, por exemplo, o Estado, os povos ou as nações. Todavia, nem todos os direitos humanos são reconhecidos como direitos fundamentais, na medida em que aqueles são positivados no plano internacional, sendo reconhecidos a qualquer pessoa e transcendendo o direito estatal interno.

Na verdade, a utilização do termo *direitos fundamentais* é apropriada para aqueles direitos do ser humano já reconhecidos e positivados no ordenamento constitucional positivo de algum Estado. Em contrapartida, a expressão direitos humanos possui uma amplitude supranacional, tendo relação com os documentos de direito internacional, referindo-se aos conceitos jurídicos reconhecidos ao ser humano, independentemente da vinculação desses conceitos com determinada positivação em algum sistema constitucional de determinado país.[34]

Direitos fundamentais são os direitos reconhecidos e protegidos pelo Direito Constitucional interno de cada país. Direitos fundamentais são direitos humanos também. São os

---

(31) CANOTILHO. 2003. p. 393-394; MIRANDA. *Op. cit.*, p. 50.
(32) MIRANDA. 1998. t. 4, p. 50.
(33) Cf. CANOTILHO. 2003. p. 393.
(34) Na lição de Sarlet (2005. p. 35-36).

direitos constitucionalizados como fundamentais porque estão na condição de fundamentos de uma ordem jurídica. Ao passo que os direitos humanos são aqueles direitos positivados na esfera do direito internacional, sendo importante distingui-los, ainda, da expressão consagrada como "direitos do homem", considerados os direitos naturais não positivados no sistema jurídico.

Enquanto os direitos fundamentais nascem e acabam com as Constituições, na lição de *Pedro C. Villalon*[35], a expressão "direitos humanos" possui sentido bem mais amplo e impreciso, pois estes ainda carecem da fundamentalidade formal própria dos direitos fundamentais, o que vem a impedir a sua plena eficácia e efetividade, dependendo ainda dos interesses e da cooperação dos Estados. Na lição de *Jorge Miranda*, "direitos humanos" são direitos inerentes à humanidade ou ao gênero humano, sem pertinência a cada pessoa concreta, cujos direitos poderiam, assim, não ser respeitados.[36]

Portanto, apesar de serem expressões distintas, com amplitudes e significados que não são idênticos, os direitos humanos e os direitos fundamentais possuem íntima relação, na medida em que grande parte das Constituições do segundo pós-guerra se inspirou na Declaração Universal dos Direitos Humanos de 1948, bem como nos demais tratados internacionais e regionais acerca do assunto. Muitas vezes os direitos fundamentais reconhecidos por um determinado Estado acabam não contemplando todos os direitos humanos reconhecidos internacionalmente. Em contrapartida, os direitos fundamentais poderão ir além desses direitos humanos, como se constata inclusive na Constituição brasileira, o que somente poderá ser objeto de aplausos, pela preocupação manifestada pelo constituinte, sobretudo com os direitos sociais.

1.1.2. ORIGEM HISTÓRICA E EVOLUÇÃO — AS DIMENSÕES DOS DIREITOS FUNDAMENTAIS

Foi a partir do Cristianismo que todos os seres humanos passaram a ser considerados pessoas dotadas de um eminente valor.[37] Segundo a concepção jusracionalista, todos os homens são por natureza livres, não podendo ser privados de certos direitos inatos quando passam a conviver em sociedade.[38] Os direitos fundamentais, na concepção liberal-burguesa, eram compreendidos como direitos de defesa do particular contra a interferência do Estado em sua propriedade ou em sua liberdade. Estes direitos triunfaram a partir do século XVIII, com as revoluções liberais, aparecendo inicialmente como liberdades em face do poder do Estado, a quem se exige que se abstenha de se intrometer na vida econômica e social do indivíduo (quando possível). Acrescenta ainda *Vieira de Andrade* que os direitos fundamentais eram vistos como liberdades, cujo conteúdo era determinado pela vontade do seu titular, ou como garantias, para assegurar em termos institucionais a não intervenção dos poderes públicos — em qualquer caso enquanto direitos de defesa dos indivíduos perante o Estado.[39]

---

(35) P. C. VILLALON (1989) *apud* SARLET. 2005. p. 37.
(36) Cf. MIRANDA. 1998. t. 4. p. 51.
(37) Segundo Vieira de Andrade, foi numa perspectiva filosófica que começaram a existir os direitos fundamentais (ANDRADE, José Carlos Vieira de. *Os direitos fundamentais na Constituição portuguesa de 1976*. 2. ed. Coimbra: Almedina, 2001. p. 14).
(38) Cf. MIRANDA. *Op. cit.*, p. 17, 21.
(39) ANDRADE. 2001. p. 51.

Mais tarde, como consequência natural da transformação do Estado, os direitos fundamentais também passaram a ser categorizados como direitos a prestações. Nas palavras de *Jorge Miranda*, apesar de os direitos serem ou deverem ser de todos, no século XIX são sonegados dos cidadãos que não possuem determinados requisitos econômicos. É no século XX, depois de reivindicados, que vêm sendo sucessivamente obtidos direitos de natureza econômica, social e cultural. Direitos econômicos como garantia da dignidade do trabalho; direitos sociais como garantia da segurança na necessidade; e direitos culturais como exigência de acesso à educação e à cultura, visando à transformação da condição operária do cidadão.[40]

A teoria dos direitos fundamentais passou a ser construída a partir da tríade extraída da Revolução Francesa, qual seja: liberdade, igualdade e fraternidade, cujos conceitos vêm exatamente trazer as diferentes dimensões dos direitos fundamentais, conforme será analisado posteriormente.[41] *Ingo Sarlet* entende necessário o acréscimo de dois conceitos a esta tríade, para que esteja completa: o direito à vida e ao princípio fundamental da dignidade da pessoa humana, apesar da discussão de estarmos aqui diante de um direito ou de um princípio fundamental.[42]

A história dos direitos fundamentais está diretamente ligada ao reconhecimento e à proteção da dignidade da pessoa humana e dos direitos fundamentais do homem. Esta história também está em sintonia com o surgimento do moderno Estado Constitucional, buscando-se assegurar a já referida dignidade da pessoa humana. Conforme sintetiza *Stern*[43], a história dos direitos fundamentais também é a história da limitação do poder, diretamente ligada à evolução do Estado liberal para o moderno Estado Social e Democrático de Direito.[44] Nesse sentido, é decisivo, para a evolução dos direitos fundamentais, o processo de democratização, fazendo sobressair as garantias de igualdade no contexto das relações entre indivíduo e Estado. A democracia torna-se condição e ao mesmo tempo garantia dos direitos fundamentais e, de um modo geral, da própria liberdade do homem.[45]

A evolução histórica dos direitos fundamentais tem como nascedouro a concepção jusnaturalista adotada nos séculos XVII e XVIII. Os direitos fundamentais nascem como expressão da condição humana, sendo considerados direitos naturais e inalienáveis do homem. Em uma segunda etapa, a partir da Declaração Universal dos Direitos Humanos da ONU, tem início uma nova fase, caracterizada pela universalidade abstrata e concreta

---

(40) Cf. MIRANDA. 1998. t. 4. p. 22-23.
(41) COMPARATO. 2003. p. 62.
(42) Cf. SARLET. 2005. p. 64.
(43) K. STERN. 1988 *apud* SARLET. 2005. p. 35-36.
(44) Do mesmo modo, acrescenta Jorge Miranda que a evolução e as vicissitudes dos direitos fundamentais acompanham o processo histórico, as lutas sociais e os contratos de regimes políticos — bem como o progresso científico, técnico e econômico (que permite satisfazer necessidades cada vez maiores de populações cada vez mais urbanizadas). Do Estado liberal ao Estado Social de Direito, o desenvolvimento dos direitos fundamentais faz-se no interior das instituições representativas, procurando, de maneiras bastante variadas, a harmonização entre direitos de liberdade e direitos econômicos, sociais e culturais (MIRANDA. 1998. t. 4, p. 2). Jorge Luiz Souto Maior e Marcus Orione Gonçalves Correia igualmente sustentam que o surgimento do Direito Social está ligado à própria transformação do Estado Liberal em Estado Social (MAIOR, Jorge Luiz Souto; CORREIA, Marcus Orione Gonçalves. O que é direito social? In: CORREIA, Marcus Orione Gonçalves (org.). *Curso de direito do trabalho*. São Paulo: LTr, 2007. v. 1, p. 15).
(45) Cf. ANDRADE. 2001. p. 53-54.

dos direitos fundamentais, com sua positivação, na esfera do Direito Internacional. A partir daí, estes direitos passam a ser reconhecidos concretamente aos cidadãos de um determinado Estado, aproximando-se cada vez mais dos direitos humanos e possibilitando a construção de um direito constitucional internacional.[46]

K. Stern divide em três etapas o processo de evolução dos direitos fundamentais: uma pré-história, que se estende até o século XVI; uma fase intermediária, correspondente ao período de afirmação dos direitos naturais do homem e de elaboração da doutrina jusnaturalista; uma fase de constitucionalização, com início em 1776, a partir das sucessivas declarações de direitos dos novos Estados americanos.[47] Com isso, a chamada primeira geração dos direitos fundamentais vem a ser aquela que reconhece o seu *status* constitucional material e formal.[48]

Sendo assim, os direitos fundamentais são produto da luta pela liberdade das camadas exploradas e oprimidas, que culmina com a construção de uma sociedade de classes. São os direitos fundamentais, em verdade, o resultado dessas lutas históricas, na busca do núcleo essencial traçado em todas essas reivindicações e conquistas, que vem a ser a dignidade da pessoa humana.[49] Na lição de *Vieira de Andrade*, os direitos fundamentais nasceram e cresceram de uma raiz liberal e, embora o processo de socialização tenha estendido o âmbito e de certo modo alterado a estrutura do sistema que formam, não pretendeu subverter o seu caráter essencial: eles continuam a ser essencialmente poderes de exclusão nas liberdades, poderes de controle nos direitos políticos e cívicos, poderes de reivindicação nos direitos a prestações, sociais ou outras.[50]

Em 1979, foi apresentada, pelo francês *Karel Vasak*, uma classificação dos direitos fundamentais amparada nas fases de reconhecimento dos direitos humanos, dividida em três gerações. A primeira, a partir das revoluções burguesas dos séculos XVII e XVIII, valorizava a liberdade; a segunda, surgida em razão dos movimentos sociais democratas e da Revolução Russa, ressaltava a igualdade e, por fim, a terceira geração busca refletir os valores de fraternidade, notadamente a partir das terríveis experiências passadas pela humanidade com a Segunda Guerra Mundial.[51] Assim, a partir do reconhecimento desses direitos nas Constituições e da sua natural evolução no que tange a seu conteúdo, a sua titularidade, eficácia e efetivação, consagra-se a existência de três gerações de direitos fundamentais. Atualmente, parte da doutrina já reconhece a existência de uma quarta e até mesmo de uma quinta geração de direitos fundamentais.[52]

---

(46) Conforme Jorge Miranda, assiste-se ao fenômeno da universalização dos direitos do homem, em paralelo com o fenômeno da universalização da Constituição e que, com esta, se acompanha a multiplicidade de entendimentos (MIRANDA. 1998. t. 4, p. 29). José Adércio Leite Sampaio também traz interessante pesquisa realizada no direito comparado acerca da internacionalização dos direitos humanos, quando realiza a análise da evolução destes direitos no âmbito interno dos sistemas jurídicos de diversos países (SAMPAIO. 2004. p. 247 *et seq.*).
(47) Cf. K. STERN. 1988 *apud* SARLET. 2005. p. 43.
(48) José Adércio Sampaio identifica quatro etapas de evolução dos direitos fundamentais: o da sua positivação, o da generalização, o da internacionalização e o da especialização ou especificação (SAMPAIO. 2004. p. 207).
(49) Cf. ANDRADE. 2001. p. 105-106.
(50) *Ibidem*, p. 265.
(51) Cf. SAMPAIO. *Op. cit.*, p. 259.
(52) Claro que a posição exposta não é pacífica, havendo contemporaneamente considerável doutrina que defende posição em sentido oposto, relativamente à divisão dos direitos fundamentais em gerações ou dimensões em seu

A utilização do termo "geração" para demarcar a evolução dos direitos fundamentais também é alvo de críticas pela doutrina, por dar a entender que haveria a substituição de uma geração por outra de acordo com uma suposta evolução histórica. Desse modo, a doutrina contemporânea prefere utilizar o termo "dimensões" dos direitos fundamentais, para bem precisar o conteúdo dessas gerações de direitos, inexistindo dissenso na própria doutrina a respeito do conteúdo exato de cada uma das chamadas dimensões desses direitos. Seguindo a mesma linha de pensamento, utilizaremos a expressão "dimensões" para demarcarmos o conteúdo exato das diversas gerações dos direitos fundamentais.[53]

Os direitos fundamentais da primeira dimensão possuem marcante característica individualista, fruto do pensamento liberal-burguês do século XVIII, tendo como inspiração a doutrina iluminista e jusnaturalista dos séculos XVII e XVIII. A essa primeira dimensão correspondem pensamentos de *Hobbes, Locke, Rousseau* e *Kant,* dando início à positivação das reivindicações burguesas nas primeiras Constituições escritas do mundo ocidental.[54] Nesta fase, afirmam-se basicamente os direitos do indivíduo perante o Estado, configurando-se como direitos de defesa, estabelecendo uma autonomia individual não sujeita à intervenção do Estado. Por essa razão, são considerados direitos de cunho "negativo", pois não exigem uma ação positiva do Estado, mas sim uma abstenção, configurando-se como verdadeiros direitos de resistência ou de oposição perante o Estado. Na lição de *José Adércio Sampaio,* são chamados de "direitos" ou "liberdades" de primeira geração ou de "base liberal", fundando-se na separação entre Estado e sociedade na concepção do contratualismo individualista dos séculos XVIII e XIX, dividindo-se internamente em direitos civis e direitos políticos.[55]

Segundo *Paulo Bonavides,* são direitos que valorizam primeiro o homem-singular, o homem das liberdades abstratas, o homem da sociedade mecanicista que compõe a chamada sociedade civil.[56] Em razão da inspiração jusnaturalista, os direitos de primeira dimensão de maior destaque são os direitos à vida, à liberdade, à propriedade e à igualdade perante a lei. Em um segundo momento, são incluídas entre as chamadas liberdades as de expressão coletiva, tais como as liberdades de expressão, de imprensa, de manifestação e de associação, bem como os direitos de participação política, essencialmente através do voto, o que revela a íntima relação entre os direitos fundamentais e a democracia. Dentro do direito à igualdade, estão também compreendidas algumas garantias processuais, tais como o devido processo legal, o direito de petição e o *habeas corpus.*[57] São assim os chamados direitos civis e políticos, que passaram a ser assegurados nas Constituições do mundo ocidental.

---

contexto histórico. Jorge Luiz Souto Maior e Marcus Orione Gonçalves Correia, por exemplo, sustentam estar ultrapassada a ideia de gerações de direitos humanos (MAIOR; CORREIA, 2007. v. 1, p. 14). Ingo Sarlet também argumenta que a própria ideia de dimensões é um pouco falaciosa. Cf. observações feitas por Ingo Sarlet em aula ministrada no Curso de Mestrado em Direito promovido pela PUC-RS, 2009. Paulo Bonavides é um dos defensores da existência da 4ª e da 5ª geração dos direitos fundamentais (BONAVIDES, Paulo. *Curso de direito constitucional.* 22. ed. São Paulo: Malheiros, 2008. p. 570-572, 577-593).

(53) Cf. SARLET. 2005. p. 53.
(54) Cf. *Ibidem*, p. 54.
(55) SAMPAIO. 2004. p. 260.
(56) BONAVIDES, Paulo. *Curso de direito constitucional.* 13. ed. São Paulo: Malheiros, 2003. p. 564.
(57) O *habeas corpus* não era considerado por boa parte da doutrina como direito fundamental, porque este direito não era assegurado ao conjunto da população, mas apenas a alguns segmentos (clero e nobreza, por exemplo). Cf. observações feitas por Ingo Sarlet em aula ministrada no Curso de Mestrado em Direito promovido pela PUC-RS, 2009.

Após o processo de industrialização se acentuaram os problemas sociais e econômicos, chegando-se à conclusão de que apenas a concessão dos direitos de liberdade e de igualdade não era suficiente para se atingir sua plena implementação. Assim, durante o século XIX, iniciaram-se os protestos e as reivindicações sociais, passando a ser exigida do Estado uma participação mais ativa, no sentido do reconhecimento progressivo de direitos. Esses direitos, ao contrário dos direitos de primeira dimensão, passam a ter uma conotação mais positiva, sendo exigida do Estado uma participação ativa na busca da justiça social. A partir do século XX, sobretudo nas constituições do segundo pós-guerra, é que estes novos direitos fundamentais são consagrados em diversas Constituições, bem como em muitos pactos internacionais.[58]

José Adércio Sampaio sustenta que os direitos sociais, econômicos e culturais resultam da superação do individualismo possessivo e do darwinismo social, decorrente das transformações econômicas e sociais ocorridas no final do século XIX e início do século XX, especialmente pela crise das relações sociais decorrentes dos modos liberais de produção, acelerada pelas novas formas trazidas pela Revolução Industrial. Sustenta, ainda, que esta segunda dimensão dos direitos fundamentais decorre da consequente organização do movimento da classe trabalhadora, sob a catálise das ideias marxistas que levou à Revolução Russa sua proposta de uma sociedade comunista planetária.[59]

Os direitos de segunda dimensão caracterizam-se por concederem aos cidadãos direitos a prestações sociais pelo Estado, tais como assistência social, saúde, educação, trabalho etc. No entanto, não abrangem apenas os direitos de natureza prestacional, embora o traço característico desta segunda fase seja a natureza "positiva" do direito prestado. É justamente nesta fase que são reconhecidos os direitos fundamentais dos trabalhadores, tais como férias, repouso semanal remunerado, salário mínimo, limitação da jornada de trabalho e tantos outros.[60] As chamadas "liberdades sociais" também fazem parte desta segunda dimensão, compreendendo-se a liberdade de sindicalização e também o direito de greve.

Portanto, a segunda dimensão dos direitos fundamentais congrega muito mais do que apenas os direitos de natureza prestacional por parte do Estado, englobando os direitos sociais, culturais e econômicos, assim como os direitos coletivos ou das coletividades.[61] Estes direitos surgiram para atender aos anseios e às reivindicações das camadas mais humildes da sociedade, notadamente da classe trabalhadora, na busca da justiça social, bem como na diminuição das desigualdades existentes entre a classe operária e a empregadora. A essência da criação dessa espécie de direitos recai justamente na ideia de compensação, no sentido de buscar equiparar partes que estão em situação de desigualdade, diminuindo o grau dessa desigualdade, constatado na relação capital-trabalho, conforme aduz *Ingo Sarlet*:

A utilização da expressão "social" encontra justificativa, entre outros aspectos que não nos cabe aprofundar neste momento, na circunstância de que os direitos de segunda

---

(58) SARLET. 2005. p. 56.
(59) SAMPAIO. 2004. p. 261.
(60) Do mesmo modo, *ibidem*, p. 263.
(61) BONAVIDES. 2003. p. 564.

dimensão podem ser considerados uma densificação do princípio da justiça social, além de corresponderem a reivindicações das classes menos favorecidas, de modo especial da classe operária, **a título de compensação,** em virtude da extrema desigualdade que caracterizava (e, de certa forma, ainda caracteriza) as relações com a classe empregadora, notadamente detentora de um maior ou menor grau de poder econômico.[62]

A ideia acima vem a ser justamente a mesma que norteia os princípios do Direito do Trabalho, em especial o basilar princípio da proteção, que busca criar mecanismos para se tentar diminuir as desigualdades existentes na relação contratual que se estabelece entre empregado e empregador.[63]

A marca distintiva dos direitos fundamentais de terceira dimensão em relação aos examinados anteriormente é o traço coletivo ou difuso na titularidade destes direitos. Ao contrário dos direitos de primeira e segunda dimensão, que se reportam essencialmente à pessoa, ao indivíduo, os direitos de terceira dimensão destinam-se à proteção de coletividades, como, por exemplo, da família, de um povo ou de uma nação. São os chamados direitos de fraternidade ou de solidariedade, normalmente expressados através do direito à paz, à comunicação, à conservação e utilização do patrimônio histórico e cultural, à autodeterminação dos povos, bem como o direito ao meio ambiente e à qualidade de vida.[64] Também vêm sendo consideradas como de terceira dimensão as garantias contra manipulações genéticas e o direito à mudança de sexo, apesar de parte da doutrina já classificar estes direitos como de quarta dimensão.

José Adércio Sampaio denomina-os, também, como "direitos dos povos", "direitos de cooperação" ou "direitos humanos morais e espirituais", surgidos como reação à dominação cultural e ao alarmante grau de exploração não mais da classe trabalhadora dos países industrializados, mas das nações em desenvolvimento por aquelas desenvolvidas ("direitos terceiro-mundistas"), bem como em razão dos quadros de injustiça e opressão no próprio ambiente interno dessas e de outras nações ("direitos nacionalistas").[65]

O traço característico destes direitos de terceira dimensão vem a ser a titularidade coletiva, que muitas vezes é até mesmo indefinida e indeterminável. Na verdade, estes direitos buscam atender as novas necessidades e aspirações do homem, fruto da revolução tecnológica e, sobretudo, dos conflitos e das guerras que atormentam o mundo inteiro, vindo tudo isso a refletir substancialmente no conteúdo e na própria dimensão dos direitos fundamentais. Grande parte destes direitos ainda não está reconhecida pelo ordenamento constitucional, cujo panorama vem sendo alterado gradativamente, especialmente em razão da consagração destes temas no âmbito internacional, através de tratados celebrados a todo instante, com vistas à melhoria das condições de vida do ser humano.

---

(62) SARLET. 2005. p. 56, grifo nosso.
(63) Souto Maior enfatiza que o pressuposto teórico do direito do trabalho — o seu direito pressuposto — não é a igualdade, mas a desigualdade, que se procura neutralizar, ou minimizar, pela atuação do direito (MAIOR, Jorge Luiz Souto. *O direito do trabalho como instrumento de justiça social*. São Paulo: LTr, 2000. p. 267).
(64) BONAVIDES. 2003. p. 569.
(65) SAMPAIO. 2004. p. 293.

A quarta dimensão dos direitos fundamentais vem a ser uma decorrência natural do processo de globalização dos direitos fundamentais.[66] No Brasil, o defensor mais ilustre deste pensamento é o prof. *Paulo Bonavides*, segundo o qual esta quarta dimensão visa universalizar no campo institucional os direitos fundamentais: "A globalização política na esfera da normatividade jurídica introduz os direitos de quarta geração, que, aliás, correspondem à derradeira fase de institucionalização do Estado social".[67] Nomina como exemplos destes direitos de quarta dimensão o direito à democracia, o direito à informação e o direito ao pluralismo. Assim como grande parte dos direitos de terceira dimensão não estão ainda positivados no sistema constitucional, este fenômeno também ocorre com os direitos de quarta dimensão, sendo, até o momento, apenas uma esperança de futuro melhor para os povos, pois somente com eles será possível a globalização política (democracia globalizada) e a liberdade de todos os povos.[68]

Conclui-se que os direitos fundamentais acabam tendo como norte os valores da vida, da liberdade, da igualdade e da fraternidade (ou solidariedade), inspirando-se no princípio maior da dignidade da pessoa humana. O processo de maturação e de reconhecimento destes direitos é dinâmico e dialético, passando por avanços e retrocessos históricos, na medida em que alguns clássicos direitos fundamentais de primeira e de segunda dimensão estão sendo atualmente revigorados em virtude das novas formas de agressão a estes valores tradicionais, que já estão incorporados ao patrimônio jurídico da humanidade.[69] Ganha importância a discussão a respeito das enormes dificuldades encontradas para implementação destes direitos fundamentais, principalmente para os de segunda e de terceira dimensão, passando a ser imprescindível a busca de soluções alternativas, bem como a revisão e a revitalização de conceitos jurídicos já existentes em nosso sistema legal.[70]

Assim, os direitos fundamentais têm como alicerce, em um primeiro momento, as ideias de liberdade, igualdade e fraternidade, agregando-se a estas diretrizes o direito à vida e o princípio da dignidade da pessoa humana, sendo este atualmente o maior fundamento para a construção da teoria dos direitos fundamentais. A propósito, é importante trazer a lição de *Vieira de Andrade*:

> Neste contexto se deve entender o princípio da dignidade da pessoa humana — consagrado no art. 1º como o primeiro princípio fundamental da Constituição — como o princípio de valor que está na base do estatuto jurídico dos indivíduos e confere unidade de sentido ao conjunto dos preceitos relativos aos direitos fundamentais. Estes preceitos não se justificam isoladamente pela protecção de bens jurídicos avulsos, só ganham sentido enquanto ordem que manifesta o respeito pela unidade existencial de sentido que cada homem é para além dos seus actos e atributos.[71]

---

(66) Já há também quem defenda a existência de uma quinta dimensão de direitos fundamentais, conforme faz referência Sampaio (2004. p. 302). No Brasil, Paulo Bonavides é um dos defensores mais ilustres da existência da quinta dimensão dos direitos fundamentais. Sustenta o direito à paz como sendo um direito da quinta geração dos direitos fundamentais a partir da sua trasladação da terceira dimensão (BONAVIDES. 2008. p. 577-593).
(67) *Idem*, 2003. p. 571.
(68) *Ibidem*, p. 572.
(69) Cf. SARLET. 2005. p. 59-61.
(70) SARLET. 2005. p. 63.
(71) ANDRADE. 2001. p. 97.

1.1.3. Conceito e fundamentalidade formal e material na Constituição Federal de 1988

Na lição de *Jorge Miranda*, a distinção entre direitos fundamentais em sentido formal e direitos fundamentais em sentido material remonta ao IX aditamento à Constituição dos Estados Unidos (de 1791), estando posteriormente implícita ou explícita em diversas Constituições, entre as quais a portuguesa. Acrescentamos que esta distinção também se encontra presente na Constituição brasileira, notadamente em seu art. 5º, § 2º. O referido aditamento constante na Constituição norte-americana dispõe que "a especificação de certos direitos pela Constituição não significa que fiquem excluídos ou desprezados outros direitos até agora possuídos pelo povo". Finaliza dizendo que há normas de Direito ordinário, interno e internacional, atributivas de direitos equiparados aos constantes em normas constitucionais.[72]

A ideia principal que envolve a noção dos direitos fundamentais é que estes vêm a ser a concretização do princípio fundamental da dignidade da pessoa humana, expresso no art. 1º, inciso III, da Constituição Federal. Todavia, nem todos os direitos fundamentais previstos na Constituição possuem como fundamento único ou principal a dignidade da pessoa humana, como tentaremos demonstrar quando da análise da fundamentalidade formal desta espécie de direitos.[73]

Os direitos fundamentais dividem-se em dois grandes grupos. De um lado, os positivados ou escritos, aqueles constantes no catálogo da Constituição Federal (Título II), bem como os decorrentes dos tratados internacionais em que o Brasil seja parte, conforme prevê o art. 5º, § 2º, da Constituição. De outro, os chamados direitos fundamentais não escritos, subdividindo-se este grupo nos chamados direitos fundamentais implícitos e naqueles decorrentes do regime e dos princípios adotados pela Constituição, conforme também dispõe o já citado art. 5º, § 2º, da Constituição.[74]

A fundamentalidade formal dos direitos fundamentais decorre de eles estarem expressamente positivados na Constituição, situando-se no topo do ordenamento jurídico, num plano superior inclusive das demais normas constitucionais.[75] *Jorge Miranda* sintetiza afirmando que todos os direitos fundamentais em sentido formal são também direitos fundamentais em sentido material. Mas há direitos fundamentais em sentido material para além deles.[76] *Vieira de Andrade* também sustenta a existência de direitos fundamentais em sentido material que não o são formalmente, porque não estão incluídos no catálogo constitucional.[77]

Canotilho enumera quatro características importantes a respeito da fundamentalidade formal: 1ª) as normas consagradoras de direitos fundamentais, enquanto normas fundamentais, estão em um grau superior da ordem jurídica; 2ª) na condição de normas

---

(72) Cf. MIRANDA. 1998. t. 4, p. 11.
(73) SARLET. 2005a. p. 109, 125-127.
(74) Cf. *ibidem,* p. 99-100.
(75) Cf. CANOTILHO. 2003. p. 379.
(76) MIRANDA. 1998. t. 4, p. 9.
(77) ANDRADE. 2001. p. 73.

constitucionais, estão submetidas aos procedimentos agravados de revisão; 3ª) sendo normas incorporadoras de direitos fundamentais, passam, muitas vezes, a constituir limites materiais da própria revisão constitucional; 4ª) sendo normas dotadas de vinculatividade imediata dos poderes públicos, constituem parâmetros materiais para escolhas, decisões, ações e controles dos órgãos legislativos, administrativos e jurisdicionais.[78]

Como visto, os direitos fundamentais estão expressamente positivados em tratados internacionais em que o Brasil seja parte, estão expressos no Título II da Constituição Federal e também se encontram dispersos no texto constitucional. Ainda, podem estar implicitamente positivados no sistema. O art. 5º, § 2º, da Constituição Federal consagra uma cláusula de abertura material, ao dispor que os direitos fundamentais expressos na Constituição não excluem outros decorrentes do regime e dos princípios por ela adotados, ou dos tratados em que o Brasil seja parte. Trata-se de uma norma geral inclusiva, que já existia no sistema brasileiro desde a Constituição de 1891.[79]

A Constituição é um sistema normativo formado por princípios e regras.[80] Esta ideia originária do direito anglo-saxão foi construída inicialmente por *Ronald Dworkin*.[81] Os direitos fundamentais não constituem um sistema separado e fechado dentro da Constituição.[82] O art. 5º, § 2º, da Constituição possibilita o reconhecimento de direitos fundamentais que não estão positivados no próprio texto constitucional. Aliás, a referida norma impõe (não apenas autoriza) o reconhecimento dos direitos fundamentais que estejam fora do catálogo, previstos em tratados internacionais, assim como aqueles decorrentes do regime e dos princípios da Constituição, podendo estar até mesmo implícitos ou não escritos no sistema, conforme já referido.[83]

O próprio art. 7º da Constituição traz também uma cláusula de abertura no que se refere aos direitos dos trabalhadores, ao dispor expressamente que são direitos dos trabalhadores aqueles que estão elencados nos incisos do referido artigo, além de outros que visem à melhoria da condição social desses trabalhadores.[84] Nesse sentido, é valiosa a lição de *Arion Sayão Romita*: "A enumeração dos direitos dos trabalhadores é meramente exemplificativa, pois se faz sem prejuízo de outros que visem à melhoria de sua 'condição social'".[85] A Lei Fundamental alemã, por exemplo, possui apenas um direito fundamental

---

(78) CANOTILHO. 2003. p. 379.
(79) SARLET. 2005a. p. 99-104.
(80) Juarez Freitas conceitua sistema jurídico como uma rede axiológica e hierarquizada topicamente de princípios fundamentais, de normas estritas (ou regras) e de valores jurídicos cuja função é a de, evitando ou superando antinomias em sentido lato, dar cumprimento aos objetivos justificadores do Estado Democrático, assim como se encontram consubstanciados, expressa ou implicitamente, na Constituição (FREITAS, Juarez. *A interpretação sistemática do direito*. 4. ed. São Paulo: Malheiros, 2004. p. 54).
(81) A respeito da teoria construída por Ronald Dworkin, Leivas traz excelente síntese (LEIVAS, Paulo Gilberto Cogo. *Teoria dos direitos fundamentais sociais*. Porto Alegre: Livraria do Advogado, 2006. p. 29-37).
(82) Nesse mesmo sentido: ANDRADE. 2001. p. 102. Eros Grau enfatiza que o sistema jurídico é aberto. Aberto no sentido de que é incompleto, evolui e modifica-se (GRAU, Eros Roberto. *O direito posto e o direito pressuposto*. 4. ed. São Paulo: Malheiros, 2002. p. 22). O sistema jurídico deve ser pensado em sua abertura e vocacionado para a dialética unidade no plano dos princípios fundamentais (FREITAS. *Op. cit.*, p. 47).
(83) SARLET. *Op. cit.*, p. 94-97.
(84) SARLET. 2005a. p. 95.
(85) ROMITA, Arion Sayão. Os direitos sociais na Constituição brasileira. *Revista de Direito do Trabalho*, São Paulo, v. 13, n. 73. p. 73, maio/jun. 1988.

social expresso em seu texto (art. 6º, alínea 4), dispondo que as mães têm direito à proteção e à assistência da comunidade. Todavia, com uma construção dogmática a respeito do que dispõe o art. 20, alínea 1 da Constituição alemã — A República Federal da Alemanha é um Estado federal, democrático e social, em conjunto com outras normas constitucionais, há possibilidade do reconhecimento de outros direitos sociais que não estejam expressos na própria Constituição, conforme assevera *Paulo Leivas*:

> Embora, da cláusula do Estado Social, a jurisprudência e doutrina alemãs não associem, por si só, direitos fundamentais sociais, uma interpretação dessa cláusula em conjunto com outras normas constitucionais — em especial os direitos à liberdade fática, à vida e à integridade corporal — conduz ao reconhecimento de direitos fundamentais sociais não estatuídos expressamente.[86]

Por essa razão, trata-se de um sistema flexível, sempre aberto a novos conteúdos, assim como vem a ser o restante da Constituição, que possui um sistema aberto de regras e princípios.[87] *Vieira de Andrade*, ao comentar o sistema jurídico constitucional português, também traz esta característica a respeito da abertura do catálogo dos direitos fundamentais, ao dizer: "É, pois, legítimo concluir que a nossa ordem jurídico-constitucional acautela e não exclui a existência de direitos fundamentais contidos em normas legais ou internacionais".[88]

Os princípios fundamentais trazidos no Título I da Constituição assumem o papel referencial hermenêutico para a integralidade do sistema jurídico, pois é a partir da Constituição Federal que as demais normas deverão ser interpretadas. Sobretudo de acordo com os valores básicos constantes nos princípios fundamentais da Constituição é que deverão ser interpretadas as demais normas jurídicas existentes em nosso sistema, utilizando-se, para tanto, daquelas já conhecidas funções dos princípios jurídicos, em especial das funções interpretativa e informadora.[89] Partindo-se destas premissas, conclui-se que os princípios fundamentais servem de parâmetro para sustentar a fundamentalidade material de um determinado direito, em especial com base no princípio da dignidade da pessoa humana. Esse critério é utilizado para localização de outros direitos fundamentais não expressos no catálogo próprio da CF (Título II).[90] Nesse sentido, é mister salientar que grande parte dos

---

[86] LEIVAS. 2006. p. 90.

[87] Canotilho sustenta que, junto a uma compreensão aberta do âmbito normativo das normas concretamente consagradoras de direitos fundamentais, possibilita-se a concretização e desenvolvimento plural de todo o sistema constitucional (CANOTILHO. 2003. p. 380).

[88] ANDRADE. 2001. p. 73.

[89] Ronald Dworkin e Robert Alexy estabelecem com clareza a distinção entre princípios e regras. Alexy diz que os princípios atuam como mandados de otimização contendo uma ordem vinculante para que os órgãos estatais, inclusive o Poder Judiciário, maximizem — otimizem a eficácia e efetividade dessas normas-princípio. A eficácia final do princípio se afere na sua concretização, no caso em concreto (ALEXY, Robert. *Teoría de los derechos fundamentales*. 3. ed. Madrid: Centro de Estúdios Constitucionales, 2002. p. 81-147). Segundo Canotilho, regras são normas que, verificados determinados pressupostos, exigem, proíbem ou permitem em termos definitivos, sem qualquer exceção. Já os princípios são normas que exigem a realização de algo, da melhor forma possível, de acordo com as possibilidades fáticas e jurídicas. Os princípios não proíbem, permitem ou exigem algo em termos de tudo ou nada (CANOTILHO. 2003. p. 1.255).

[90] Princípios fundamentais são os critérios ou as diretrizes básicas do sistema jurídico, que se traduzem como disposições hierarquicamente superiores, do ponto de vista axiológico, às estritas normas (regras) e aos próprios valores (mais genéricos e indeterminados), sendo linhas mestras de acordo com as quais se guiará o intérprete quando

direitos sociais tem como fundamento o princípio da dignidade da pessoa humana, assim como têm como base os princípios que norteiam o Estado Social de Direito, que busca a construção de uma sociedade livre, justa e solidária; que visa à erradicação da pobreza e da marginalização, bem como à redução das desigualdades sociais, garantindo, ainda, os valores sociais do trabalho.[91]

Os direitos fundamentais e os princípios fundamentais previstos na Constituição estão interligados, tanto em função do conteúdo material dessas normas, como também no aspecto formal, face ao que dispõe o § 2º do art. 5º da Constituição. Isto porque a citada norma, ao fazer referência ao "regime" e aos "princípios", busca justamente se referir ao Título I da Constituição, que dispõe acerca dos princípios fundamentais. É no Título I que a Constituição estabelece os objetivos e princípios fundamentais que regem o Estado brasileiro, identificando o Brasil como um Estado social e democrático de Direito.[92]

Essas diretrizes para o Estado brasileiro guardam íntima relação com o conteúdo dos direitos fundamentais, pois ambos os sistemas (dos princípios fundamentais e dos direitos fundamentais) convergem para a implementação da chamada democracia social.

Obviamente que outros princípios fundamentais trazidos no Título I da Constituição possuem enorme importância e significado, servindo também como instrumento de busca da dignidade do ser humano e, igualmente, como referencial para a caracterização da fundamentalidade material de um determinado direito. Servem de exemplo os princípios que constam no inciso IV do art. 1º — os valores sociais do trabalho e da livre iniciativa; no inciso I do art. 3º — que traça como objetivo do Estado Democrático e Social de Direito brasileiro a construção de uma sociedade livre, justa e solidária; no inciso III do art. 3º — que traça como objetivo a erradicação da pobreza e da marginalização, e a redução das desigualdades sociais e regionais. No entanto, atualmente o princípio fundamental da dignidade da pessoa humana é considerado o grande fundamento de todo o sistema dos direitos fundamentais, sendo o sustentáculo maior para a constatação dos direitos fundamentais implícitos. Assevera *Vieira de Andrade* que o princípio da dignidade da pessoa humana é o fundamento de todo o catálogo dos direitos fundamentais.[93] Isto se explica porque os chamados direitos fundamentais possuem como função maior justamente otimizar a dignidade do ser humano, em seus diversos aspectos e em todas as suas dimensões.

A fundamentalidade material origina-se do fato de esses direitos serem elementos constitutivos da própria Constituição material, por conterem decisões fundamentais sobre a estrutura básica do Estado e da sociedade. É através da análise do conteúdo da norma que

---

se defrontar com as antinomias jurídicas. "Diferenciam-se das regras não propriamente por generalidade, mas por qualidade argumentativa superior, de modo que havendo colisão deve ser realizada uma interpretação em conformidade com os princípios (dada a 'fundamentalidade' dos mesmos), sem que as regras, por supostamente apresentarem fundamentos definitivos, devam preponderar. A primazia da 'fundamentalidade' faz com que — seja na colisão de princípios, seja no conflito de regras — um princípio, não uma regra, venha a ser erigido como preponderante. Jamais haverá um conflito de regras que não se resolva à luz dos princípios, a despeito de esse processo não se fazer translúcido para boa parte dos observadores." (FREITAS. 2004. p. 56).

(91) SARLET. 2005a. p. 108.
(92) SARLET. 2005a. p. 107.
(93) ANDRADE, José Carlos Vieira de. *Os direitos fundamentais na Constituição portuguesa de 1976*. 3. ed. Coimbra: Almedina, 2004. p. 385-386.

se pode verificar a fundamentalidade material, na hipótese de estar ligada à estrutura do Estado e da sociedade, notadamente em relação ao ser humano. *Jorge Miranda* sustenta que os direitos fundamentais em sentido material não são apenas aqueles direitos declarados, estabelecidos pelo legislador constituinte, pura e simplesmente. Trata-se também dos direitos resultantes da concepção de Constituição dominante, da ideia de Direito, do sentimento jurídico coletivo. Sendo assim, diz ser muito difícil, senão impossível, julgar-se que esta ideia não assente num mínimo de respeito pela dignidade do homem concreto.[94]

Reconhecendo-se esses aspectos, há de se constatar a fundamentalidade material de determinado direito, que passa a ser admitido como um autêntico direito fundamental, apesar de não reconhecido no aspecto formal pela própria Constituição, conforme autoriza o art. 5º, § 2º, da Constituição Federal.[95] Esses direitos implícitos estarão fundados nos direitos fundamentais já existentes, originando-se dos princípios fundamentais, sobretudo da dignidade da pessoa humana.[96] Por esta razão é que temos direitos fundamentais consagrados que não estão dispostos no Título II da Constituição, como, por exemplo, o direito fundamental ao meio ambiente, por força da sua fundamentalidade material.[97] O sigilo fiscal e o sigilo bancário, o princípio da proporcionalidade, o direito ao duplo grau de jurisdição também são exemplos de direitos fundamentais implicitamente positivados no sistema. A teoria dos direitos de personalidade é centrada hoje, boa parte, em uma fundamentalidade implícita. Reconhece-se na Constituição uma cláusula (implícita) geral de proteção da personalidade, com base na dignidade da pessoa humana e no direito geral de liberdade. As Constituições alemã, espanhola, grega e portuguesa trazem cláusula expressa a respeito dos direitos de personalidade, ao contrário da Constituição brasileira. Outro exemplo dos direitos que se encontram fora do catálogo é o direito de igualdade dos filhos e dos cônjuges.[98]

Esta categoria de direitos fundamentais, chamados "direitos implícitos", são aqueles direitos que estão subentendidos nas regras das garantias fundamentais, dos direitos individuais decorrentes do regime e constantes nos tratados internacionais. O direito à razoável duração do processo já era reconhecido como um direito fundamental implícito, antes mesmo da expressa inclusão do inciso LXXVIII ao art. 5º da Constituição, através da Emenda Constitucional n. 45/04. O Supremo Tribunal Federal já reconheceu como direito fundamental implícito o princípio da anterioridade, previsto no art. 150, III, alínea *b*, da Constituição — um autêntico direito e garantia fundamental do cidadão-contribuinte, com amparo no art. 5º, § 2º, da Constituição. Isso ocorreu na Ação Direta de Inconstitucionalidade n. 939-7, na qual se discutiu a constitucionalidade da Emenda Constitucional n. 3/93 e da Lei Complementar n. 77-93, relativa à criação do imposto provisório sobre

---

[94] MIRANDA. 1998. t. 4, p. 10.
[95] Na verdade, a referida norma não apenas autoriza este reconhecimento, mas determina-o como um autêntico direito fundamental previsto fora do catálogo.
[96] SARLET. 2005a. p. 105, 125-128.
[97] Cf. MARINONI, Luiz Guilherme. *Técnica processual e tutela dos direitos*. São Paulo: Revista dos Tribunais, 2004. p. 166-167.
[98] Cf. observações feitas por Ingo Sarlet em aula ministrada no Curso de Especialização em Direito do Trabalho, Processo do Trabalho e Direito Previdenciário promovido pela UNISC/RS, 2006.

movimentação financeira (IPMF), tendo o julgado como relator o Ministro Sydney Sanches (publicado no *Diário de Justiça* em 18 de março de 1994).[99]

Por esses aspectos, torna-se difícil uma conceituação dos direitos fundamentais, sendo recomendável a utilização de um conceito aberto, que vá sendo naturalmente aperfeiçoado de acordo com a evolução do direito constitucional positivo. Desde já, podemos estabelecer duas espécies de direitos fundamentais. Aqueles formal e materialmente fundamentais, por estarem previstos expressamente no Título II da Constituição. Em segundo, aqueles apenas materialmente fundamentais, por não estarem reconhecidos no plano formal. Ainda existem respeitáveis doutrinadores, dentre eles J. C. *Vieira de Andrade*, que defendem a existência de uma terceira categoria, a daqueles direitos fundamentais reconhecidos apenas no plano formal, por não terem o reconhecimento da fundamentalidade material.[100] A partir destas considerações, poderemos trazer alguns conceitos a respeito dos direitos fundamentais, primeiramente de *Jorge Miranda*:

> Por direitos fundamentais entendemos os direitos ou as posições jurídicas subjectivas das pessoas enquanto tais, individual ou institucionalmente consideradas, assentes na Constituição, seja na Constituição formal, seja na Constituição material — donde, direitos fundamentais em sentido formal e direitos fundamentais em sentido material.[101]

Canotilho assevera que "[...] direitos fundamentais são os direitos do homem jurídico--institucionalmente garantidos e limitados espacio-temporalmente".[102] Na sua dimensão natural, *Vieira de Andrade* sustenta que os direitos fundamentais são direitos absolutos, imutáveis e intertemporais, inerentes à qualidade de homem dos seus titulares, e constituem um núcleo restrito que se impõe a qualquer ordem jurídica.[103]

Assim, direitos fundamentais são aqueles direitos que são reconhecidos como fundamentais no plano formal ou que também são considerados fundamentais no plano material. Para que assim sejam reconhecidos, devem receber um tratamento distinto na Constituição. No plano material, estão ligados ao grau de importância daquele bem jurídico tutelado, sendo este fator estabelecido pelo constituinte.

1.1.4. CLASSIFICAÇÃO DOS DIREITOS FUNDAMENTAIS

A classificação dos direitos fundamentais, assim como a grande maioria das classificações estabelecidas na ciência do Direito, não guarda uma uniformidade na doutrina. Trata-se de tarefa árdua, pois envolve a análise de diversos aspectos, tais como as múltiplas funções dos direitos fundamentais e as diferentes estruturas das ordens constitucionais de cada Estado. Não temos a pretensão de esgotar a análise deste tema, mas apenas trazer as posições preponderantes na doutrina, bem como algumas ponderações a respeito do tema.

---

(99) Cf. SARLET. 2005a. p. 92.
(100) *Ibidem*, p. 93.
(101) MIRANDA. 1998, t. 4. p. 7.
(102) CANOTILHO. 2003. p. 393.
(103) ANDRADE. 2001. p. 17.

A Constituição de 1988 dividiu os direitos fundamentais em quatro categorias (Título II), todas elas integrantes do mesmo regime jurídico: os direitos e deveres individuais e coletivos, os direitos sociais, os direitos quanto à nacionalidade e os direitos políticos.[104] Claro que não é unânime o entendimento da doutrina quanto à afirmação antes dada, no sentido de que todos os direitos fundamentais estão contemplados pelo mesmo regime jurídico.[105]

Sem dúvida alguma uma classificação que se mostra relevante é aquela que estabelece a distinção entre os direitos fundamentais escritos ou expressamente positivados no sistema (na Constituição ou em tratados internacionais) e os direitos fundamentais não escritos, considerados implícitos ou decorrentes do regime e dos princípios existentes no sistema[106], sendo também importante a que estabelece os direitos fundamentais no sentido material e formal.

Uma classificação que vem sendo adotada de maneira mais pacífica pela doutrina é aquela construída inicialmente por *Jellinek*, com os acréscimos teóricos trazidos posteriormente por *Robert Alexy*.[107] *Gomes Canotilho*, um dos doutrinadores de maior expressão no cenário constitucional português, vem adotar a doutrina de *Alexy*, ainda que não integralmente, em virtude das necessárias adaptações ao sistema positivo daquele país.[108]

Inicialmente os direitos fundamentais são classificados em dois grandes gêneros: os direitos de defesa e os direitos a prestações (de natureza fática e jurídica). Aqueles, também conhecidos como direitos a ações negativas, são os direitos dos cidadãos contra o Estado, dividindo-se em três grupos na classificação trazida por *Alexy*: direitos a que o Estado não impossibilite ou dificulte as ações do titular do direito; direitos a que o Estado não afete determinadas características ou situações do titular do direito; e direitos a que o Estado não elimine determinadas posições jurídicas do titular do respectivo direito.[109] Os direitos a prestações, segundo *Alexy*, são divididos em prestações em sentido amplo, compreendendo-se os direitos à proteção, à organização e ao procedimento, e direitos a prestações *stricto sensu*, que são os direitos sociais de natureza positiva.[110] *Canotilho*, por sua vez, classifica os direitos prestacionais em direitos ao acesso e utilização de prestações estaduais e em direitos à participação na organização e procedimento.

---

(104) A Constituição Portuguesa dividiu os direitos fundamentais em dois grupos. O primeiro é composto pelos chamados direitos, liberdades e garantias (Título II), subdividido em três capítulos, sendo o primeiro deles dos direitos, liberdades e garantias pessoais; o segundo, dos direitos, liberdades e garantias de participação política; e o terceiro e último dos direitos, liberdades e garantias dos trabalhadores. O segundo grupo é composto pelos chamados direitos econômicos, sociais e culturais (Título III), que por sua vez também é subdividido em três capítulos: o primeiro trata dos direitos e deveres econômicos; o segundo, dos direitos e deveres sociais; e o terceiro, dos direitos e deveres culturais (MIRANDA. 1998. t. 4, p. 128-130).
(105) A controvérsia se dá principalmente em virtude da redação do art. 60, § 4º, IV, da Constituição, ao estabelecer que apenas os direitos e garantias individuais estão protegidos contra o poder reformador do constituinte. De acordo com uma interpretação sistemática e teleológica, entendemos que todos os direitos fundamentais são considerados cláusulas pétreas, e não apenas os direitos e garantias individuais.
(106) Nesse sentido, SARLET. 2005a. p. 177-178.
(107) Nesse sentido a doutrina trazida por Alexy (2002. p. 247 *et seq.*).
(108) Cf. SARLET. *Op. cit.*, p. 178. A respeito: CANOTILHO. 2003. p. 393 *et seq.*, 1.255 *et seq.*
(109) Cf. ALEXY. 2008. p. 196.
(110) Cf. *ibidem*, 2002. p. 419 *et seq.*

Ainda na lição de *Canotilho*, os direitos de defesa são considerados direitos "negativos", que estabelecem um dever de abstenção ou de proibição por parte dos destinatários passivos — públicos ou privados. Os direitos individuais e coletivos previstos em nossa Constituição, considerados direitos clássicos de liberdade, são vistos normalmente como típicos direitos de defesa. Já os direitos econômicos, sociais e culturais são, de um modo geral, direitos a prestações, isto é, direito do particular a obter algo através do Estado, como saúde, educação, segurança social.[111] Todavia, há também direitos sociais classificados como direitos de defesa e não como direitos a prestações. Os direitos dos trabalhadores contemplados na Constituição, do art. 7º ao art. 11, são em grande parte típicos direitos de defesa, nominados como direitos sociais negativos e integrando o rol das chamadas liberdades sociais. Desse modo, os direitos sociais compreendem tanto direitos prestacionais de natureza positiva como também direitos de defesa de cunho negativo, sendo importante salientar que nem todos os direitos sociais são exclusivamente prestacionais.[112]

São exemplos de direitos de defesa previstos em nossa Constituição o direito de greve (art. 9º), a limitação da jornada de trabalho (art. 7º, XIII e XIV), a norma prescricional (art. 7º, XXIX), o reconhecimento das convenções e acordos coletivos de trabalho (art. 7º, XXVI), a proibição de discriminação entre os trabalhadores e o princípio da isonomia salarial (art. 7º, XXX), as regras de proibição e de limitação de trabalho ao menor (art. 7º, XXXIII), a isonomia entre o empregado e o trabalhador avulso (art. 7º, XXXIV), a liberdade de associação sindical (art. 8º), dentre tantos outros consagrados aos trabalhadores na Lei Fundamental. Por fim, cabe o registro de que os direitos fundamentais da nacionalidade e da cidadania também são considerados típicos direitos de defesa, assim como as chamadas garantias constitucionais (direitos-garantia e as garantias institucionais[113]).[114]

Seguindo os ensinamentos de *Canotilho*, os direitos fundamentais cumprem a função de direitos de defesa dos cidadãos sob uma dupla perspectiva. Primeiramente constituem normas de competência negativa para os poderes públicos, estabelecendo proibições ao Estado na esfera jurídica individual. E, ainda, possibilitam o exercício de direitos fundamentais (liberade-positiva), bem como de exigir omissões dos poderes públicos, de forma a evitar agressões lesivas por parte dos mesmos (liberdade-negativa).[115]

Os direitos a prestações, chamados também, principalmente na doutrina germânica, "direitos de participação" ou "direitos de quota-parte", impõem uma ação direta do Estado, acarretando uma conduta ativa, no sentido de disponibilizar à sociedade prestações de natureza jurídica e material. Ao contrário dos direitos de defesa, que normalmente exigem abstenção do Estado, os direitos a prestações exigem ação positiva do Estado, enquadrando-se nos direitos considerados de segunda dimensão, a partir da evolução do Estado de Direito (de natureza liberal-burguesa) para o Estado democrático e social de Direito.[116] Nas palavras

---

(111) Cf. CANOTILHO. 2003. p. 398 *et seq.*
(112) Cf. SARLET. 2005a. p. 192, 206, 218-219.
(113) Ingo Sarlet traz como exemplos de garantias institucionais a garantia de propriedade, o direito de herança, a instituição do Tribunal do Júri e a instituição da língua nacional portuguesa, previstas no art. 5º, incisos XXII, XXX, XXXVIII e 13 da Constituição, respectivamente (*Ibidem*, p. 201).
(114) Cf. *ibidem*, p. 193.
(115) Cf. CANOTILHO. 2003. p. 408.
(116) Cf. SARLET. 2005a. p. 205-206.

de *Canotilho*, fazendo referência a *Alexy*, os direitos a prestações significam, em sentido estrito, direitos do particular a obter algo por meio do Estado (saúde, educação, segurança social).[117]

1.1.5. A CORRELAÇÃO ENTRE OS PRINCÍPIOS FUNDAMENTAIS E OS DIREITOS FUNDAMENTAIS

Na história do Direito Constitucional brasileiro, a Constituição de 1988 foi a primeira a dedicar um título específico para os princípios fundamentais.[118] Este título ocupa lugar de destaque no texto, logo após o preâmbulo[119] e antes dos direitos fundamentais, o que demonstra a clara intenção do legislador em dar significativo relevo para esta matéria, tendo como objetivo estabelecer as normas embasadoras e informativas de toda a ordem constitucional, inclusive dos direitos fundamentais.[120] Na verdade, os princípios fundamentais, junto aos direitos fundamentais, formam o núcleo essencial da Constituição.[121]

1.1.5.1. O PRINCÍPIO DA DIGNIDADE DA PESSOA HUMANA

Inicialmente é importante trazer um alerta acerca da aplicação deste princípio, pois muitas vezes se constata sua aplicação equivocada, simplesmente com a sucinta fundamentação de que houve violação à dignidade, sem qualquer evidência efetiva, carecendo tal exposição do mínimo de argumentação jurídica consistente a respeito da dita violação.[122]

Não é qualquer conduta que viola a dignidade da pessoa humana. Condutas que violam são todas aquelas que colocam o homem na condição de objeto, de coisa, sendo o exemplo mais notório a tortura.[123] Aplicações desvirtuadas do princípio da dignidade da pessoa humana, inclusive na jurisprudência, acabam por banalizar esse princípio, que vem a ser atualmente o mais notável fundamento para toda a construção da teoria dos direitos fundamentais.

---

(117) Cf. CANOTILHO. Op. cit., p. 408. Segundo Alexy, direitos à prestação, em sentido estrito, são direitos do indivíduo, em face do Estado, a algo que o indivíduo, se dispusesse de meios financeiros suficientes e se houvesse uma oferta suficiente no mercado, poderia obter de particulares (ALEXY. 2008. p. 196).
(118) Cf. Flávia Piovesan, compartilhando das ideias de Dworkin, o ordenamento jurídico é um sistema no qual, ao lado das normas legais, existem princípios que incorporam as exigências de justiça e dos valores éticos. Esses princípios constituem o suporte axiológico que confere coerência interna e estrutura harmônica a todo o sistema jurídico (PIOVESAN. 2007a. p. 32).
(119) Cf. Meirelles Teixeira, o preâmbulo das Constituições indica o seu espírito. Entre duas interpretações, deve-se evidentemente preferir a que esteja de acordo com esse espírito, com essa finalidade (TEIXEIRA, José Horácio Meirelles. *Curso de direito constitucional*. Revisto e atualizado por Maria Garcia. Rio de Janeiro: Forense Universitária, 1991. p. 278).
(120) A propósito assevera Lenio Streck que a Constituição passa a ser, em toda a sua substancialidade, o topo hermenêutico que conformará a interpretação jurídica do restante do sistema jurídico. Desse modo, a transgressão de um princípio passa a ser mais grave que a transgressão de uma regra jurídica (STRECK. 2000. p. 225-226).
(121) SARLET. 2005a. p. 110-111. Os princípios fundamentais trazem a estrutura essencial do Estado, evidenciando-se o princípio da dignidade da pessoa humana, previsto no art. 1º, III, da Constituição Federal, que se tornou o centro axiológico da concepção de Estado democrático de direito e de uma ordem mundial idealmente pautada pelos direitos fundamentais, segundo sustentam Luis Roberto Barroso e Ana Paula de Barcellos (BARROSO; BARCELLOS. 2003. p. 365).
(122) Cf. observações feitas por Ingo Sarlet em aula ministrada no Curso de Especialização em Direito do Trabalho, Processo do Trabalho e Direito Previdenciário promovido pela UNISC/RS, 2006.
(123) Cf. G. DÜRIG. 1956 *apud* SARLET. Op. cit., p. 119.

A positivação, na esfera constitucional, do princípio da dignidade da pessoa humana também vem a ser uma das significativas inovações trazidas na Constituição de 1988. O reconhecimento expresso deste princípio fundamental, no art. 1º, III, da Lei Fundamental, jamais foi visto nas Constituições anteriores.[124] Aliás, o valor da dignidade da pessoa humana ainda foi objeto de previsão em outras normas da Constituição, verificando-se a real dimensão dada a este princípio pelo legislador constituinte. Por exemplo, a regra constante no art. 170 da Constituição, ao estabelecer que a ordem econômica tem por finalidade assegurar a todos uma existência digna, bem como, no capítulo da ordem social, ao estabelecer que o planejamento familiar também tem como fundamento o princípio da dignidade da pessoa humana e da paternidade responsável, art. 226, § 7º, assegurando, ainda, à criança e ao adolescente o direito à dignidade — art. 227 da CF.[125]

Ao optar por não incluir a dignidade da pessoa humana no catálogo dos chamados direitos fundamentais, conferindo-lhe a posição de princípio fundamental da atual Constituição, o legislador constituinte seguiu o mesmo caminho da doutrina portuguesa majoritária, que é, como se sabe, uma das grandes inspiradoras do constitucionalismo contemporâneo nacional.[126] Isso porque os direitos fundamentais, em sentido próprio, não se confundem com a dignidade da pessoa humana. São, na verdade, a concretização de aspectos ligados à dignidade, mas nem todos os direitos fundamentais estão ligados à dignidade.[127] O núcleo essencial do direito fundamental não se confunde necessariamente com o núcleo essencial da dignidade da pessoa humana.[128] Todavia, este fator não retira a relação umbilical estabelecida entre o princípio da dignidade da pessoa humana e os direitos fundamentais.[129]

O reconhecimento, nos sistemas jurídicos constitucionais, do princípio da dignidade da pessoa humana é recente, ocorrendo em grande parte após a Segunda Guerra Mundial. Especialmente a partir da Declaração Universal dos Direitos Humanos da ONU, de 1948, é que se constata o reconhecimento formal do valor da dignidade da pessoa humana nas Constituições.[130] Todavia, ainda há muitos Estados que não reconhecem este princípio em seus ordenamentos constitucionais. Nos países da União Europeia, apenas as Constituições da Alemanha[131], Espanha, Grécia, Irlanda e Portugal o consagram expressamente. Na

---

(124) Nesse sentido também: VIEIRA, Oscar Vilhena. *Direitos fundamentais*: uma leitura da jurisprudência do STF. São Paulo: Malheiros, 2006. p. 63.
(125) SARLET. 2005a. p. 111-112.
(126) Canotilho reconhece a dignidade da pessoa humana como núcleo essencial da República (CANOTILHO. 2003. p. 226).
(127) Cf. Oscar Vilhena Vieira, a realização da dignidade humana está vinculada à realização de outros direitos fundamentais (VIEIRA. 2006. p. 63).
(128) Segundo Eros Grau, a dignidade da pessoa humana enquanto princípio constitui, ao lado do direito à vida, o núcleo essencial dos direitos humanos (GRAU, Eros Roberto. *A ordem econômica na Constituição de 1988*: interpretação e crítica. 11. ed. São Paulo: Malheiros, 2006).
(129) SARLET. *Op. cit.*, p. 121-123.
(130) Nesse sentido também Comparato, ao asseverar que a Declaração Universal dos Direitos Humanos proclamou, em seu Art. VI, que todo homem tem direito de ser, em todos os lugares, reconhecido como pessoa (COMPARATO. 2003. p. 32).
(131) Dispõe a Lei Fundamental da Alemanha em seu art. 1º: 1. A dignidade da pessoa humana é inviolável. Todas as autoridades públicas têm o dever de a respeitar e de a proteger. 2. O Povo Alemão reconhece, por isso, os direitos invioláveis e inalienáveis da pessoa humana como fundamentos de qualquer comunidade humana, da paz e da justiça do mundo (CANARIS, Claus-Wilhelm. *Direitos fundamentais e direito privado*. Tradução de Ingo Wolfgang Sarlet e Paulo Mota Pinto. Coimbra: Almedina, 2006. p. 141).

América, é visto nas Constituições do Paraguai, de Cuba e da Venezuela e em uma breve referência na Constituição do Peru.[132] Veja-se, portanto, que o reconhecimento do valor da dignidade da pessoa humana constitui um fenômeno recente, carecendo ainda de maior consagração no cenário constitucional internacional.

O princípio da dignidade da pessoa humana tem como origem histórica o pensamento jusnaturalista, de valorização da pessoa humana, seguindo a ideologia cristã.[133] Diz *Jorge Miranda*, com propriedade, que só a dignidade justifica a procura da qualidade de vida. A dignidade da pessoa é da pessoa concreta, na sua vida real e quotidiana. Não é de um ser ideal e abstrato. É o homem ou a mulher, tal como existe, que a ordem jurídica considera irredutível e insubstituível e cujos direitos fundamentais a Constituição enuncia e protege. Em cada homem e em cada mulher estão presentes todas as faculdades da humanidade.[134] Tem como premissa o reconhecimento de que todos os homens são iguais em dignidade, sendo este pensamento já desenvolvido na Idade Média por Tomás de Aquino. A doutrina jusnaturalista dos séculos XVII e XVIII, na defesa do direito natural, prosseguiu pregando a ideia fundamental de igualdade entre todos os homens, em dignidade e em liberdade.[135]

A ideia de dignidade admite vários componentes, com inúmeros valores, sendo fundamental a inclusão dos valores de igualdade e de liberdade na análise deste princípio. A doutrina diverge sobre a possibilidade de conceituar a dignidade da pessoa humana. Alguns entendem que não é possível estabelecer este conceito, por envolver a análise de diversos aspectos e componentes, muitas vezes de ordem subjetiva, que necessitarão ser avaliados quando da análise do caso concreto. Realmente, é tarefa complexa estabelecer o conceito de dignidade, pela imprecisão dos elementos envolvidos. Postulando a necessidade de a definição alcançar pleno sentido e operacionalidade apenas em face do caso concreto, como, de resto, ocorre de modo geral com os princípios e direitos fundamentais,[136] *Ingo Sarlet* assim se manifesta:

> Tem-se por dignidade da pessoa humana a qualidade intrínseca e distintiva reconhecida em cada ser humano que o faz merecedor do mesmo respeito e consideração por parte do Estado e da comunidade, implicando, neste sentido, um complexo de direitos e deveres fundamentais que assegurem a pessoa tanto contra todo e qualquer ato de cunho degradante e desumano, como venham a lhe garantir as condições existenciais mínimas para uma vida saudável, além de propiciar e promover sua participação ativa

---

(132) Cf. pesquisa trazida por Sarlet (2005a. p. 111-112).

(133) Salienta Flávia Piovesan que, para Kant, as pessoas devem existir como um fim em si mesmo e jamais como um meio, a ser arbitrariamente usado para este ou aquele propósito. Os objetos têm, por sua vez, um valor condicional, enquanto irracionais, por isso são chamados coisas, substituíveis que são por outras equivalentes. Os seres racionais, ao revés, são chamados de pessoas, são insubstituíveis e únicos, não devendo ser tomados meramente como meios. As pessoas são dotadas de dignidade, na medida em que têm um valor intrínseco (PIOVESAN. 2007a. p. 29). Ana Paula de Barcellos enumera quatro momentos fundamentais nesse percurso histórico de evolução do reconhecimento da dignidade humana: o Cristianismo, o Iluminismo Humanista, a obra de Kant e o refluxo dos horrores da Segunda Guerra Mundial (BARCELLOS, Ana Paula de. *A eficácia jurídica dos princípios constitucionais*: o princípio da dignidade da pessoa humana. Rio de Janeiro: Renovar, 2002. p. 104).

(134) MIRANDA. 1998, t. 4. p. 169.

(135) SARLET. *Op. cit.,* p. 113-114.

(136) Cf. SARLET. 2005a. p. 115-117; SARLET, Ingo Wolfgang. As dimensões da dignidade da pessoa humana: construindo uma compreensão jurídico-constitucional necessária e possível. In: SARLET, Ingo Wolfgang (org.). *Dimensões da dignidade*: ensaios de filosofia do direito e direito constitucional. Porto Alegre: Livraria do Advogado, 2005b. p. 16, 22-23, 33.

e corresponsável nos destinos da própria existência e da vida em comunhão com os demais seres humanos.⁽¹³⁷⁾

Alguns aspectos devem ser considerados para análise correta desse valor. A dignidade é algo que faz parte do ser humano, sendo uma qualidade intrínseca.⁽¹³⁸⁾ Não há como se falar em ser humano sem falar em dignidade. A dignidade da pessoa humana abrange as condições materiais que proporcionem uma vida com dignidade e não apenas uma sobrevida, um mínimo vital ou apenas algo de alcance tão somente um nível de sobrevivência ao indivíduo. O mínimo existencial tem de ser assegurado. Isto sim é vida com dignidade, e não quando se assegura apenas o mínimo vital, quando se estará assegurando, em verdade, tão somente uma sobrevida a este ser humano.⁽¹³⁹⁾

Por essas razões, esse valor é irrenunciável, inalienável e intangível,⁽¹⁴⁰⁾ devendo ser respeitado e protegido. Dignidade é algo que não se mede: ou se tem ou não se tem. Desse modo, não há como se graduar dignidade, para fins de se admitir sua restrição, pois é justamente esta dignidade que torna as pessoas iguais em humanidade.⁽¹⁴¹⁾ O reconhecimento de diversos níveis de dignidade, com a sua graduação natural, seria uma contradição em si mesmo, pois significaria admitir que alguns podem ter mais (ou melhor) dignidade do que outros.⁽¹⁴²⁾

Não queremos dizer com o que foi exposto que a dignidade da pessoa humana seja imponderável. Se assim fosse, não poderíamos considerá-la um princípio. Essa dignidade é absoluta ou relativa, apesar de parte da doutrina sustentar que não possa ser ponderada.⁽¹⁴³⁾ Ao conceituarmos a dignidade já estamos estabelecendo um juízo de ponderação. Da mesma forma, o juiz, ao examinar o caso em concreto, também está ponderando se houve ou não violação da dignidade. Podendo ser relativizada⁽¹⁴⁴⁾, na análise do caso em concreto, a dignidade não será sempre absoluta, na medida em que sofrerá um processo ponderativo.⁽¹⁴⁵⁾

---

(137) Cf. *Ibidem*, p. 37.
(138) Acrescenta Oscar Vilhena Vieira que a ideia de que as pessoas têm um valor que lhes é intrínseco não é natural, mas uma construção de natureza moral, pois ninguém nasce com um valor inerente. Este valor é artificialmente conferido às pessoas; isto é, vai sendo construído socialmente, não estando sempre presente na natureza ou na ordem cósmica (VIEIRA. 2006. p. 66).
(139) Cf. observações feitas por Ingo Sarlet em aula ministrada no Curso de Especialização em Direito do Trabalho, Processo do Trabalho e Direito Previdenciário promovido pela UNISC/RS, 2006.
(140) SARLET. *Op. cit.*, p. 19.
(141) Cf. Alexy, nos casos em que a norma da dignidade humana é relevante, sua natureza de regra pode ser percebida por meio da constatação de que não se questiona se ela prevalece sobre outras normas, mas tão somente se ela foi violada ou não (ALEXY. 2008. p. 112).
(142) Cf. SARLET. 2005a. p. 124-125; *Idem*, 2005b. p. 18-19, 23.
(143) *Ibidem*, p. 19-20.
(144) A propósito, é interessante a lição de Alexy, ao asseverar que ou os princípios absolutos não são compatíveis com os direitos individuais, ou os direitos individuais que sejam fundamentais pelos princípios absolutos não podem ser garantidos a mais de um sujeito de direito. Sustenta, por fim, que não há um princípio absoluto da dignidade da pessoa humana estabelecido na Constituição alemã, na medida em que a norma da dignidade humana deve ser tratada em parte como regra e em parte como princípio. Não é o princípio que é absoluto, mas a regra respectiva. A relação de preferência do princípio da dignidade humana em face de outros princípios determina o conteúdo da regra da dignidade humana. Desse modo, o princípio da dignidade da pessoa humana prevalecerá contra os princípios colidentes (ALEXY. *Op. cit.*, p. 111-113).
(145) A ponderação vai se transformando em princípio, tendo como função buscar a harmonização e o equilíbrio dos princípios fundamentais (TORRES, Ricardo Lobo. A metamorfose dos direitos sociais em mínimo existencial. In: SARLET, Ingo Wolfgang (org.). *Direitos fundamentais sociais*: estudos de direito constitucional, internacional e comparado. Rio de Janeiro: Renovar, 2003. p. 29).

Por exemplo, se em jogo dois direitos fundamentais, sendo um o direito a alimentos (decorrentes de uma condenação ao pagamento de salários em uma reclamatória trabalhista) e o outro o direito à moradia (na discussão da penhora do imóvel residencial de um dos sócios da empregadora do trabalhador), teremos um conflito de dignidade contra dignidade; isto é, alimentos *versus* moradia, pois ambos são elementos necessários para se assegurar dignidade. Direito a alimentos é direito à vida, direito ao mínimo existencial, direito a uma vida digna. Trata-se de um direito constitucional fundamental.[146] Neste caso, teremos de usar de ponderação, na análise do caso em concreto, sobretudo em virtude das regras que dispõem acerca de impenhorabilidade. Não cabe aqui, entretanto, buscar uma solução para o exemplo dado, que, por óbvio, comportará uma construção dogmática consistente.

O art. 1º da Declaração Universal dos Direitos da ONU, de 1948, estabelece: "todos os seres humanos nascem livres e iguais em dignidade e em direitos. Dotados de razão e de consciência, devem agir uns para com os outros em espírito e fraternidade". A Organização Mundial de Saúde diz que saúde envolve o completo bem-estar físico, biológico e emocional. Vida digna, segundo *Ingo Sarlet*, é uma vida saudável.[147] Os valores ligados à dignidade da pessoa humana estão diretamente relacionados com os sentimentos de vergonha, de orgulho, de honra ou de brio, bem como com os aspectos ligados à preservação da intimidade e da privacidade do ser humano. Aflorados esses sentimentos, evidenciando-se esses elementos, parece claro que estará também em discussão a dignidade da pessoa humana, obviamente tratando-se daquelas noções ordinárias destas características e destes elementos do ser humano.

A dignidade é um valor espiritual e moral inerente à pessoa, devendo necessariamente ser analisada mediante estudo do caso em concreto, na medida em que não existe uma fórmula para se verificar a observância ou o desrespeito a este valor. Na Alemanha, *G. Dürig* estabeleceu alguns parâmetros objetivos para fazer esta análise. Considerou que a dignidade da pessoa humana estaria atingida sempre que a pessoa fosse rebaixada a objeto, tratada como coisa; isto é, quando este indivíduo deixasse de ser tratado como pessoa humana, sujeita de direitos.[148] Essa dignidade também é ferida quando o ser humano trabalhador é submetido a tratamento discriminatório e arbitrário, não isonômico em relação aos demais. Desse modo, uma outra dimensão da dignidade está ligada ao princípio da isonomia, vedando-se qualquer espécie de discriminação.

Condições dignas, justas e adequadas de vida para o homem e para a sua família também dizem respeito à dignidade humana, constituindo os direitos sociais de significativa importância.

Outra dimensão da dignidade está diretamente ligada a qualquer manifestação relevante acerca da nossa personalidade, e o exercício do poder é um dos grandes vilões da humanidade. Ultrapassando o limite no uso de determinado poder, consequentemente estará sendo afrontada a dignidade da vítima do excesso cometido. Por consequência, a limitação do poder é uma imposição; caso contrário, o homem poderá ser vítima do arbítrio e de

---

(146) Cf. observações feitas por Ingo Sarlet em aula ministrada no Curso de Especialização em Direito do Trabalho, Processo do Trabalho e Direito Previdenciário promovido pela UNISC/RS, 2006.
(147) Cf. SARLET. 2005b. p. 20-22.
(148) G. DÜRIG. 1956 *apud Ibidem*, p. 33-34.

injustiças, podendo o poder ser exercido dentro dos limites legais e com boa dose de razoabilidade, em observância ao princípio da proporcionalidade.[149]

Importante que se diga que todas as normas constitucionais, inclusive as que trazem princípios, são dotadas de alguma eficácia jurídica. O art. 1º, III, da Constituição, que traz o princípio da dignidade da pessoa humana, caracteriza-se como sendo uma norma jurídico--positiva com *status* constitucional, assim, dotada de eficácia, e não apenas de uma declaração de conteúdo ético e moral. Desse modo, o princípio da dignidade da pessoa humana assume a condição de princípio constitucional de maior hierarquia em nosso sistema jurídico, constituindo-se valor-guia de toda a ordem constitucional e não apenas dos direitos fundamentais, assumindo uma função positiva, de garantia de que o indivíduo não será alvo de ofensas e humilhações e assegurando-lhe o pleno desenvolvimento.[150] É a partir da noção de dignidade da pessoa humana que devem ser interpretadas inúmeras outras normas jurídicas, sobretudo as que dizem com os direitos fundamentais; caso contrário, não terão estas razão de existir dentro daquela ótica atualmente aceita de que o Estado existe para servir o cidadão e não o contrário, por ter assumido a tarefa de realização do Estado do bem-estar social.[151] Nesse sentido, refere *Ingo Sarlet*: "Não é difícil, portanto, perceber que, com algum esforço argumentativo, tudo que consta no texto constitucional pode — ao menos de forma indireta — ser reconduzido ao valor da dignidade da pessoa humana".[152] A dignidade configura-se, inclusive, como verdadeiro pressuposto de realização da democracia — um dos pilares do Estado brasileiro (art. 1º *caput* da Constituição).

---

(149) SARLET. 2005a. p. 120.
(150) Cf. *Ibidem*, p. 121-123. Acrescenta Flávia Piovesan que é no princípio da dignidade da pessoa humana que a ordem jurídica encontra o próprio sentido, sendo seu ponto de partida e seu ponto de chegada, para a hermenêutica constitucional contemporânea (PIOVESAN. 2007a. p. 30).
(151) BARCELLOS. 2002. p. 146-148.
(152) SARLET. *Op. cit.*, p. 127.

2. Os Direitos Sociais e os Direitos dos Trabalhadores como Direitos Fundamentais

De um modo geral, não se encontra nos sistemas jurídicos constitucionais um regime sistemático e explícito dos direitos econômicos, sociais e culturais que apresente simetria em relação ao regime dos direitos, liberdades e garantias, tanto no plano substantivo, quanto nos demais planos. Na lição de *Jorge Miranda*, este fenômeno decorre de diversas razões, em especial das seguintes: a) maior atenção prestada aos direitos, liberdades e garantias, ao longo dos tempos, nas Constituições; b) heterogeneidade e inovação de muitos desses; c) muito menor experiência jurisprudencial, em virtude inclusive da sua evolução histórica bem posterior aos já consagrados direitos, liberdades e garantias; d) menor desenvolvimento da elaboração dogmática.[153]

Na lição de *Vieira de Andrade*, os direitos fundamentais sociais são direitos cujo conteúdo principal típico consiste em prestações estaduais sujeitas à conformação político--legislativa. Não estão inclusos nesta classe os direitos, liberdades e garantias dos trabalhadores, que constituem em grande medida direitos à abstenção, com a função de defesa.[154] Acrescenta o renomado autor que no direito português os direitos sociais são vistos como normas "directivas" para o legislador, o que não significa, porém, se tratar de normas meramente programáticas, pois têm força jurídica e vinculam o Poder Público, impondo-lhes autênticos deveres de legislação.[155]

Estes direitos passaram a ser positivados no sistema jurídico de diversos países a partir do segundo pós-guerra. Foram as Constituições do México de 1917 e de Weimar de 1919 que deram início à fase do constitucionalismo social no Brasil, servindo de inspiração para a Constituição de 1934, já que a anterior, de 1824, tinha poucos direitos prestacionais contemplados.[156] A Constituição de 1988, dentre todas as leis fundamentais que tivemos, é a que confere maior significância aos direitos prestacionais, conferindo uma gama de direitos sociais nunca antes vista na história constitucional brasileira.[157] Como já dito, o direito à

---

(153) Cf. MIRANDA. 1998. t. 4, p. 340.
(154) No sistema jurídico português, estão sujeitos ao regime dos direitos, liberdades e garantias todos os que não consistam em direitos a prestações estaduais positivas. O direito à segurança no emprego pelo trabalhador está neste título, ao passo que o direito ao horário de trabalho e ao repouso semanal remunerado está incluído entre os direitos econômicos, sociais e culturais.
(155) ANDRADE. 2004. p. 385-389.
(156) Cf. SARLET. 2005a. p. 205.
(157) O entendimento de os direitos sociais típicos serem direitos a prestações varia conforme os ordenamentos jurídicos, sendo encarados como: a) princípios políticos; b) normas programáticas; c) preceitos indicadores de fins do Estado; d) princípios jurídicos; e) normas organizatórias; f) garantias institucionais; ou, mais raramente, g) direitos subjetivos públicos (ANDRADE. 2004. p. 387).

saúde, à assistência social e à educação, previstos no art. 6º da Constituição, são os maiores exemplos de direitos prestacionais de natureza social.[158]

Portanto, segundo *Ingo Sarlet*, os direitos sociais prestacionais buscam assegurar uma igualdade real a todos os cidadãos, através da eliminação das desigualdades sociais, na implementação do Estado Social de Direito, que vem a ser alcançado com a realização da justiça social.[159]

Apesar da distinção estabelecida no regime português, sustenta *Jorge Miranda* ser possível e necessária a formulação de regras comuns aos dois grupos de direitos fundamentais instituídos naquele sistema constitucional. Os direitos econômicos, sociais e culturais beneficiam-se de regras homólogas às regras formuladas para os direitos, liberdades e garantias, por modelação de princípios gerais do ordenamento jurídico, pois, de acordo com o princípio geral da constitucionalidade, o legislador ordinário não pode editar normas contrárias a normas constitucionais atributivas de direitos.[160]

Ao contrário do sistema constitucional português, a Constituição Federal de 1988 inclui os direitos fundamentais dos trabalhadores no título dos direitos sociais e não no título dos direitos individuais e coletivos. Assim, enquanto o sistema português classifica os direitos fundamentais de defesa dos trabalhadores como típicos direitos, liberdades e garantias, o sistema brasileiro enquadra essa espécie de direitos no grupo dos direitos sociais. Esta referência inicial é vital para demonstrar, mais adiante, que inúmeros direitos fundamentais dos trabalhadores foram guindados, no sistema português, ao regime preferencial, sendo considerados cláusulas pétreas e, sobretudo, direitos de aplicação imediata, assim como são os direitos sociais no sistema brasileiro.

É também importante estabelecer distinção entre os chamados direitos fundamentais dos trabalhadores e direitos fundamentais sociais típicos, tendo em vista que ambos estão trazidos em nosso sistema constitucional no mesmo capítulo. É no Título II da Constituição Federal, especificamente em seu Capítulo II — dos direitos sociais, que estão dispostos os direitos fundamentais dos trabalhadores e os direitos sociais, estando estes contemplados basicamente no art. 6º e aqueles notadamente no art. 7º, bem como nos demais artigos do referido Capítulo II.

Desse modo, é correto afirmar que todos os direitos classificados como sociais pelo nosso sistema constitucional são também direitos fundamentais dos trabalhadores. Entretanto, estes direitos são em regra exclusivos dos empregados urbanos e rurais, extensivos a outras categorias apenas nos casos expressamente dispostos em lei e nos limites da própria lei, como se vê, por exemplo, da leitura do Inciso XXXIV e do parágrafo único, ambos do art. 7º da Constituição, que os estende à categoria dos trabalhadores avulsos e apenas alguns deles à categoria dos domésticos. Em contrapartida, os típicos direitos sociais são direitos de todos os cidadãos, conforme se conclui pela leitura do art. 6º da Constituição Federal.

---

(158) Os direitos fundamentais sociais não são direitos contra o Estado, mas sim direitos através do Estado, exigindo do poder público certas prestações materiais (KRELL, Andreas J. *Direitos sociais e controle judicial no Brasil e na Alemanha:* os (des)caminhos de um direito constitucional "comparado". Porto Alegre: Sergio Antonio Fabris, 2002. p. 19).
(159) Cf. SARLET. 2005a. p. 219-222.
(160) MIRANDA. 1998. t. 4, p. 340-441.

2.1. Os direitos fundamentais na Constituição Federal e o problema da fundamentalidade dos direitos sociais e dos trabalhadores

Os direitos fundamentais possuem uma função específica na Constituição de um Estado, na medida em que estão intimamente ligados às diretrizes traçadas na própria Constituição, bem como à formação de um Estado de Direito, sobretudo em se tratando de um Estado Social e Democrático de Direito.[161] Junto à forma de Constituição do Estado, do sistema de governo e da organização do poder, integram o núcleo de formação do Estado constitucional. Esta é a essência extraída da Declaração Francesa dos Direitos do Homem e do Cidadão de 1789, que em seu art. 16 dispunha que: "[...] toda sociedade na qual a garantia dos direitos não é assegurada, nem a separação dos poderes determinada, não possui Constituição". De modo que os ideais de um Estado Constitucional de Direito estão diretamente vinculados à realização dos direitos fundamentais.[162]

Os direitos fundamentais estão diretamente ligados ao princípio do Estado Social, estando este princípio consagrado em grande parte das Constituições modernas. Apesar de o art. 1º da Constituição não ser expresso em dispor que o nosso País constitui-se em um Estado Social, dispondo apenas constituir-se em um Estado Democrático de Direito, há consenso na doutrina em considerar que o princípio do Estado Social está contemplado na Constituição de 1988. Isso por diversas razões, especialmente pela importância outorgada aos direitos sociais na Constituição, ao prever inúmeros direitos fundamentais aos trabalhadores nunca antes contemplados com tamanha amplitude nas Constituições.[163]

Como lembra *Jorge Miranda*, quase todas as Constituições em vigor originárias dos séculos XVIII e XIX trazem apenas direitos fundamentais com estrutura de direitos de liberdade. Assim são, por exemplo, a Constituição norte-americana e a Constituição norueguesa. Em contrapartida, quase todas as Constituições advindas do século XX preveem direitos, liberdades e garantias e também direitos econômicos, sociais e culturais.[164] A concepção moderna consiste em considerar os direitos fundamentais como um dos instrumentos de realização de um autêntico Estado Democrático e Social de Direito, na busca da concretização do princípio da dignidade da pessoa humana, assim como dos valores de igualdade, de liberdade e de justiça.[165] Igualmente merece destaque a íntima relação entre os direitos fundamentais e as ideias de democracia, a fim de que haja o reconhecimento

---

(161) Marques traz importante distinção entre os modelos de Estado. Sustenta que o Estado Liberal de Direito se preocupa com o indivíduo e prevê a sanção; o Estado Social de Direito leva em consideração o grupo e promove direitos; o Estado Democrático de Direito tem por norte a educação, ou a preparação da população para viver de forma democrática, buscando, portanto, uma reestruturação dos modelos anteriores. Postula que o Estado Democrático de Direito nada mais é do que uma ruptura para transformar a sociedade de acordo com os seus princípios, levando em conta principalmente a igualdade e a dignidade da pessoa humana (MARQUES, Rafael da Silva. *Valor social do trabalho, na ordem econômica, na Constituição brasileira de 1988.* São Paulo: LTr, 2007. p. 29-31).

(162) A respeito: SARLET. 2005a. p. 87 *et seq.*

(163) Nesse sentido também a exposição de Ledur, acrescentando que o princípio do Estado Social tem origem no Direito alemão. Ledur conceitua o princípio do Estado Social como sendo a responsabilidade estatal pela proteção dos socialmente fracos (LEDUR, José Felipe. *Direitos fundamentais sociais:* efetivação no âmbito da democracia participativa. Porto Alegre: Livraria do Advogado, 2009. p. 102-103).

(164) MIRANDA. 1998. t. 4, p. 112.

(165) É valiosa a pesquisa a respeito dos direitos fundamentais nos sistemas jurídicos de diversos países, realizada por Sampaio (2004. p. 233 *et seq.*).

do direito de igualdade e de liberdade real, assegurando-se o direito de participação aos cidadãos. Por igualdade, entenda-se a equiparação de direitos perante a lei e, sobretudo, a igualdade de oportunidades assegurada a todos.[166]

Na verdade, conforme o já visto, os direitos fundamentais são considerados (de modo geral) como a concretização do princípio da dignidade da pessoa humana, sendo este valor o grande fundamento de busca da efetividade dos chamados direitos fundamentais.[167] Neste contexto, *Jorge Miranda* sustenta que os direitos, liberdades e garantias pessoais e os direitos econô-micos, sociais e culturais comuns têm a sua fonte ética na dignidade da pessoa, de todas as pessoas. Sintetiza que o sistema dos direitos fundamentais tem como unidade de sentido e de valor a dignidade da pessoa humana, na concepção que faz da pessoa fundamento e fim da sociedade e do Estado.[168]

A Constituição de 1988, chamada Constituição-cidadã, é a Lei Fundamental do ser humano por excelência. Trata-se da Constituição que mais se preocupou, na história do constitucionalismo nacional, em proteger o homem, entendendo-se esta proteção de vários modos, notadamente no sentido de lhe conferir dignidade, que também é alcançada com o preenchimento de inúmeros quesitos. Nesse sentido, estão os direitos fundamentais com as suas várias dimensões, já que apenas a primeira dimensão dos direitos fundamentais não era suficiente para garantir dignidade plena ao cidadão, sendo necessária a construção teórico-doutrinária das demais dimensões. Ganha relevo, para o nosso estudo, a segunda dimensão, acerca dos direitos sociais, que se constituem também como um dos mais importantes instrumentos de realização do princípio da dignidade da pessoa humana. Essas questões são importantes de serem trazidas novamente para se demonstrar outro relevante papel ocupado pelo princípio da dignidade da pessoa humana — qual seja a função instrumental integradora e hermenêutica desse princípio, que passa a servir de parâmetro para a aplicação, interpretação e integração da teoria dos direitos fundamentais.

Destarte, atualmente os direitos fundamentais são vistos como um dos instrumentos mais eficazes (embora não únicos) para a implementação do sonhado Estado Social e Democrático de Direito, sendo sábias as palavras de *Ingo Sarlet* para a implementação destes direitos: "Para que este momento continue a integrar o nosso presente e não se torne mais outra lembrança, com sabor de ilusão, torna-se indispensável o concurso da vontade por parte de todos os agentes políticos e de toda a sociedade".[169]

Apesar da abertura material propiciada pelo § 2º do art. 5º da CF, estando atualmente consagrada na doutrina a possibilidade de reconhecimento de direitos fundamentais implícitos, que estejam fora do catálogo, a força argumentativa para demonstração da fundamentalidade material deve necessariamente ser consistente quando não há o reconhecimento da fundamentalidade formal. São os princípios fundamentais previstos na Constituição Federal que servem de parâmetro para sustentação da fundamentalidade material de um determinado direito, em especial com base no princípio da dignidade da pessoa humana.

---

(166) São essas as lições também de Andrade (2001. p. 110).
(167) SARLET. 2005a. p. 81.
(168) MIRANDA. 1998. t. 4, p. 166-167.
(169) SARLET. 2005a. p. 80.

Este critério é utilizado para localização de outros direitos fundamentais que não estejam expressos no catálogo próprio da Constituição Federal (Título II), conforme abordagem realizada no capítulo anterior. Todavia, importante ressaltar que esta construção teórica se mostra necessária quando se busca o reconhecimento de um determinado direito fundamental que não esteja reconhecido como tal no texto constitucional; isto é, quando o constituinte não reconheceu este direito como sendo um típico direito fundamental, o que não ocorreu em relação aos direitos sociais, que foram expressamente reconhecidos pelo constituinte como tal, tanto sob o aspecto formal (quando incluídos no Título II da CF) quanto também sob a ótica material.

Esta fundamentalidade formal vem a ser justamente a proteção jurídica dada pelo constituinte a esses bens fundamentais, distinguindo-os das demais normas constitucionais, em relevância e proteção jurídica.[170] O nosso constituinte conferiu esta proteção formal aos direitos fundamentais ao incluí-lo no Título II da Constituição, principalmente através da norma constante no art. 5º, § 1º, da CF e também quando dispôs que os direitos e garantias fundamentais são cláusulas pétreas — art. 60, § 4º, Inciso IV da CF, além dos demais mecanismos de proteção consagrados pela doutrina, em especial, o princípio da proibição de retrocesso.

Direitos fundamentais são aqueles direitos que são fundamentais tanto no plano formal como também no plano material. *Alexy* e *Canotilho* adotam este conceito não estabelecendo diferenciação no plano formal e no plano material do direito. No plano material, a fundamentalidade está ligada ao grau de importância que se atribui ao bem jurídico; isto é, à relevância daquele valor estabelecido pela sociedade, que posteriormente poderá ser reconhecida pelo constituinte no plano formal, na normatização de um direito fundamental no plano constitucional. Desse modo, a importância do bem jurídico é atribuída pelo constituinte justamente no plano formal de normatização do direito tido como fundamental. Por isto que os direitos sociais são considerados fundamentais: o constituinte de 1988 atribuiu esta fundamentalidade formal, ainda que, em tese, possa se questionar acerca da fundamentalidade material de alguns direitos sociais assegurados, por exemplo, no art. 7º da Constituição. Todavia, a partir do seu reconhecimento no plano formal, de forma expressa no catálogo dos direitos fundamentais da Constituição, não há como se questionar acerca da sua fundamentalidade material, pois esta já foi debatida pelos constituintes e reconhecida materialmente.[171]

A Constituição alemã federal, por exemplo, traz apenas um direito social em seu texto, sendo outros direitos sociais tratados apenas em algumas Constituições estaduais alemãs, conforme também já referido no capítulo anterior.[172] Então, no sistema alemão, somente poderá ser reconhecido determinado direito social como fundamental a partir do reconhecimento da fundamentalidade material desse valor, já que não houve o reconhecimento

---

(170) Direitos fundamentais formalmente constitucionais são enunciados e protegidos por normas com valor constitucional formal (normas que têm a forma constitucional) (CANOTILHO. 2003. p. 403).

(171) SARLET. 2005a. p. 89, 94-95, 150-151; e Cf. observações feitas por Ingo Sarlet em aula ministrada no Curso de Especialização em Direito do Trabalho, Processo do Trabalho e Direito Previdenciário promovido pela UNISC/RS, 2006.

(172) Todavia, quase todas as constituições dos dezesseis estados federados alemães contêm direitos sociais (KRELL. 2002. p. 46).

formal desta fundamentalidade no plano constitucional. Por consequência, trata-se de tarefa mais difícil, que dependerá de uma argumentação consistente dessa fundamentalidade material, a partir da possibilidade, já consagrada pela doutrina, do reconhecimento de direitos fundamentais implícitos, que estejam fora do catálogo da Constituição. Toda esta argumentação é despicienda no que tange aos direitos sociais previstos na Constituição brasileira, pois estes já tiveram o reconhecimento da sua fundamentalidade material quando da realização da Assembleia Nacional Constituinte, pelo próprio Poder Constituinte Originário. Assim, não há espaço para que se diga posteriormente que aquele direito social não é fundamental se este reconhecimento já se deu por quem detinha justamente o poder de elaborar a Constituição, não cabendo à sociedade e aos demais Poderes do Estado irem contra a vontade expressa pelos próprios constituintes, já que foi essa mesma sociedade quem lhes delegou a elaboração da Carta Constitucional, inclusive com poderes para estabelecerem os direitos fundamentais.[173] A propósito, é mais uma vez importante trazer as palavras de *Jorge Miranda* a respeito: os direitos fundamentais não se reduzem a direitos impostos pelo Direito natural, havendo muitos outros direitos do cidadão, do trabalhador etc., muitos destes pura e simplesmente criados pelo legislador positivo.[174]

Ressalte-se que o constituinte tinha o poder-dever de incluir os direitos sociais no catálogo dos direitos fundamentais a partir do momento em que este mesmo constituinte estabeleceu os princípios e os objetivos fundamentais da República Federativa do Brasil, pois cabe inicialmente ao próprio constituinte dar instrumentos e mecanismos de implementação dos fundamentos traçados. A partir do momento em que a Constituição Federal estabelece o Brasil como um Estado social e democrático de Direito[175] e, sobretudo, traça os princípios fundamentais que necessitam ser implementados, ganhando relevo neste aspecto os princípios da dignidade da pessoa humana, do reconhecimento dos valores sociais do trabalho e da livre iniciativa, da erradicação da pobreza e da marginalização e a redução das desigualdades sociais e regionais, constantes nos arts. 1º e 3º da CF, passa a ser dever do Estado implementar estes fundamentos. Nesse sentido, com base nas premissas estabelecidas, não haveria nenhum espaço para que os direitos sociais não tivessem o reconhecimento que formalmente tiveram como direitos fundamentais materiais e formais, pois a maioria deles visa justamente concretizar os princípios fundamentais traçados na Lei Fundamental, notadamente na busca da efetiva dignidade da pessoa humana.[176]

Como se referiu, a Constituição brasileira teve grande influência da Constituição portuguesa, a qual reconhece os direitos sociais como autênticos direitos fundamentais. A maior parte dos direitos dos trabalhadores na Constituição Federal portuguesa está no grupo dos direitos, liberdades e garantias, sendo, inclusive, considerados de aplicação imediata e reconhecidos como cláusulas pétreas. Os próprios direitos sociais típicos são reconhecidos no sistema português como direitos fundamentais. Apesar de não serem reconhecidos como

---

(173) Cf. observações feitas por Ingo Sarlet em aula ministrada no Curso de Especialização em Direito do Trabalho, Processo do Trabalho e Direito Previdenciário promovido pela UNISC/RS, 2006.
(174) Cf. MIRANDA. 1998. t. 4, p. 51.
(175) Esta conclusão é extraída principalmente do próprio preâmbulo da Constituição e dos princípios fundamentais estabelecidos na Constituição Federal.
(176) Segundo todas as regras de interpretação, os direitos sociais no Brasil são também fundamentais, advindo daí todas as decorrências dessa fundamentalidade (KRELL. 2002. p. 49).

normas de eficácia plena e de aplicação imediata, são identificados como fundamentais, tanto sob o aspecto material como também sob o aspecto formal.[177] Consequentemente, respeitados entendimentos em contrário, é inviável não se reconhecer estes direitos sociais como fundamentais se estão estes expressamente identificados como fundamentais na Constituição de 1988, seguindo o mesmo caminho da grande maioria das Constituições sociais advindas após a Segunda Guerra Mundial, sobretudo da Constituição portuguesa.

Por essas razões, parece estar equivocado o pensamento de respeitáveis doutrinadores, ao sustentarem que nem todos os direitos considerados fundamentais na Constituição Federal sejam de fato fundamentais, por não o serem materialmente fundamentais, trazendo como exemplo a problemática envolvendo a natureza dos discutidos direitos sociais, sob o fundamento de que estes direitos não são naturais e por isso não são fundamentais.[178] Ao que parece, o equívoco é justamente este, pois o constituinte não considerou fundamentais apenas os direitos naturais do homem, dando ênfase às várias espécies de direitos fundamentais, a partir da construção doutrinária acerca das inúmeras dimensões dos direitos fundamentais.[179] Se a própria Constituição diz que são fundamentais, esta foi a vontade do constituinte, não cabendo ao doutrinador sustentar que determinado direito não é fundamental se a Carta Constitucional diz expressamente que é.[180]

Jorge Miranda argumenta que milita uma presunção de ser materialmente fundamental aquele direito fundamental formal, porque o constituinte o colocou na Constituição Federal neste patamar, não sendo necessário demonstrar a fundamentalidade material. Somente para aqueles direitos que estão fora do Título II da Constituição, e somente para estes, deve ser demonstrada a fundamentalidade material do direito, conforme dispõe o § 2º do art. 5º da Constituição.[181]

Podemos discutir, no plano exclusivamente teórico, se todos aqueles direitos elencados no art. 7º da Carta Magna são materialmente fundamentais. No entanto, o constituinte, sabiamente, desejou elevar à categoria de fundamentais os direitos sociais previstos na Constituição, pois foram dispostos no Título II da Lei Fundamental (Capítulo II), que regula os direitos e garantias fundamentais, enquanto que nas Constituições anteriores os direitos sociais estavam regulados no capítulo da ordem econômica e social, quando eram considerados apenas

---

(177) O art. 17 da Constituição de Portugal, Título II, diz respeito ao regime dos direitos, liberdades e garantias e também aos direitos fundamentais de natureza análoga, sendo considerados direitos análogos, entre outros, os direitos dos trabalhadores subordinados a férias, à duração máxima da jornada de trabalho, a repouso semanal remunerado e a salário mínimo. Canotilho sustenta que os chamados direitos, liberdades e garantias e os direitos de natureza análoga se beneficiam de um regime próprio, que lhe garante, por exemplo, a aplicabilidade direta e a proibição de retrocesso (CANOTILHO. 2003. p. 398 *et seq.*).
(178) SARLET. 2005a. p. 150-151.
(179) Cf. Comparato, os direitos humanos de proteção ao trabalhador somente puderam prosperar a partir do momento histórico em que os donos do capital foram obrigados a compor com os trabalhadores. Com isso, não se surpreende com a transformação radical das condições de produção no final do século XX, tornando cada vez mais dispensável a contribuição da força de trabalho e privilegiando o lucro especulativo, enfraquecendo-se gravemente o respeito a esses direitos em quase todo o mundo (COMPARATO. 2003. p. 53-54).
(180) Jorge Miranda, analisando a abertura do catálogo português de direitos fundamentais, sustenta justamente que os direitos econômicos, sociais e culturais podem e devem ser crescentemente dilatados ou acrescentados para além dos que se encontrem declarados em certo momento histórico, mormente por estarem em um Estado social de Direito e não em um Estado liberal (MIRANDA. 1998. t. 4, p. 154-155).
(181) Cf. MIRANDA. *Op. cit.*

normas programáticas, normalmente de eficácia limitada. Assim, o legislador constituinte concedeu essa fundamentalidade formal e material aos direitos sociais previstos na carta constitucional.

Arion Sayão Romita enaltece o constituinte, ao romper com a tradição brasileira de regular os direitos dos trabalhadores no capítulo "Da ordem econômica e social", quando os chamados direitos sociais eram catalogados em apêndice à "ordem econômica", como a demonstrar uma subserviência do social ao econômico. A partir da Constituição de 1988, os direitos sociais são inseridos no catálogo dos direitos fundamentais, no Título II, logo após o Título I que estabelece os princípios fundamentais, buscando-se através deste implementar os fundamentos da República Federativa do Brasil, considerado um Estado Democrático de Direito, que inclui os valores sociais do trabalho ao lado da dignidade da pessoa humana como sendo diretrizes fundamentais para atuação do legislador, na tarefa de implantar as garantias que a Constituição assegura aos trabalhadores.[182]

Desse modo, apesar de existir alguma discordância acerca da matéria, a grande maioria da doutrina constitucional moderna, inclusive estrangeira, considera os direitos sociais, inclusive dos trabalhadores, como típicos direitos fundamentais.[183] Os consagrados doutrinadores portugueses *Vieira de Andrade*[184] e *Gomes Canotilho*[185], por exemplo, reconhecem a condição de direitos fundamentais aos direitos sociais, e inúmeros autores de extremo destaque no cenário nacional igualmente reconhecem esta fundamentalidade formal e material dos direitos sociais, dentre eles *Ingo Sarlet*,[186] *Juarez Freitas*[187] e *Paulo Bonavides*.[188]

2.2. A EFICÁCIA E EFETIVIDADE DOS DIREITOS FUNDAMENTAIS DOS TRABALHADORES NA CONSTITUIÇÃO FEDERAL DE 1988

A discussão a respeito da eficácia das normas constitucionais sempre recebeu atuação destacada da doutrina, especialmente a partir da Constituição Federal de 1891. Predominou no sistema brasileiro até por volta da década de 60 (por mais de setenta anos, portanto) a doutrina de *Ruy Barbosa*, um dos idealizadores da ordem constitucional republicana. Inspirado no modelo clássico norte-americano, bem como nas decisões daquele país, inclusive da Suprema Corte, estabeleceu a distinção entre normas autoaplicáveis (ou autoexecutáveis) e normas não autoaplicáveis (ou não autoexecutáveis), chamadas pela doutrina americana de normas *self-executing, self-acting* ou *self-enforcing* e normas *not self-executing,*

---

(182) ROMITA, Arion Sayão. *Os direitos sociais na Constituição e outros estudos*. São Paulo: LTr, 1991. p. 75.
(183) Em sentido contrário, por exemplo, Ricardo Torres entende que os direitos sociais não são fundamentais, apesar de previstos na CF (TORRES. 2003). Oscar Vilhena entende que somente poderiam ser considerados cláusulas pétreas os chamados autênticos direitos fundamentais, não se enquadrando aí os direitos sociais (VIEIRA. 2006. p. 41-47). Cf. observações feitas por Ingo Sarlet em aula ministrada no Curso de Mestrado em Direito promovido pela PUC-RS, 2009.
(184) ANDRADE. 2004. p. 388-391.
(185) Cf. CANOTILHO. 2003. p. 473-484.
(186) SARLET. 2005a. p. 150-151, 316, por exemplo.
(187) FREITAS, Juarez. O Estado, a responsabilidade extracontratual e o princípio da proporcionalidade. In: SARLET, Ingo Wolfgang (coord.). *Jurisdição e direitos fundamentais*: anuário 2004/2005. Porto Alegre: Livraria do Advogado, 2005. v. 1, t. 1, p. 191.
(188) Cf. BONAVIDES. 2003. p. 564-565.

not-self-acting ou *not self-enforcing*.⁽¹⁸⁹⁾ Normas autoaplicáveis seriam aquelas que geravam efeitos de forma imediata, independente da atuação do legislador; isto é, são executáveis por si mesmas. Já as normas não autoaplicáveis seriam aquelas que necessitavam da ação do legislador para tornarem-se efetivas.⁽¹⁹⁰⁾ As normas programáticas e de direitos sociais eram tratadas como normas não autoaplicáveis, não produzindo efeito jurídico. Chamadas também de normas não autossustentáveis por *Pontes de Miranda*, não poderiam gerar qualquer efeito antes de regulamentadas.⁽¹⁹¹⁾

Sob o aspecto terminológico, a teoria clássica de classificação das normas constitucionais em autoaplicáveis e não autoaplicáveis também foi alvo de críticas, porque transmitia a falsa ideia de que as normas autoaplicáveis não poderiam receber qualquer tipo de regulamentação legislativa. Ao contrário, é possível a sua regulamentação, para que tenham maior executoriedade ou para que possam se adequar às transformações e oscilações socioeconômicas.⁽¹⁹²⁾ Era também criticada a concepção clássica por sustentar que as normas não autoaplicáveis não produziriam qualquer efeito, pois inexiste norma constitucional destituída de eficácia, na medida em que toda norma constitucional sempre gerará algum efeito.⁽¹⁹³⁾ Aliás, eram sábias as palavras do próprio mestre *Ruy Barbosa* a respeito, que, apesar de classificar as normas em autoaplicáveis e não autoaplicáveis, advertia que: "Não há, numa Constituição, cláusulas a que se deva atribuir meramente o valor moral de conselhos, avisos ou lições [...]".⁽¹⁹⁴⁾ É digno de nota, conforme salienta o professor *Ingo Wolfgang Sarlet*, que a própria doutrina e jurisprudência constitucional norte-americana não se manteve fiel aos princípios da teoria clássica da eficácia das normas constitucionais.⁽¹⁹⁵⁾

Inicialmente, foram os alemães que revisaram a teoria clássica ao elaborarem a primeira Constituição social, com normas programáticas e com direitos sociais. Seguindo-se a essa nova teoria, qualquer norma constitucional, se quiser ser norma, tem um efeito vinculante, e mínimo de eficácia.⁽¹⁹⁶⁾ No Brasil, a partir dos anos cinquenta, a teoria clássica de *Ruy Barbosa* passou também a receber intensa crítica da doutrina nacional, inclusive colidindo com o Direito Constitucional positivo espelhado desde a Constituição Federal de 1934, de natureza essencialmente social. Desse modo, a revisão da teoria de *Ruy Barbosa* embasou-se principalmente nas lições da doutrina italiana, trazida após a Segunda Guerra Mundial, e nos ensinamentos dos juristas alemães da época de Weimer.

---

(189) Cf. KRELL. 2002. p. 37.
(190) Cf. TEIXEIRA. 1991. p. 299-300.
(191) Cf. SARLET. 2005a. p. 238.
(192) Outra crítica recebida pela teoria clássica versava a respeito da utilização do critério da completude de conteúdo, como parâmetro para classificação das normas constitucionais em autoaplicáveis ou não autoaplicáveis. Até mesmo as normas autoaplicáveis podem apresentar conceitos vagos e imprecisos, que serão completados pela interpretação constitucional. Portanto, nem todas as normas possuem o mesmo grau de completude, sendo mais ou menos completas.
(193) SARLET. *Op. cit.*, p. 65-66.
(194) BARBOSA 1933 *apud Ibidem*, p. 242. Meirelles Teixeira sublinha, com propriedade, que já à época de Rui Barbosa se reconhecia que certas normas, classificadas como não autoaplicáveis, poderiam produzir certos efeitos e, portanto, eram aplicáveis até certo ponto, fazendo referência, inclusive, a uma decisão da Suprema Corte dos Estados Unidos da época (TEIXEIRA. 1991. p. 313-314).
(195) SARLET. *Op. cit.*, p. 242.
(196) Dispõe a Lei Fundamental da Alemanha, em seu art. 1º (proteção da dignidade humana), n. 3: Os direitos fundamentais que se seguem vinculam a legislação, o poder executivo e a jurisdição como direito imediatamente vigente (CANARIS. 2006. p. 141).

A teoria clássica norte-americana tornou-se superada, a partir da sua revisão pelas teorias italianas e germânicas, tendo em vista que a Constituição alemã de 1919 foi a primeira a ter normas de direitos sociais e de caráter programático. Assim, em sentido contrário à teoria clássica defendida por *Ruy Barbosa*, a doutrina atual é majoritária no sentido de entender que inexiste norma constitucional completamente destituída de eficácia, possuindo as normas uma eficácia gradual, podendo, pois, gerar efeitos variáveis. Também é o entendimento de que todas as normas constitucionais são imediatamente aplicáveis, pelo menos em um certo sentido.[197]

Modernamente, a classificação mais aceita pela doutrina é a de *José Afonso da Silva*, a qual dispõe que as normas constitucionais se classificam segundo a eficácia jurídica e a aplicabilidade, não importando a efetividade neste momento, em: normas de eficácia plena, normas de eficácia contida e normas de eficácia limitada.[198] Essa classificação sofre algumas críticas na doutrina, por ser fácil confundir normas de eficácia contida e limitada.[199] Por eficácia entenda-se aptidão, isto é, possibilidade de uma norma geral ter seus efeitos jurídicos próprios. Está no plano do dever-ser. A aplicabilidade está ligada à possibilidade de aplicação dessas normas juridicamente eficazes a situações concretas. Está no plano do dever-ser. E a efetividade é alcançada quando os efeitos jurídicos de uma determinada norma se transformam em realidade. Está no plano do ser.

As normas de eficácia plena têm direta aplicabilidade e geram desde logo a integralidade dos seus efeitos, não necessitando de qualquer regulamentação. As normas de eficácia contida possuem eficácia plena; são, portanto, também de aplicação direta e geram, em princípio, a integralidade dos seus efeitos, mas podem ter seus efeitos parcialmente restringidos por lei posterior. São normas de eficácia plena e diretamente aplicáveis. A única diferença é que a lei posterior pode vir a restringir seus efeitos. No início ela tem eficácia plena, enquanto não venha a lei posterior para restringir seus efeitos. Portanto, o papel da lei nas normas de eficácia contida é restringir seus efeitos,[200] sendo esta restrição expressamente autorizada pela Constituição.

As normas de eficácia limitada dependem parcialmente de regulamentação para gerarem efeitos plenos e integrais. A aplicação é mediata para os efeitos que dependem de regulamentação por lei. Enquanto não regulamentada, essa espécie de norma gera três efeitos: efeito revogatório, que revoga o direito anterior que em relação a ela seja incompatível; efeito invalidatório, que gera a inconstitucionalidade dos atos posteriores e contrários a tal norma, ou negativos; efeito interpretativo, que impõe ao juiz o dever de interpretar o direito infraconstitucional à luz do direito constitucional, possibilitando ação direta de inconstitucionalidade por omissão. É imperioso reconhecer que este último efeito acaba

---

(197) Meirelles Teixeira já sustentava que não existe norma constitucional despida de qualquer eficácia, ou de eficácia nula (TEIXEIRA. 1991. p. 317).

(198) SILVA, José Afonso da. *Aplicabilidade das normas constitucionais*. 2. ed. São Paulo: Revista dos Tribunais, 1982. p. 80 *et seq.*

(199) Meirelles Teixeira classificou as normas constitucionais, quanto à sua aplicabilidade e à sua eficácia em normas de eficácia plena e em normas de eficácia limitada ou reduzida. Por normas de eficácia plena entende as que produzem todos os seus efeitos essenciais. Já as normas de eficácia limitada são aquelas que não produzem, logo ao serem promulgadas, todos os seus efeitos (TEIXEIRA. *Op. cit.*, p. 317).

(200) Cf. observações feitas por Ingo Wolfgang Sarlet em aula ministrada no Curso de Especialização em Direito do Trabalho, Processo do Trabalho e Direito Previdenciário promovido pela UNISC/RS, 2006.

sendo inócuo sob o ponto de vista prático, e produz algum tipo de direito subjetivo — direito subjetivo negativo no caso das normas de eficácia limitada.[201]

As normas não autoaplicáveis têm a chamada eficácia diferida. Normas de eficácia limitada não se confundem com normas de eficácia diferida, pois possuem, em parte, aplicação imediata. Inclusive as normas de eficácia limitada têm efeitos diretos, pois mesmo aqueles efeitos mínimos têm aplicação direta. O efeito revogatório, por exemplo, é aplicado diretamente. Portanto, estas normas, assim como as programáticas, também são diretamente aplicáveis, ao menos em um certo sentido, sendo assim, pelo menos em parte, diretamente aplicáveis. A norma não autoaplicável, de acordo com a teoria clássica, não é geradora de efeito algum. É justamente este o entendimento muitas vezes dado pelos tribunais, apesar de já superada na doutrina a antiga teoria clássica norte-americana. Se fosse considerada norma de eficácia limitada, poderia haver efeitos mínimos.

Assim, a partir de intensas discussões no plano doutrinário, existe atualmente certo consenso acerca da eficácia das normas constitucionais no sentido de considerar que todas têm eficácia e, portanto, podem gerar efeitos para aplicação,[202] que esta eficácia mostra-se variável de acordo com a natureza das normas e que todas as normas constitucionais são imediatamente aplicáveis, pelo menos em um certo sentido.[203] Até mesmo as normas de cunho nitidamente programático podem ensejar, em virtude da sua aplicação imediata, o gozo de direito subjetivo individual, independentemente da concretização legislativa, conforme salienta *Eros Roberto Grau*.[204] *Canotilho* já diz que não existem mais normas programáticas, ou seja, desprovidas de eficácia.

É vital estabelecer o critério para distinção das normas de eficácia contida e de eficácia limitada, quando o texto faz remissão à lei. Em princípio, quando estivermos diante de uma norma de direito e garantia fundamental, a remissão à lei deve ser interpretada como uma autorização para restrição, sendo então norma de eficácia contida. A maior parte das normas existentes no art. 5º da Constituição são de eficácia contida quando o texto faz expressa remissão aos termos da lei. A norma será de eficácia limitada quando a remissão à lei traz um dever ao Estado — uma norma impositiva. Quando não se pode extrair um direito subjetivo da norma, estaremos diante de uma norma de eficácia limitada. Exemplo de norma de eficácia limitada seria aquela prevista no inciso XXXII do art. 5º da Constituição, que impõe ao Estado o dever de criar normas de defesa do consumidor, regulamentada pos-teriormente pelo Código de Defesa do Consumidor.[205]

Nas normas de eficácia contida, sempre teremos uma expressa remissão à lei, porque há uma reserva de lei. Ao contrário, nas de eficácia limitada, poderemos não ter uma remissão

---

(201) TEIXEIRA. 1991. p. 333.
(202) Segundo Canaris, ao dispor a respeito da Lei Fundamental Alemã, a vinculação do legislador de direito privado aos direitos fundamentais é imediata (CANARIS. 2006. p. 129).
(203) Cf. observações feitas por Ingo Sarlet em aula ministrada no Curso de Especialização em Direito do Trabalho, Processo do Trabalho e Direito Previdenciário promovido pela UNISC/RS, 2006. TEIXEIRA. 1991. p. 291-293.
(204) GRAU, Eros Roberto. *A ordem econômica na Constituição de 1988*: interpretação e crítica. 3. ed. São Paulo: Malheiros, 1997. p. 322 *et seq*.
(205) Cf. observações feitas por Ingo Sarlet em aula ministrada no Curso de Especialização em Direito do Trabalho, Processo do Trabalho e Direito Previdenciário promovido pela UNISC/RS, 2006.

à lei. A norma prevista no art. 3º da Constituição, por exemplo, de erradicação da pobreza, é de eficácia limitada, apesar de não haver qualquer remissão à lei, tratando-se de uma norma-programa, que não gera direito subjetivo imediato. As normas programáticas ou impositivas de uma tarefa ou de um programa permanente para o poder público são, em princípio, de eficácia limitada. Todavia, o próprio STF já reconhece efeito direto e imediato para algumas normas essencialmente programáticas, como se constata quando da análise do direito à saúde, reconhecido como direito público subjetivo, como se observa a seguir:

> A interpretação da norma programática não pode transformá-la em promessa constitucional inconsequente. — O caráter programático da regra inscrita no art. 196 da carta política — que tem por destinatários todos os entes políticos que compõem, no plano institucional, a organização federativa do Estado brasileiro — não pode converter-se em promessa constitucional inconsequente, sob pena de o poder público, fraudando justas expectativas nele depositadas pela coletividade, substituir, de maneira ilegítima, o cumprimento de seu impostergável dever, por um gesto irresponsável de infidelidade governamental ao que determina a própria Lei Fundamental do Estado.[206]

Em síntese, temos então normas de eficácia plena e de eficácia limitada, sendo que algumas contêm uma expressa reserva de lei, servindo de autorização prévia para restrição. Não se questiona mais a possibilidade de a lei restringir seus efeitos, que enquanto não restringidos são plenos. Qualquer norma constitucional está sujeita a restrições, até porque não há direito absoluto. Neste caso, quando não há reserva de lei, temos de verificar se há autorização implícita na norma para tanto.[207]

Em razão da dificuldade de distinção das normas de eficácia contida em relação às normas de eficácia limitada, o professor *Ingo Sarlet* prefere classificar as normas constitucionais, quanto aos seus efeitos, apenas em normas de eficácia plena e em normas de eficácia limitada,[208] acrescentando apenas que algumas destas normas de eficácia plena contêm na própria norma uma expressa reserva de lei — que são as normas classificadas como de eficácia contida pela maioria da doutrina.[209] As normas de eficácia plena são idênticas às de eficácia contida no que tange a ambas gerarem desde já a integralidade dos seus efeitos.

Já tentamos demonstrar que todas as normas constitucionais, mesmo sendo de natureza programática, possuem certo grau de eficácia jurídica e aplicabilidade.[210] A discussão a respeito da eficácia dos direitos fundamentais ganha importância a partir da Constituição de 1988, em razão da norma constante no seu art. 5º, § 1º, já que inexistia comando similar

---

(206) BRASIL. Superior Tribunal de Justiça. *Agravo regimental no recurso extraordinário n. 271.286-8*. Agravante: Município de Porto Alegre. Agravado: Diná Rosa Vieira. Relator: Min. Celso de Mello. DJU, Brasília, 24 nov. 2000. Disponível em: <http://www.stf.gov.br> Acesso em: 6 jun. 2007.
(207) SARLET. 2005a. p. 248-249.
(208) José Horácio Meirelles Teixeira já havia criticado a doutrina clássica construída por Ruy Barbosa e, posteriormente, por Pontes de Miranda, classificando as normas constitucionais em normas de eficácia plena e em normas de eficácia limitada ou reduzida (TEIXEIRA, 1991 *apud* BILHALVA, Jacqueline Michels. *A aplicabilidade e a concretização das normas constitucionais*. Porto Alegre: Livraria do Advogado, 2005. p. 35).
(209) SARLET. *Op. cit.*, p. 248-253.
(210) SARLET. 2005a. p. 266.

nas Constituições anteriores. Segundo esse dispositivo, as normas definidoras dos direitos e garantias fundamentais têm aplicação imediata. Como já se referiu, esse dispositivo foi incluído na Constituição de 1988 por influência de outras Constituições, como a portuguesa (art. 18/1[211]), a uruguaia (art. 332[212]) e a alemã (art. 1º, inciso III[213]). Aliás, o anteprojeto elaborado pela "Comissão Afonso Arinos" já apresentava, em seu art. 10, norma semelhante.[214] Ainda assim, e apesar da clareza alcançada pelo constituinte, os efeitos da norma continuam sendo alvo de acirrada discussão doutrinária, o que será examinado a seguir.

Passamos, primeiramente, a analisar os efeitos da norma constante no § 1º do art. 5º da Constituição Federal. É importante ressaltar desde já que esta norma é aplicável apenas aos direitos fundamentais, não havendo espaço para extensão desse preceito às demais normas constitucionais, sob pena de equipararmos os direitos fundamentais com as outras normas. Mesmo buscando extrair da norma todos os seus efeitos (conferidos pelo legislador) não se pode ir além, atribuindo alcance superior ao expressamente disposto em seu texto.

Com uma interpretação meramente literal do texto constitucional e respeitando-se opiniões em contrário, verifica-se que essa discussão não tem razão de existir, pois o § 1º do art. 5º da Constituição Federal utiliza a formulação genérica "direitos e garantias fundamentais" exatamente como consta no Título II da Constituição (que não abrange apenas os direitos individuais e coletivos). Se o legislador quisesse dar aplicação imediata apenas aos direitos individuais e coletivos, teria feito menção expressa no referido § 1º, substituindo a expressão "as normas definidoras dos direitos e garantias fundamentais" pela expressão "as normas definidoras dos direitos individuais e coletivos". Entretanto, conforme consta no texto, foi desejo do legislador dar aplicação imediata não apenas aos direitos fundamentais individuais e coletivos, mas também aos demais direitos fundamentais, dentre eles os direitos sociais, previstos no Capítulo II do Título II da Constituição Federal.[215]

Por meio de uma interpretação sistemática e teleológica, chegaremos aos mesmos resultados, pois a fundamentalidade, pelo menos no sentido formal, dos direitos políticos, de nacionalidade e dos direitos sociais é inquestionável. A Constituição pátria, ao contrário da lusitana, não diferenciou, no plano formal, os direitos de liberdade e os direitos sociais. Se assim quisesse ter feito, não teria dado aplicação imediata a todos os direitos fundamentais, nem incluído entre os direitos fundamentais (no plano formal) também os direitos sociais. A Constituição portuguesa, por exemplo, confere aplicação imediata apenas aos direitos, liberdades e garantias fundamentais, excluindo desse regime os direitos econômicos, sociais e culturais. Uma extensa parcela dos direitos dos trabalhadores na Constituição portuguesa está regulada no capítulo dos direitos, liberdades e garantias e não no capítulo dos direitos

---

(211) "Os preceitos constitucionais respeitantes aos direitos, liberdades e garantias são diretamente aplicáveis e vinculam as entidades públicas e privadas."
(212) "Os preceitos da presente Constituição que reconhecem direitos aos indivíduos, assim como os que atribuem e impõem deveres às autoridades públicas, não deixarão de aplicar-se por falta de regulamentação respectiva, senão que esta será suprida, recorrendo aos fundamentos de leis análogas, aos princípios gerais de direito e às doutrinas geralmente admitidas."
(213) A referida norma dispõe que: "Os seguintes direitos fundamentais vinculam os Poderes Legislativo, Executivo e Judiciário, como direito imediatamente aplicável".
(214) Cf. SARLET. Op. cit., p. 259.
(215) SARLET. 2005a. p. 259-260.

econômicos, sociais, culturais, constituindo-se e sendo protegidos como cláusulas pétreas. Aliás, nesse sentido é importante ressaltar que no próprio art. 5º da Constituição nós não temos previstos apenas direitos individuais. São exemplos o inciso XXXII, que dispõe sobre a proteção do consumidor, que vem a ser um direito prestacional, e o inciso XXII, que dispõe sobre a função social da propriedade.[216]

Portanto, além de não haver razão para se dar uma interpretação restritiva ao texto constitucional, respeitados os entendimentos em contrário, entendemos que também não existem fundamentos jurídicos razoáveis para não chegarmos à conclusão acerca da aplicação imediata dos direitos fundamentais, inclusive dos direitos sociais, especialmente quando não há intenção de reduzir os direitos dos trabalhadores. Nesse sentido, é oportuna a lição de *Ingo Sarlet*:

> Por estas razões, há como sustentar, a exemplo do que tem ocorrido na doutrina, a aplicabilidade imediata (por força do art. 5º, § 1º, de nossa Lei Fundamental) de todos os direitos fundamentais constantes do Catálogo (arts. 5º a 17), bem como dos localizados em outras partes do texto constitucional e nos tratados internacionais.[217]

É importante lembrar que antes mesmo da Constituição de 1988, na vigência da Constituição anterior, inúmeras já eram as vozes no sentido de se buscar a imediata aplicação dos direitos reconhecidos pela Constituição como fundamentais. Juristas consagrados no cenário nacional, como *Eros Roberto Grau* e *Celso Antônio Bandeira de Melo*, propugnavam pela imediata aplicação de tais normas pela via jurisdicional.[218] Refere *Ruy Ruben Ruschel* que *Paulo Bonavides* "[...] fazia veemente apelo no sentido de reconstruir-se o conceito jurídico de Constituição, atribuindo-se eficácia vinculante às normas programáticas, 'não importando que a Constituição esteja ou não repleta de proposições desse teor'".[219] Justamente a partir dos consistentes e inúmeros argumentos doutrinários construídos anteriormente à Constituição de 1988 é que se iniciou o processo de construção legislativa da norma inserida no § 1º do art. 5º da CF. O constituinte, mostrando-se sensível à pressão da sociedade na efetividade dos direitos fundamentais, resolveu por bem criar mecanismos para a implementação desses direitos, inspirando-se na doutrina constitucional portuguesa e criando a norma disposta no referido art. 5º, § 1º da Constituição, atribuindo aplicação imediata às normas definidoras dos direitos e garantias fundamentais.[220]

Apesar de a discussão a respeito da eficácia dos direitos fundamentais prosseguir intensa no plano doutrinário, há consenso, inclusive entre os defensores de uma interpretação restritiva da norma, a respeito da intenção do legislador de evitar um esvaziamento dos direitos fundamentais ao incluir na Constituição a norma prevista no § 1º do art. 5º. Pretendeu o legislador impedir que os direitos fundamentais permanecessem letra morta no texto

---

(216) *Ibidem*, p. 261-272.
(217) SARLET. 2005a. p. 261-262.
(218) Cf. RUSCHEL, Ruy Ruben. O magistrado e as agressões à Constituição... por omissão. *Revista da Ajuris*, Porto Alegre, v. 17, n. 50. p. 144-145, 1990.
(219) *Ibidem*, p. 145.
(220) Em julgamento de Mandado de Injunção, o Ministro Sepúlveda Pertence, do Supremo Tribunal Federal, também já defendia a tese de serem diretamente aplicáveis os direitos fundamentais (Mandado de Injunção n. 438, *apud* SARLET. *Op. cit.*, p. 264).

constitucional, elevando-os ao patamar que de fato merecem estar, como um dos instrumentos mais importantes para a preservação e a busca da dignidade da pessoa humana e da justiça social. A própria doutrina norte-americana já citada admitia que os direitos e garantias constituíam normas de natureza autoaplicável (ou autoexecutável), não necessitando de regulamentação para que viessem a gerar todos os seus efeitos, apesar de, na época, ainda não existir a discussão a respeito dos direitos sociais, culturais e econômicos de natureza prestacional, que passaram a ser contemplados nas Constituições modernas, especialmente aquelas que buscam um Estado Social.[221] A propósito é importante trazer a mensagem de *Ruy Ruben Ruschel*:

> Ainda ao tempo da República Velha, quando só direitos individuais eram enunciados na Constituição, surgiu uma dúvida sobre se alguns deles eram ou não autoaplicáveis. *Rui Barbosa* solucionou o problema com justiça, sustentando a tese de que a "Declaração de Direitos" só podia conter normas autoexecutáveis. Seu argumento básico foi: "Sendo o intuito principal dessas declarações constitucionais cercar esses direitos de uma trincheira inacessível ao arbítrio, assim dos Governos como dos Parlamentos, ficaria totalmente anulada a garantia de que aí se cogita, se tais direitos se não pudessem reivindicar senão estribados em atos legislativos". O mestre estava apoiado na tese americana de que eram *self-executing* por sua natureza "os princípios constantes nas declarações de direitos".[222]

O referido dispositivo constitucional, portanto, gera a presunção de plena eficácia dos direitos fundamentais, presunção que nunca poderá ser absoluta, sob pena de a norma em discussão passar a ser considerada uma regra e não um princípio. As exceções a essa regra são possíveis, mas isto gera uma consistente fundamentação interpretativa das normas constitucionais. Em virtude do comando constitucional contido na norma citada, parte da doutrina entende que todas as normas de direitos e garantias fundamentais são de eficácia plena. Essa não é, entretanto, a posição defendida pelo professor *Ingo Sarlet*, à qual aderimos, entendendo ser uma norma princípio (principiológica) aquela prevista no § 1º do art. 5º da Constituição Federal.

Normas de caráter principiológico não trazem previamente os efeitos da norma, cujos efeitos dependem também de outras normas. A finalidade desta norma é dar um tratamento diferenciado às normas de direitos fundamentais sem, no entanto, interpretar a referida norma como uma simples regra, atributiva de eficácia plena a todas as normas de direitos fundamentais. Trata-se de uma norma principiológica que impõe o dever de maximização, de otimização para os demais poderes (principalmente para o Poder Judiciário) das normas constitucionais, para se buscar a máxima eficácia e efetividade de todas as normas de direitos fundamentais.[223] Por se tratar de uma norma principiológica, a norma contida no § 1º do art. 5º da Constituição Federal, conclui *Ingo Sarlet*:

> Levando-se em conta esta distinção, somos levados a crer que a melhor exegese da norma contida no art. 5º, § 1º, de nossa Constituição é a que parte da premissa de que se trata de norma de cunho inequivocamente principiológico, considerando-a,

---

(221) Cf. BARBOSA. 1933 *apud* SARLET. 2005a. p. 266-267; TEIXEIRA. 1991. p. 315-317.
(222) RUSCHEL, Ruy Ruben. A eficácia dos direitos sociais. *Revista da Ajuris*, Porto Alegre, v. 20, n. 58. p. 293, 1993.
(223) SARLET. 2005a. p. 269-272.

portanto, uma espécie de mandado de otimização (ou maximização), isto é, **estabelecendo aos órgãos estatais a tarefa de reconhecer a maior eficácia possível aos direitos fundamentais, entendimento este sustentado, entre outros, no direito comparado, por *Gomes Canotilho*** e compartilhado, entre nós, por *Flávia Piovesan*.[224]

O art. 5º, § 1º, vem a ser, na verdade, um *plus*[225] agregado às normas definidoras dos direitos fundamentais, que tem por finalidade justamente ressaltar sua aplicabilidade imediata, independentemente de qualquer medida concretizadora. Prossegue *Ingo Sarlet* afirmando que:

> [...] aos poderes públicos incumbem a tarefa e o dever de extrair das normas que os consagram (os direitos fundamentais) a maior eficácia possível, outorgando-lhes, neste sentido, efeitos reforçados relativamente às demais normas constitucionais, já que não há como desconsiderar a circunstância de que a presunção da aplicabilidade imediata e plena eficácia que milita em favor dos direitos fundamentais constitui, em verdade, um dos esteios de sua fundamentalidade formal no âmbito da Constituição.[226]

Portanto, os direitos fundamentais possuem maior aplicabilidade e eficácia em relação às demais normas constitucionais. *Jorge Miranda* e *K. Hesse*[227] já sustentam que deve ser buscada a máxima eficácia e efetividade de todas as normas constitucionais. Se retirada essa condição privilegiada dos direitos fundamentais, trazida expressamente pelo § 1º do art. 5º da Constituição Federal, estaremos negando a própria fundamentalidade desses direitos.

Partindo-se dessas premissas, entendemos como mais adequada a solução trazida pelo professor *Ingo Sarlet*, ao sustentar que os direitos fundamentais podem ser divididos em dois grupos de normas. Em primeiro, normas que, em virtude da sua insuficiente normatividade, não se encontram em condições de gerar a plenitude de seus efeitos sem a ação do legislador. E as normas que, por serem dotadas de suficiente normatividade, não necessitam da ação concretizadora do legislador para serem imediatamente aplicáveis aos casos concretos, e alcançarem, desde logo, sua plena eficácia.[228]

Dessa maneira, a regra geral a respeito dos direitos fundamentais é de terem aplicabilidade imediata e eficácia plena, sendo pontuais as exceções, que, por tais razões, não poderão ser transformadas em regras. As exceções restringem-se às situações acima referidas, relativamente às normas que, por não possuírem normatividade suficiente, não se encontram em condições de gerar a plenitude de seus efeitos sem a ação do legislador. No entanto, importante ressaltar mais uma vez a lição trazida por *Alexy*, no sentido de que uma eventual exceção a essa presunção gera em favor de quem argumenta a exceção um ônus de fundamentação e argumentação constitucional.[229]

---

(224) *Ibidem*, p. 270, grifo nosso.
(225) *Ibidem*, p. 271.
(226) SARLET, *loc. cit.*
(227) Cf. HESSE. 1991. p. 14-15.
(228) SARLET. 2005a. p. 270. A propósito, Meirelles Teixeira sustentava que as normas de eficácia plena produziam todos os seus efeitos essenciais porque possuíam uma normatividade para isso suficiente, o que não ocorria com as normas de eficácia limitada ou reduzida, que ficavam na dependência do preenchimento deste espaço pelo legislador ordinário (TEIXEIRA. 1991. p. 317). Segundo Guastini, diz-se completo o sistema jurídico que não tem lacunas (GUASTINI. 2005. p. 173).
(229) Cf. Konrad Hesse, a interpretação tem significado decisivo para a consolidação e preservação da força normativa da Constituição. A interpretação constitucional está submetida ao princípio da ótima concretização da norma (*Gebo*

Conforme *Ruy Ruben Ruschel*, "A incompletude da norma constitucional não impede que o direito pleiteado seja reconhecido e devidamente atribuído".[230] Nestes casos, é dever do juiz conceder à parte um direito fundamental, devendo valer-se dos instrumentos já existentes em nosso sistema infraconstitucional, notadamente no art. 4º da LICC[231] e no art. 126 do CPC, valendo-se da analogia, dos costumes e dos princípios gerais de direito, não sendo dado ao juiz o direito de alegar lacuna ou obscuridade da lei na solução de um caso em concreto, sobretudo quando da possibilidade de concretização da Constituição Federal, na implementação de um direito fundamental. Prossegue *Ruschel*, sustentando que:

> Se o magistrado competente constata que a lesão a direito decorre da inexistência de uma lei (que deveria existir), ele se acha na obrigação funcional de superar essa omissão injusta, passando a aplicar diretamente ao caso *sub judice* a Constituição. Em outras palavras. Ao decidir em processo de sua competência, qualquer magistrado pode e deve conceder direito fundamental reclamado pela parte, mesmo que ainda não tenha sido regulamentado.[232]

O art. 8º da CLT também traz mecanismos legais para a efetivação do direito em caso de incompletude da norma constitucional, dispondo que, na falta de disposições legais ou contratuais, a decisão será proferida pelo uso da analogia[233], pela jurisprudência, por equidade e por outros princípios e normas gerais de direito, principalmente do Direito do Trabalho, e, ainda, de acordo com os usos e costumes e o direito comparado, mas sempre de maneira que nenhum interesse de classe ou particular prevaleça sobre o interesse público. Note-se que a norma não traz ao juiz a faculdade de decidir de acordo com os critérios estabelecidos, mas impõe um dever de obediência a tais comandos, ao estabelecer que as autoridades "decidirão"; isto é, terão o poder-dever de preencher o espaço deixado na norma com o uso da analogia, dos princípios, dos usos e dos costumes, da jurisprudência e até mesmo do direito comparado.[234] Os instrumentos para preenchimento das lacunas[235]

---

optimaler Verwirklichung der Norm). A interpretação adequada é aquela que consegue concretizar, de forma excelente, o sentido (*Sinn*) da proposição normativa dentro das condições reais dominantes numa determinada situação (HESSE. 1991. p. 22-23).

(230) RUSCHEL. 1990. p. 147.

(231) BRASIL. *Decreto-Lei n. 4.657, de 4 de setembro de 1942*. Lei de introdução ao código civil brasileiro. Rio de Janeiro, 1942. Disponível em: <http://www.presidencia.gov.br> Acesso em: 6 jun. 2007.

(232) RUSCHEL. 1990. p. 147.

(233) Segundo Norberto Bobbio, entende-se por analogia aquele procedimento pelo qual se atribui a um caso não regulado a mesma disciplina de um caso regulado de maneira semelhante. A analogia é certamente o mais típico e o mais importante dos procedimentos interpretativos de um determinado sistema jurídico a expandir-se para além dos casos expressamente regulados. Prossegue Bobbio informando que a analogia foi amplamente usada em todas as épocas (BOBBIO, Norberto. *Teoria geral do direito*. 2. ed. Tradução de Denise Agostinetti. São Paulo: Martins Fontes, 2008. p. 290-291).

(234) Cf. Andreas Krell, a pouca experiência dos membros do Poder Judiciário no manejo dos princípios constitucionais termina subvertendo a lógica jurídica e colocando a população refém de normas infralegais editadas sem qualquer preocupação com esses princípios superiores, no mais das vezes com elas conflitantes (KRELL. 2002. p. 73).

(235) Cf. Luís Roberto Barroso, lacuna consiste na falta de regra jurídica positiva para regular determinado caso. O processo de preenchimento de eventuais vazios normativos recebe o nome de integração. Nela não se cuida, como na interpretação, de revelar o sentido de uma norma existente e aplicável à dada espécie, mas de pesquisar no ordenamento uma norma capaz de reger adequadamente uma hipótese que não foi expressamente cogitada pelo legislador. A Constituição de 1934 impunha ao intérprete e aplicador do direito o dever de integrar a ordem jurídica, ao dispor no art. 113, inciso 37: "Nenhum juiz deixará de sentenciar por motivo de omissão na lei". As Constituições subsequentes

deixadas pelas leis sempre foram utilizados em todos os campos do Direito, inclusive no aspecto processual, havendo expressa previsão na lei trabalhista, nos arts. 769 e 889, ambos da CLT.

Lacunas sempre existiram nas leis e, estando consagrados na doutrina e na jurisprudência os mecanismos de preenchimentos desses vazios, não há por que se confundir o uso desses instrumentos com invasão ao campo legislativo, pois apenas estaremos obedecendo ao mandamento constitucional, dando aplicação imediata a um direito fundamental.[236] Como adverte *Ruy Ruben Ruschel*:

> A incompletude da norma constitucional não impede que o direito pleiteado seja reconhecido e devidamente atribuído. Para tanto, o ordenamento jurídico brasileiro oferece fácil solução, tantas vezes propugnada pelos autores mais esclarecidos, até mesmo antes da Constituição vigente. Trata-se de usar o art. 4º da Lei de Introdução ao Código Civil: "Quando a lei for omissa, o Juiz decidirá o caso de acordo com a analogia, os costumes e os princípios gerais de direito". Norma similar encontra-se no CPC, art. 126: "O juiz não se exime de sentenciar ou despachar alegando lacuna ou obscuridade da lei. No julgamento da lide, caber-lhe-á aplicar as normas legais; não as havendo, recorrerá à analogia, aos costumes e aos princípios gerais de direito". Sublinhamos *não as havendo* para dar destaque à perfeita adequação com o tema discutido: não havendo normas legais para completar o dispositivo constitucional, o julgador preencherá este último com as normas deduzidas das fontes subsidiárias [...]. O que não é lícito ao juiz (art. 5º, XXXV e 1º, da CF/88) é negar-se a conceder à parte direito fundamental sob o pretexto cômodo de não haver a lei. [237]

Citando *Carnelutti*, refere *Délio Maranhão* que se preenche uma lacuna pela autointegração, mediante os recursos da própria fonte, que se mostra incompleta,[238] acrescentando, com propriedade:

> A semelhança ou a diversidade não reside no caso, mas no preceito que se faz derivar do princípio, o qual compreendeu ou não o caso regular: dois casos não se regem do

---

não reeditaram a regra que, todavia, ganhou assento na Lei de Introdução ao Código Civil (art. 4º) e no Código de Processo Civil (art. 126) (BARROSO, Luís Roberto. *Interpretação e aplicação da Constituição*: fundamentos de uma dogmática constitucional transformadora. São Paulo: Saraiva, 1996a. p. 132).

(236) Cf. Riccardo Guastini, define-se lacuna em um ou outro dos modos seguintes: num sistema jurídico há uma lacuna quando um dado comportamento não é deonticamente qualificado de algum modo por alguma norma jurídica desse sistema; ou quando, para um dado caso particular, não é prevista alguma consequência jurídica por alguma norma pertencente ao sistema (GUASTINI. 2005. p. 174). Segundo Norberto Bobbio, lacuna própria é uma lacuna do sistema ou dentro do sistema; a lacuna imprópria deriva da comparação do sistema real com um sistema ideal. O que as distingue é o modo como podem ser eliminadas: a lacuna imprópria, somente por meio da emanação de novas normas; a lacuna própria, mediante as leis vigentes. As lacunas impróprias somente podem ser completadas pelo legislador; as lacunas próprias podem ser completadas por obra do intérprete. Quando Bobbio sustenta que um sistema é incompleto, está se referindo às lacunas próprias e não às impróprias (BOBBIO. 2008. p. 284-285).

(237) RUSCHEL. 1990. p. 145 *et seq*.

(238) Cf. SÜSSEKIND, Arnaldo *et al. Instituições de direito do trabalho*. 19. ed. São Paulo: LTr, 2000. v. 1, p. 199. Ensina Guastini que diante de uma lacuna o sistema pode ser completado de diversas formas: a) em primeiro lugar, ampliando a base de documentos normativos com os quais se trabalha: pode acontecer que outras fontes diferentes das que foram inicialmente levadas em consideração forneçam a norma que se está buscando; b) em segundo lugar, mudando a interpretação dos documentos normativos utilizados, reinterpretando-os, de modo a extrair deles também a norma apta a fornecer a solução do caso em questão; c) em terceiro lugar, elaborando uma norma nova (por exemplo, mediante a analogia) e juntando-a ao sistema (GUASTINI. 2005. p. 183-184).

mesmo modo porque são semelhantes, mas são semelhantes porque se regem do mesmo modo. Uma disposição regula casos semelhantes ao caso regulado, precisamente quando é produto de um princípio em que o caso não regulado está compreendido. Para este processo de indução, basta, muitas vezes, uma única norma da qual se extrai o princípio a aplicar-se ao caso não previsto: é a *analogia legis*.[239]

Portanto, as lacunas da lei sempre foram preenchidas com os instrumentos previstos no próprio ordenamento legal,[240] razão pela qual causa surpresa a acirrada discussão doutrinária e jurisprudencial gerada pela utilização desses instrumentos na efetivação, justamente, de um direito fundamental. Os preceitos constitucionais trazem comandos impositivos não apenas ao Legislativo, mas aos três Poderes da República, sendo dever do Poder Judiciário dar concretude aos direitos fundamentais, pois este é o dever imposto pelo constituinte no § 1º do art. 5º da Constituição Federal.

A problemática apresentada no presente estudo ganha importância na medida em que estamos tratando de efetivar direitos fundamentais ou sepultá-los definitivamente, pois, passados mais de vinte anos da promulgação da Constituição de 1988, não se vê perspectiva alguma de alteração da inércia do Poder Legislativo a respeito desses direitos instituídos na própria Constituição.[241] Se a intenção for diminuir as desigualdades e promover a justiça social, a certeza é que a solução está em tornarmos a Constituição viva, dando efetividade aos direitos fundamentais que possuem carga normativa suficiente. Todos os poderes são responsáveis pela realização dos direitos fundamentais, não cabendo a omissão de um deles pela omissão dos demais, observados os limites de atuação, conforme sustenta *José Felipe Ledur*.[242]

Em outro artigo desenvolvido, *Ruschel* traz a posição de renomados autores constitucionalistas brasileiros, que já defendiam a eficácia plena dos direitos sociais quando da vigência da Constituição de 1969, antes mesmo dos significativos avanços construídos pela Constituição de 1988, em especial antes da inclusão desses direitos no rol dos direitos fundamentais, considerados cláusulas pétreas e de aplicabilidade imediata:

> Ainda quando vigorava a pseudoconstituição de 1967 e seu avatar de 1969, juristas esclarecidos houve que ousaram combater a doutrina dominante da não eficácia plena

---

(239) SÜSSEKIND *et al.* 2000. v. 1, p. 199-200.
(240) Cf. Bobbio, para se completar um ordenamento jurídico, há dois métodos diferentes, chamados de heterointegração e de autointegração, segundo a terminologia adotada por Carnelutti. Na heterointegração, utiliza-se de ordenamentos diversos e de fontes diferentes da dominante (a lei). O segundo método consiste na interação realizada através do próprio ordenamento, no âmbito da fonte dominante, sem recorrer a outros ordenamentos, e com o mínimo recurso a fontes diferentes da dominante. O método da autointegração se vale sobretudo de dois procedimentos: 1. a analogia; 2. os princípios gerais do Direito. É o método mais adotado pelo legislador italiano, por exemplo (BOBBIO. 2008. p. 286-290).
(241) A propósito, é importante lembrarmos dos basilares princípios de interpretação da Constituição, dentre eles o princípio da máxima efetividade. Este, segundo Canotilho, também conhecido por princípio da eficiência ou princípio da interpretação efetiva, preconiza que a uma norma constitucional deve ser atribuído o sentido que maior eficácia lhe dê. É um princípio operativo em relação a todas e quaisquer normas constitucionais, sendo atualmente invocado no âmbito dos direitos fundamentais; isto é, no caso de dúvidas, deve preferir-se a interpretação que reconheça maior eficácia aos direitos fundamentais. Com o mesmo relevo está o princípio da força normativa da Constituição, devendo-se dar prevalência aos pontos de vista que, tendo em conta os pressupostos da Constituição (normativa), contribuem para uma eficácia ótima da lei fundamental. Consequentemente, deve-se dar primazia às soluções hermenêuticas que, compreendendo a historicidade das estruturas constitucionais, possibilitam a atualização normativa, garantindo, assim, a sua máxima eficácia (CANOTILHO. 2003. p. 1.224, 1.226).
(242) LEDUR, José Felipe. *A realização do direito do trabalho*. Porto Alegre: Sergio Antonio Fabris, 1998. p. 31.

dos direitos sociais. Devem ser destacados, principalmente, os trabalhos de *Celso Bandeira de Mello, Eros Roberto Grau* e *Fábio Konder Comparato*. No fundo, baseavam-se na recomendação de Black de que "cumpre ao aplicador e intérprete da Constituição dar sempre a seus dispositivos o máximo de efeitos possível. Pretenderam que aos Juízes, na apreciação de casos concretos, cabia preencher a omissão legislativa, utilizando-se dos critérios estabelecidos no art. 4º da Lei de Introdução ao Código Civil" (Decreto-Lei n. 4.657/42). Não concebiam eles que a inação do Congresso pudesse ab-rogar a Lei Maior.[243]

Eventual incompletude da norma constitucional não poderá servir de justificativa para que não seja implementado um direito fundamental, já que é o próprio sistema jurídico vigente que traz as soluções para este problema, devendo ser suprida a lacuna da lei, até mesmo como mecanismo de pressão do Poder Judiciário com vistas à implementação do processo legislativo em razão da omissão do Poder Legislativo.[244] A esse respeito, inclusive com candente crítica à teoria da Separação dos Poderes como fundamento para que o Poder Judiciário não preencha a lacuna existente na lei e implemente o direito assegurado na Constituição, é apropriada a exposição de *Andreas Krell*:

> [...] torna-se evidente que o apego exagerado de grande parte dos juízes brasileiros à teoria da Separação dos Poderes é resultado de uma atitude conservadora da doutrina constitucional, que ainda não se adaptou as suas 'lições' às condições diferenciadas do moderno Estado Social e está devendo a necessária atualização e reinterpretação de velhos dogmas do constitucionalismo clássico.[245]

Preocupado com a força normativa da Constituição, na busca da efetividade plena de seus preceitos, resolveu o constituinte de 1988 criar mecanismos legais que assegurassem a ampla efetividade das suas normas.[246] Por isso, a Constituição de 1988 é a primeira Constituição brasileira a preocupar-se com a chamada inconstitucionalidade por omissão,

---

(243) RUSCHEL. 1993. p. 294.
(244) O sistema jurídico felizmente está inacabado e é inacabável, precisando todo intérprete assumir a condição de permanente vivificador do sistema e de superador das suas antinomias axiológicas (FREITAS. 2004. p. 47). O direito é sempre completável por parte dos juízes por meio da interpretação (de uma interpretação criadora, ou integradora). Assevera Guastini que completude e incompletude do sistema jurídico dependem, em última análise, das avaliações, das escolhas e das decisões do intérprete (GUASTINI. 2005. p. 183).
(245) Krell. 2002 *apud* LEIVAS. 2006. p. 93. Prossegue Andreas Krell salientando que se torna cada vez mais evidente que o vetusto princípio da Separação dos Poderes, idealizado por Montesquieu no século XVIII, está produzindo, com sua grande força simbólica, um *efeito paralisante* às reivindicações de cunho social e precisa ser submetido a uma nova leitura, para poder continuar servindo ao seu escopo original de garantir Direitos Fundamentais contra o arbítrio e, hoje também, a omissão estatal (KRELL. 2002. p. 88). A propósito, enfatiza Eros Grau que a *separação* dos poderes constitui um dos mitos mais eficazes do Estado Liberal. Salienta que Montesquieu não cogita de uma efetiva *separação* de poderes, mas sim de uma distinção entre eles, que, não obstante, devem atuar em clima de equilíbrio. O ponto de partida do seu livro — *O espírito das leis* — é a liberdade. Prossegue Grau enfatizando que Montesquieu jamais cogitou de uma efetiva *separação* de poderes, mas sim apenas a moderação entre eles como divisão dos poderes entre as potências e a limitação ou moderação das pretensões de uma potência pelo poderes das outras; daí porque a "separação dos poderes" não passa da divisão ponderada do poder entre potências determinadas: o rei, a nobreza e o povo (GRAU. 2002. p. 223 *passim* 234).
(246) Ressalta Konrad Hesse que um ótimo desenvolvimento da força normativa da Constituição depende não apenas do seu conteúdo, mas também de sua *práxis*. De todos os partícipes da vida constitucional, exige-se partilhar aquela concepção anteriormente por mim denominada vontade de Constituição (*Wille zur Verfassung*). Ela é fundamental, considerada global ou singularmente (HESSE. 1991. p. 21).

criando mecanismos legais, como o mandado de injunção e a ação direta de inconstitucionalidade por omissão, para buscar a eficácia plena dos seus preceitos.

A nova, mas já conhecida ação direta de inconstitucionalidade por omissão, não tende a resolver os referidos problemas, pois acarreta apenas, segundo a jurisprudência majoritária, a declaração de inconstitucionalidade por omissão, com a ciência ao Poder Legislativo a fim de que adote as providências cabíveis para suprir a omissão e conceder eficácia à norma constitucional. A crítica que se faz a esse instrumento legal é a sua própria falta de efetividade, pois não assegura o cumprimento da medida pela casa legislativa, não conseguindo impor que o referido Poder legisle, porquanto é inviável, inclusive, qualquer sanção à omissão verificada.

Flávia Piovesan, inspirando-se na jurisprudência alemã (e também na construção jurisprudencial e doutrinária portuguesa), sustenta que seria mais eficaz que o Supremo Tribunal Federal declarasse a inconstitucionalidade por omissão e fixasse prazo para que o legislador legislasse. Findo o prazo sem o cumprimento da medida pelo legislador, poderia o próprio STF dispor normativamente da matéria, a título provisório, até que a omissão fosse resolvida pelo legislador. A proposta, sem dúvida, mostra-se muito mais adequada para a solução do impasse na efetividade da ADIN por omissão, pois tem como fundamento o descumprimento do dever pelo Poder Legislativo, buscando conciliar o princípio da separação dos poderes com a busca de efetividade dos preceitos constitucionais.[247]

O mandado de injunção constitui um instrumento inédito trazido na Constituição de 1988, em seu art. 5º, LXXI, justamente visando a atender determinado direito que esteja obstaculizado pela falta da respectiva norma regulamentadora, podendo ser impetrado por qualquer cidadão, ao contrário da ação direta de inconstitucionalidade por omissão, nos termos previstos pelo art. 103 da Constituição. Inúmeras são as discussões doutrinárias acerca da amplitude dos efeitos conferidos pelo mandado de injunção.

Três correntes a respeito do instituto são destacadas por *Flávia Piovesan*. A primeira delas sustenta que cabe ao Poder Judiciário elaborar a norma regulamentadora faltante, sendo suprida a omissão do legislador com a concessão do mandado de injunção. A segunda corrente preconiza que cabe ao Judiciário unicamente declarar inconstitucional a omissão e dar ciência ao órgão competente para a adoção das providências cabíveis para a realização da norma constitucional. Por último, a terceira corrente sustenta que cabe ao Judiciário tornar viável o exercício do direito, liberdade ou prerrogativa no caso concreto, com a concessão do mandado de injunção para atendimento do direito que está impedido em razão da inércia na elaboração da norma regulamentadora respectiva.[248] Dentre todas as construções teóricas, *Flávia Piovesan* defende a aplicação da terceira corrente, visualizando o mandado de injunção como instrumento eficaz de realização do princípio da aplicabilidade imediata das normas a respeito dos direitos e garantias fundamentais, acrescentando:

---

(247) Cf. PIOVESAN, Flávia. *Proteção judicial contra omissões legislativas*: ação direta de inconstitucionalidade por omissão e mandado de injunção. São Paulo: Revista dos Tribunais, 2003b. p. 190.
(248) Cf. *Ibidem*, p. 192.

Sob este prisma interpretativo, cabe ao Poder Judiciário, ao enfrentar as lacunas inconstitucionais, desvendar normas implícitas do sistema jurídico e recorrer às demais fontes do ordenamento (como a analogia, os princípios gerais do direito, os costumes e a equidade), a fim de criar normas jurídicas individuais válidas para o caso concreto, efetuando o preenchimento de lacunas.[249]

Prossegue com clareza a autora:

Ainda nesta perspectiva, no mandado de injunção surge o dever jurisdicional inescusável de tornar viável o exercício de direito, liberdade ou prerrogativa obstado por faltar à norma regulamentadora, em face do princípio da aplicabilidade imediata das normas definidoras dos direitos e garantias fundamentais, conjugado com o princípio da proibição do *non liquet*, que impõe a obrigatoriedade da decisão. À luz do princípio da separação dos poderes, é necessário frisar que, no mandado de injunção, não há a transferência do encargo de legislar para o Poder Judiciário, posto que não cabe ao Judiciário elaborar normas gerais e abstratas, mas tão somente tornar viável o exercício de direitos e liberdades constitucionais no caso concreto. O Poder Judiciário assume, assim, embora em dimensões mais alargadas, sua função típica e própria, qual seja a função jurisdicional, respondendo satisfatoriamente ao caso concreto.[250]

As recentes decisões do Supremo Tribunal Federal sinalizam a alteração da sua jurisprudência, no sentido de se buscar maior efetividade para o mandado de injunção, com a concretização do direito para o caso concreto, admitindo-se uma solução normativa para a decisão judicial proferida.[251] Portanto, incorre em erro quem sustenta que estaria o Poder Judiciário legislando, pois, na verdade, estará este Poder apenas cumprindo a sua função constitucional, que é jurisdicional, no sentido de resolver o conflito existente no exame do caso em concreto, aplicando-se a norma existente (pois não se diga que a norma não existe), que somente não está ainda atingindo todos os seus efeitos em razão da omissão legislativa.[252]

Várias outras têm sido as soluções construídas pela doutrina, no sentido da implementação dos direitos fundamentais. *Juarez Freitas* traz importante reflexão a respeito das omissões do Estado na regulamentação dos direitos fundamentais, que poderão ser geradoras da responsabilidade extracontratual do Estado, principalmente a partir da aplicação direta do princípio da proporcionalidade, que repudia não apenas os excessos, mas também as omissões do Estado, sustentando:

---

(249) PIOVESAN. 2003b. p. 192-193.
(250) Cf. *Ibidem*, p. 193.
(251) Cf. Gilmar Mendes, Inocêncio Coelho e Paulo Branco, percebe-se que o STF afastou-se da orientação inicialmente adotada, sem com isso assumir compromisso com o exercício de uma típica função legislativa. Referindo-se às decisões proferidas nos Mandados de Injunção n. 232, 283 e 284, concluem arrazoando que tais decisões indicam que o STF aceitou a possibilidade de uma regulação provisória pelo próprio Poder Judiciário — uma espécie de sentença aditiva (valendo-se da denominação do direito italiano), admitindo-se uma solução "normativa" para a decisão judicial (MENDES, Gilmar Ferreira; COELHO, Inocêncio Mártires; BRANCO, Paulo Gustavo Gonet. *Curso de direito constitucional*. 2. ed. São Paulo: Saraiva, 2008. p. 1.211-1.212).
(252) Luís Roberto Barroso também defende que a melhor interpretação para o art. 5º, LXXI, da CF está em atribuir ao mandado de injunção um instrumento de tutela efetiva de direitos que, por não terem sido suficientes ou adequadamente regulamentados, careçam de um tratamento excepcional, no sentido de que o Judiciário venha a suprir a falta de regulamentação, criando a norma para o caso concreto, com efeitos limitados às partes do processo (BARROSO, Luís Roberto. *O direito constitucional e a efetividade de suas normas*: limites e possibilidades da Constituição brasileira. 3. ed. Rio de Janeiro: Renovar, 1996b. p. 16).

O Estado brasileiro, em última análise, tem o dever de zelar pela eficácia direta e imediata dos direitos fundamentais, punível a omissão despida de motivos plausíveis e, sobretudo, aquela derivada da macunaímica preguiça. Portanto, o descumprimento de deveres estatais objetivos mostra-se injustamente danoso e ofensivo à Constituição. Afinal, os direitos fundamentais vinculam de modo cogente e, vez por todas, possuem o primado nas relações administrativas. Em suma, independe de culpa ou dolo a configuração do nexo causal, na leitura proposta do art. 37, § 6º, da CF, toda vez que a ação ou inoperância do Estado prejudicar o âmago dos direitos fundamentais, sem que resultem provadas, pelo Poder Público, as excludentes.[253]

Pelo brilhantismo da exposição e pela oportunidade do tema, pretendemos sintetizar a linha de pensamento defendida. *Juarez Freitas* traz como argumento-chave para sua exposição a necessidade de o Estado brasileiro ser responsável pela eficácia direta e imediata dos direitos fundamentais, tanto em obrigações negativas como também em dimensões prestacionais, devendo ser responsabilizável pelas ações e pelas omissões. As condutas comissivas serão sempre antijurídicas, quando presente o nexo de causalidade com o evento danoso e quando reprováveis à luz da proporcionalidade, originando o dever reparatório ou indenizatório. No mesmo sentido é a conclusão para as condutas omissivas, por causar um dano injusto que se concretiza pelo não cumprimento de um dever estatal, inexistindo qualquer diferenciação entre ações ou omissões pelo Estado.

Sustenta *Juarez Freitas* que a doutrina da responsabilidade extracontratual do Estado, consagrada no art. 37, § 6º, da CF, proporciona a responsabilização objetiva pelos danos causados a terceiros por seus agentes, admitidas as excludentes, que são a culpa exclusiva da vítima, a culpa concorrente (excludente parcial), o ato ou fato exclusivo de terceiro (excludente, em regra), a força maior, o caso fortuito e a impossibilidade motivada do cumprimento do dever (hipótese trazida pelo autor), inexistindo necessidade de verificação de culpa ou dolo do agente, tanto nas condutas comissivas como nas omissivas, sendo examinada tão somente a antijuridicidade e a sua extensão na verificação do dano. Constatadas desproporções, tanto para mais como para menos, pelo Estado, resta caracterizada a violação ao princípio da proporcionalidade, que tem como norte exigir que o Estado não atue com demasia ou de maneira insuficiente na consecução dos seus objetivos, restando caracterizada violação ao princípio e, então, a antijuridicidade.

Aplicando-se a argumentação defendida no ensaio proposto, *Juarez Freitas* defende que a aplicabilidade direta e imediata dos direitos fundamentais, prevista no art. 5º, § 1º, da CF, é um dos argumentos mais consistentes contra a teoria segundo a qual o Estado não poderia ser objetivamente responsabilizado por omissões, esboçando os três requisitos básicos para a responsabilidade estatal objetiva: dano, material ou imaterial, juridicamente injusto e desproporcional; nexo causal direto (configurado pela falta de cumprimento dos deveres estatais) e conduta omissiva ou comissiva da pessoa jurídica de direito público. Conclui *Juarez Freitas*:

Em última instância, não se quer nem o Estado arbitrário e excessivo, nem o Estado brasileiro descumpridor dos seus deveres e gravemente omisso. Quer-se, com o firme anelo,

---

(253) FREITAS. 2005. v. 1, t. 1, p. 195.

ver, no século em curso, os princípios da proporcionalidade e da responsabilidade compreendidos e aplicados, de maneira sistemática, fundamentada e consistente, **a favor da eficácia direta e imediata dos direitos fundamentais.**[254]

Destarte, impõe-se o devido reconhecimento dos direitos fundamentais, o que pode ser feito com base apenas nas normas já existentes em nosso sistema jurídico, sendo dever de todos, inclusive e principalmente do Poder Judiciário, a busca da eficácia integral das normas constitucionais, sobretudo se estivermos buscando a efetividade plena da Constituição. É salutar trazer, mais uma vez, uma síntese dessa nova doutrina, nas palavras do professor *Ingo Sarlet*, citando *J. Miranda*, ilustre mestre português:

> [...] os juízes e tribunais estão obrigados, por meio da aplicação, interpretação e integração, a outorgar às normas de direitos fundamentais a maior eficácia possível no âmbito do sistema jurídico.[255]

---

(254) FREITAS. 2005. v. 1, t. 1, p. 196, grifo nosso.
(255) SARLET. 2005a. p. 369, grifo nosso.

3. Os Efeitos da Proibição de Retrocesso na Análise dos Direitos Sociais dos Trabalhadores

3.1. A proteção dos direitos fundamentais frente ao poder constituinte reformador

Os direitos fundamentais possuem a chamada eficácia protetiva outorgada pelo sistema constitucional vigente, em virtude da fundamentalidade formal e material estabelecida para esses direitos. Essa proteção é necessária a fim de que esses direitos sejam garantidos e preservados na ordem constitucional. Na lição de *Vieira de Andrade*, estes limites visam a proteger a identidade e a continuidade da Constituição, salvaguardando os valores básicos do ordenamento, o seu núcleo essencial, as escolhas jurídico-políticas fundamentais e os elementos essenciais caracterizadores do sistema.[256]

Um dos mecanismos criados pelo sistema para dar proteção aos direitos fundamentais foi justamente o de classificá-los expressamente, no plano formal, como cláusulas pétreas, nos termos assegurados pelo art. 60, § 4º, IV, da Constituição Federal, de modo que, por integrarem o rol das chamadas cláusulas pétreas, há limites materiais estabelecidos para a reforma desses direitos.[257]

A discussão acerca dos limites estabelecidos para reforma da Constituição passa necessariamente pela análise da distinção entre o chamado Poder Constituinte Originário e o denominado Poder Constituinte Reformador, no sentido de simplesmente alterar uma Constituição ou elaborar uma Carta Constitucional.[258] Enquanto no Poder Constituinte Originário são alcançados poderes ilimitados na criação de normas constitucionais, no Poder Constituinte Reformador existem limites que estão preestabelecidos pelo Poder Constituinte Originário, vinculando-se e limitando-se este poder às normas de competência, organização e procedimento já estabelecidos no texto constitucional vigente, justamente para que seja preservada a identidade da Constituição em vigor, com a manutenção da ordem jurídica vigente.[259]

---

(256) ANDRADE. 2004. p. 342.
(257) SARLET. 2005a. p. 380.
(258) Jorge Miranda enfatiza que o poder de revisão constitucional é um poder constituinte derivado, porque não consiste em fazer uma nova Constituição, tornando-se, por isso, necessária a imposição de limites materiais de revisão (MIRANDA, Jorge. *Manual de direito constitucional*. 5. ed. Coimbra: Coimbra Editora, 2003. t. 2, p. 222).
(259) Lenio Streck sustenta que seria melhor que a Constituição brasileira tivesse se inspirado nos textos constitucionais suíço ou norte-americano, para o estabelecimento dos mecanismos a respeito da revisão constitucional, a fim de que o povo se pronuncie sobre a obra do revisor através de ratificação popular, como ocorre na Suíça, ou fique a revisão condicionada à aprovação de outros órgãos, exigindo-se a ratificação pelos Estados-Membros, como se vê na Constituição norte-americana (STRECK, Lenio Luiz. *Constituição:* limites e perspectivas da revisão. Porto Alegre: Rigel, 1993. p. 16).

A Constituição de 1988 contém normas que estabelecem expressamente uma gama de limitações para reformas de seu texto. Segundo *Vieira de Andrade*, em um regime democrático e pluralista, em que o Estado se reconhece submetido aos princípios da justiça e da dignidade da pessoa humana, preocupa-se em construir uma armadura institucional, que se mostra indispensável à garantia dos direitos fundamentais.[260] Os limites impostos ao legislador são divididos em limitações temporais, limitações formais e limitações materiais. Estas limitações não foram estabelecidas pela primeira vez na Constituição de 1988, pois já existiam nas Constituições anteriores.[261]

Há Constituições que estabelecem limitações temporais, impedindo a ação do órgão revisor por um determinado período, o que ocorria com frequência nas Constituições francesas anteriores ao século XX.[262] No que tange às limitações temporais, a Constituição Federal de 1988 não traz limitação quanto ao número de emendas constitucionais que poderão ser realizadas, assim como quanto ao prazo de sua elaboração, salvo algumas exceções previstas expressamente, por exemplo, no art. 60, § 1º e § 5º.

Entretanto, nossa Constituição adotou um modelo severo a respeito das limitações formais de seu texto, no que tange à iniciativa, deliberação e aprovação das emendas constitucionais propostas. Este modelo caracteriza a rigidez fixada pelo constituinte para a alteração das normas constitucionais, a fim de que seja garantido o modelo constitucional estabelecido pelo Poder Constituinte Originário. Foram criadas regras mais rigorosas sobre a iniciativa e aprovação das emendas, trazidas no art. 60, incisos I, II e III e nos §§ 2º e 3º da mesma norma.

Os limites materiais visam proteger o conteúdo trazido na Constituição, a fim de que os seus fundamentos e os seus princípios básicos sejam preservados. Estes limites materiais visam preservar a essência trazida pelo legislador-constituinte, com a manutenção da ordem constitucional que foi instituída.[263] Significa dizer que o legislador constitucional não tem o poder de descaracterizar a Constituição no que tange à sua essência e ao seu conteúdo, salvo se as normas em vigor já tiverem perdido a sua carga normativa, em virtude de algum descompasso em relação à realidade social, econômica, política e cultural. Este limite material visa justamente proteger a sociedade frente a reformas casuísticas alinhavadas no plano político que venham a colidir frontalmente com os fundamentos estabelecidos no modelo constitucional vigente.

Esses limites materiais normalmente são erigidos a cláusulas pétreas, acarretando a manutenção dos princípios fundamentais, dos direitos fundamentais, bem como da forma de Estado e de governo estabelecidos pelo Poder Constituinte Originário, fazendo com que esses princípios essenciais da ordem constitucional não sejam alterados por emendas constitucionais ou por qualquer outra norma infraconstitucional.[264] Por tal razão é que as

---

(260) ANDRADE. 2004. p. 365.
(261) Cf. SARLET. 2005a. p. 387.
(262) BONAVIDES. 2008. p. 199.
(263) Cf. STRECK. 1993. p. 50, os limites explícitos ao poder de reforma ou de revisão constitucional estão expressos no art. 60 da Constituição Federal.
(264) SARLET. 2005a. p. 392-393.

Constituições, via de regra, possuem as chamadas cláusulas pétreas, sob pena de se transformarem em Constituições provisórias, ao estar sujeito seu conteúdo, a qualquer momento e mediante regras simples, a modificações pelo poder reformador, conforme lembra *Gomes Canotilho*.[265]

A doutrina majoritária também reconhece a existência de limites materiais implícitos à reforma constitucional, além daqueles expressamente positivados na Constituição, não havendo, contudo, uniformidade acerca de quais são esses limites. Essas limitações tácitas são basicamente as que se referem à extensão da reforma, à modificação do processo mesmo de revisão e a uma eventual substituição do poder constituinte derivado pelo poder constituinte originário. O poder de reforma constitucional exercitado por um poder constituinte derivado está circunscrito a limitações tácitas, decorrentes dos princípios e do espírito da Constituição.[266] Dentre estes limites está a impossibilidade de reforma dos princípios fundamentais previstos na Constituição, não podendo o Poder Constituinte Reformador substituir o Poder Constituinte Originário, pois não se admite a modificação de tal modo da própria identidade da Constituição. Por consequência, devemos entender que todos os princípios fundamentais contidos no Título I, do art. 1º ao art. 4º da Constituição, estabelecem limites materiais implícitos à reforma constitucional, sendo que, de maneira zelosa, o cons-tituinte fez questão de colocar grande parte destes princípios no rol das chamadas cláusulas pétreas, conforme se vê pela leitura do art. 60, § 4º, da mesma Constituição. A doutrina majoritária também inclui, na categoria dos limites materiais implícitos, as normas sobre o Poder Constituinte e sobre a reforma da Constituição.[267]

Atualmente, discutem-se ainda os limites materiais implícitos relacionados à possibilidade de alteração ou até mesmo de eliminação das próprias normas que estabelecem os requisitos e limites para uma reforma constitucional, notadamente as que estabelecem os limites materiais, ou seja, com respeito à nossa Constituição, discute-se a possibilidade ou não, por exemplo, de alteração das disposições contidas no art. 60 da Constituição Federal pelo Poder Constituinte Reformador. Segundo *Lenio Streck*, as limitações implícitas dizem respeito ao núcleo político da Constituição, não podendo as alterações constitucionais atingir as conexões de sentido, isto é, a relação de pertinência existente na Constituição.[268]

A alteração desses limites é absolutamente inviável e ilegal, pois acabaria por possibilitar a modificação, por completo, da própria identidade e do conteúdo da Constituição, pois tornaria possível a alteração ou até mesmo a supressão de cláusulas pétreas. O legislador constituinte reformador fica adstrito aos poderes outorgados pelo legislador constituinte originário, não sendo possível que aquele legislador reformador outorgue a si poderes que não foram outorgados por quem de fato estava investido a tanto — o legislador constituinte originário.[269]

---

(265) Cf. CANOTILHO. 1992 *apud* SARLET. 2005a. p. 392.
(266) Cf. BONAVIDES. 2008. p. 202.
(267) Cf. SARLET. 2005a. p. 393.
(268) STRECK. 1993. p. 50.
(269) SARLET. *Op. cit.*, p. 395-397.

3.2. AS CLÁUSULAS PÉTREAS E OS DIREITOS FUNDAMENTAIS SOCIAIS

A Constituição Federal de 1988 estabeleceu alguns mecanismos de proteção, no aspecto formal, dos direitos fundamentais.[270] A elevação desses direitos no rol das chamadas cláusulas pétreas (art. 60, § 4º, IV, da CF), assim como o estabelecimento da sua aplicabilidade imediata (art. 5º, § 1º, da CF) são instrumentos que consagram também no plano formal os direitos fundamentais no sistema constitucional vigente. No entanto, quando passamos a analisar os limites materiais expressos à reforma constitucional, deparamo-nos com a dúvida gerada pelo inciso IV do § 4º do art. 60 da Constituição, já que esta norma traz referência apenas aos direitos e garantias individuais. Resta examinar se o limite material estabelecido por esta norma também alcança os demais direitos fundamentais, isto é, não apenas os direitos e garantias individuais, mas também os direitos sociais e políticos, por exemplo. A doutrina é controversa acerca da matéria, tendo em vista as distinções existentes entre as várias categorias de direitos fundamentais, sobretudo entre os direitos fundamentais de defesa e os prestacionais.[271]

A doutrina estabelece três correntes principais no que diz respeito à amplitude das cláusulas pétreas. A primeira corrente reduz as cláusulas pétreas aos direitos individuais previstos no art. 5º da Constituição. A segunda corrente defende que apenas os direitos materialmente fundamentais são cláusulas pétreas. Esta corrente é mais perigosa, pois ficamos todos ao arbítrio do legislador e do julgador a respeito da fundamentalidade material de um direito posto em discussão. A terceira corrente doutrinária, chamada de maximalista, sustenta que todos os direitos fundamentais são considerados cláusulas pétreas, tanto aqueles previstos no Título II da Constituição como também os demais previstos ao longo da Carta Constitucional.[272]

O art. 60, § 4º, IV, da CF dispõe que não será objeto de deliberação a proposta de emenda tendente a abolir os direitos e as garantias individuais. Com uma interpretação puramente literal do referido dispositivo, há quem defenda que apenas os direitos e garantias individuais estão abarcados nas consagradas cláusulas pétreas, ficando à margem não apenas os direitos fundamentais sociais, mas também os demais direitos fundamentais, tais como os direitos políticos, os direitos de nacionalidade e inclusive os direitos coletivos elencados no art. 5º da CF. Dada a fundamentalidade material desses direitos, resta evidente que a interpretação puramente literal do referido dispositivo legal não parece ser a mais adequada, justamente para assegurar-se o mesmo regime jurídico a todos os direitos tidos como fundamentais.[273] Aliás, a expressão "direitos e garantias individuais", trazida no art. 60, § 4º, IV,

---

(270) Jorge Miranda sustenta que a Constituição portuguesa é a que mais estabelece limites materiais de revisão constitucional, sendo estes limites chamados no Brasil de cláusulas pétreas (MIRANDA, Jorge. *Teoria do Estado e da Constituição*. Rio de Janeiro: Forense, 2005. p. 409-410). Nesse sentido também: CANOTILHO, J. J. Gomes. *Estudos sobre direitos fundamentais*. Coimbra: Coimbra Editora, 2004. p. 140.

(271) Bonavides entende que há duas respostas possíveis a respeito, sob o ponto de vista hermenêutico. A primeira, através da interpretação exclusivamente literal do § 4º do art. 60, da CF, conclui que estariam protegidos apenas aqueles direitos e garantias da concepção clássica peculiar ao Estado de Direito do movimento liberal. A segunda interpretação, defendendo o autor ser a opção mais correta, entende que estão compreendidos também os direitos sociais na expressão "direitos e garantias individuais" (BONAVIDES. 2008. p. 655-657).

(272) SARLET. 2005a. p. 401-403.

(273) Bonavides (2008. p. 656-657) também entende ser inadequada e equivocada esta interpretação, conforme já exposto.

da CF, não é encontrada em nenhum outro dispositivo da Constituição, não sendo possível, assim, confundir esses direitos individuais com os direitos individuais e coletivos expressos no art. 5º da Constituição.[274]

Leciona *Paulo Bonavides* que é necessário interpretarmos a garantia dos direitos sociais prevista na Constituição como cláusula pétrea, em respeito aos princípios fundamentais expressos no Título I, protegendo-os além do alcance do poder constituinte originário, ou seja, daquele poder constituinte derivado, limitado e de segundo grau, contido no próprio ordenamento jurídico, acrescentando com propriedade:

> Tanto a lei ordinária como a emenda à Constituição que afetarem, abolirem ou suprimirem a essência protetora dos direitos sociais, jacente na índole, espírito e natureza de nosso ordenamento maior; padecem irremissivelmente da eiva de inconstitucionalidade, e como inconstitucionais devem ser declaradas por juízes e tribunais que só assim farão, qual lhes incumbe, a guarda bem-sucedida e eficaz da Constituição. Demais disso, não há distinção de grau nem de valor entre os direitos sociais e os direitos individuais.[275]

Como de regra, a melhor interpretação para o referido dispositivo legal é a sistemática, porquanto não há qualquer justificativa lógica e satisfatória para a exclusão dos direitos fundamentais coletivos, políticos e de nacionalidade do rol das cláusulas pétreas, não tendo sustentação uma análise puramente literal da expressão contida no art. 60, § 4º, IV, da CF. Conforme ensina *Ingo Wolfgang Sarlet*, a inclusão dos direitos sociais no rol das chamadas cláusulas pétreas, assim como a fundamentalidade material desses direitos, é facilmente justificável à luz do Direito constitucional positivo, acrescentando:

> Já no preâmbulo de nossa Constituição encontramos referência expressa no sentido de que a garantia dos direitos individuais e sociais, da igualdade e da justiça constitui objetivo permanente de nosso Estado. Além disso, não há como negligenciar o fato de que nossa Constituição consagra a ideia de que constituímos um Estado democrático e social de Direito, o que transparece claramente em boa parte dos princípios fundamentais, especialmente no art. 1º, incs. I a III, e art. 3º, incs. I, III e IV. Com base nestas breves considerações, verifica-se, desde já, a íntima vinculação dos direitos fundamentais sociais com a concepção de Estado da nossa Constituição. Não resta qualquer dúvida de que o princípio do Estado Social, bem como os direitos fundamentais sociais, integram os elementos essenciais, isto é, a identidade de nossa Constituição, razão pela qual já se sustentou que os direitos sociais (assim como os princípios fundamentais) poderiam ser considerados — mesmo não estando expressamente previstos no rol das "cláusulas pétreas" — autênticos limites materiais implícitos à reforma constitucional. Poder-se-á argumentar, ainda, que a expressa previsão de um extenso rol de direitos sociais no título dos direitos fundamentais seria, na verdade, destituída de sentido, caso o constituinte, ao mesmo tempo, tivesse outorgado a estes direitos proteção jurídica diminuída.[276]

---

(274) Cf. SARLET. 2005a. p. 401-402.
(275) BONAVIDES. *Op. cit.*, p. 656-657.
(276) SARLET. 2005a. p. 403-404.

Na verdade, significa dizer que todos os direitos fundamentais são tidos como direitos de titularidade individual, ainda que alguns sejam de expressão coletiva, pois é o cidadão quem exercerá esses direitos. Por consequência, não podem pairar dúvidas a respeito da inclusão dos direitos fundamentais sociais, de nacionalidade e de cidadania (direitos políticos) no rol das chamadas cláusulas pétreas, elencado no art. 60, § 4º, IV, da CF.

A interpretação dos direitos fundamentais tem de se dar de forma sistemática[277], em harmonia com as premissas do Estado social e democrático de Direito, de acordo com os princípios fundamentais estabelecidos na Constituição, sobretudo nos arts. 1º, 3º e 170, não havendo, assim, espaço para uma interpretação restritiva da locução "direitos e garantias individuais" (art. 60, § 4º, IV), que jamais poderá servir de argumento para a exclusão dos direitos sociais, concluindo *Bonavides* que não podem ser varridas da Constituição garantias que selam o pacto social extraído da vontade do constituinte inviolável, cujo abrigo é precisamente o § 4º do art. 60 da Constituição Federal.[278]

3.3. A DIMENSÃO DAS CLÁUSULAS PÉTREAS FRENTE AO PODER CONSTITUINTE REFORMADOR

Os direitos fundamentais estão protegidos frente a tentativas de reformas pelo Poder Constituinte Reformador, sendo considerados cláusulas pétreas em nosso ordenamento jurídico, o que impossibilita a supressão desses direitos por emendas constitucionais, conforme vimos pela análise do art. 60, § 4º, IV, da CF. É preciso que se diga que esta proteção não é absoluta, sendo vedada a abolição desses direitos, ainda que apenas tendencial.[279] O núcleo essencial do direito fundamental não pode ser abolido nem mesmo parcialmente, pois caso contrário a própria fundamentalidade do referido direito passa a ser questionada, o que é inadmissível, por várias razões, conforme já vimos.[280]

Se não há dúvidas a respeito da impossibilidade de abolição nem mesmo parcial desse direito, e da constatação de que esse mesmo direito não é absoluto, em contrapartida a Constituição de 1988 não estabeleceu parâmetros concretos e objetivos para eventuais restrições acerca dos direitos fundamentais. *Canotilho*, ao abordar no sistema constitucional português os métodos de proteção dos direitos, liberdades e garantias fundamentais, sustenta que o legislador constitucional derivado está impedido de ultrapassar o limite de qualquer direito: o seu núcleo essencial.[281] Desse modo, a análise das reformas propostas deve ser feita individualmente, em virtude da inexistência de uma regra abstrata para verificação da emenda apresentada, partindo-se sempre da premissa indiscutível de que inexiste possibilidade de eliminação, ainda que tendencial, de um direito fundamental. Na lição de *Jorge Miranda*, a função do poder de revisão constitucional não é fazer constituições, mas

---

(277) A respeito, é oportuna a lição de Eros Grau, ao enfatizar que a Constituição não pode ser interpretada em tiras, devendo sempre ser interpretada como um todo (GRAU. 2006. p. 166).
(278) BONAVIDES. 2008. p. 656-657, 659-660.
(279) Ao dispor a respeito do princípio da irreversibilidade dos direitos fundamentais em vigor, sustenta Comparato ser juridicamente inválido suprimir direitos fundamentais, por via de novas regras constitucionais ou convenções internacionais (COMPARATO. 2003. p. 65-66).
(280) SARLET. 2005a. p. 406.
(281) CANOTILHO. 2004. p. 144.

justamente o inverso, isto é, guardá-las e defendê-las, reconhecendo o autor lusitano a existência de limites expressos e, inclusive, limites implícitos ou tácitos para tais reformas.[282]

O constituinte, ao utilizar as expressões "abolir" e "tendente a abolir", desejou preservar o núcleo de cada direito fundamental, independentemente da análise individual do seu conteúdo.[283] Assim, não cabe a análise da fundamentalidade material de um respectivo direito tido como fundamental para se estabelecer a possibilidade ou não de modificação deste direito, na medida em que é inviável qualquer proposta tendente a sua abolição. Além da fundamentalidade material, a fundamentalidade formal desse direito está consagrada no texto constitucional, sendo descabida qualquer análise acerca do seu conteúdo específico ou do seu grau de maior ou de menor importância no cenário político ou social nacional.[284]

O Poder Constituinte Reformador não tem o direito e nem mesmo o poder de alterar as cláusulas pétreas estabelecidas pelo Poder Constituinte Originário, porque, em última análise, estaria criando uma nova Constituição.[285]

3.4. Proibição de retrocesso

O mecanismo instituído pela doutrina como proibição de retrocesso busca criar instrumentos de proteção dos direitos fundamentais, no sentido de ser garantida a ordem constitucional, buscando-se segurança jurídica para o sistema constitucional vigente. A segurança jurídica é considerada pela doutrina contemporânea como um subprincípio concretizador do princípio fundamental e estruturante do Estado de Direito, de modo que a segurança jurídica constitui atualmente princípio fundamental da ordem jurídica estatal, passando a ser considerada um direito fundamental do cidadão.[286]

Esse princípio proíbe o legislador de derrogar ou reduzir os direitos econômicos, sociais e culturais gozados e já conferidos aos cidadãos, constituindo-se em uma garantia de caráter substantivo, tendente a proteger o conteúdo dos direitos vigentes. *Christian Courtis* enfatiza que a noção de regressividade pode ser estabelecida a partir da noção de progressividade adotada pela Assembleia Geral da Organização dos Estados Americanos, organizada em 7 de junho de 2005, e que aprovou as normas que impõem aos Estados assegurar o devido respeito aos direitos consagrados no mesmo protocolo, dispondo o art. 5.1. a noção de progressividade do seguinte modo: "a. los fines de este documento, por el principio de progresivenld se entenderá el critério de avance paulatino en el establecimiento de las condiciones necesarias para garantizar el ejercicio de um derecho econômico, social o cultural". Prossegue o autor trazendo a posição da Comissão Interamericana de Direitos Humanos — OEA, a respeito do art. 26 da Convenção Americana de Direitos Humanos —

---

(282) MIRANDA. 2005. p. 414.
(283) Cf. STRECK. 1993. p. 40, ao enfatizar que qualquer alteração constitucional que atinja explícita ou implicitamente esse núcleo será inconstitucional.
(284) Cf. SARLET. 2005a. p. 408.
(285) Cf. MIRANDA. *Op. cit.*, p. 418.
(286) SARLET. *Op. cit.*, p. 413.

Pacto de São José da Costa Rica[287], onde expressamente afirma a obrigação dos Estados na progressividade social, não tolerando retrocessos nessa área:

> El carácter progresivo con que la mayoría de los instrumentos internacionales caracteriza las obligaciones estatales relacionadas con los derechos inmediatos, la obligación general de procurar constantemente la realización de los derechos consagrados sin retrocesos. Luego, los retrocesos en materia de derechos económicos, sociales y culturales pueden configurar una violación entre otras disposiciones, a lo dispuesto en el art. 26 de la Convención Americana.[288]

A segurança jurídica constitui uma das maiores ambições do cidadão, que aspira a uma garantia de estabilidade nas relações jurídicas em seu cotidiano, o que torna possível a realização dos projetos de vida estabelecidos. A segurança jurídica guarda relação direta com a noção de dignidade da pessoa humana, pois esta jamais poderá ser alcançada quando as relações estiverem marcadas por completa instabilidade jurídica, o que inviabiliza até mesmo a confiabilidade nas próprias instituições sociais e estatais. Nesse sentido, *Ingo Sarlet* afirma: "Portanto, a proteção dos direitos fundamentais, pelo menos no que concerne ao seu núcleo essencial e/ou ao seu conteúdo em dignidade, evidentemente apenas será possível onde estiver assegurado um mínimo em segurança jurídica".[289]

A proibição de retrocesso vem a ser a possibilidade jurídica de se obstaculizar ou de se fiscalizar o Poder Público (não apenas o Poder Legislativo) para impedir o retrocesso em relação aos direitos fundamentais garantidos na ordem constitucional.[290] Essa vedação guarda relação direta com a segurança jurídica, que também deve ser garantida, embora não se possam confundir. *Rodolfo Arango*, ao trazer a experiência, inclusive jurisprudencial, da Colômbia, informa que a corte constitucional considera o princípio da progressividade dos direitos sociais como uma limitação da liberdade legislativa em matéria de direitos sociais. Alcançando um determinado nível de proteção, em princípio todo retrocesso está proibido. Refere que a Corte Constitucional, na sentença T-426 de 1992, estabeleceu que o mandado de progressividade implica, uma vez alcançado o direito, um determinado nível de proteção na atuação do legislador. Conclui a Corte que todo retrocesso no nível de

---

(287) Art. 26 — "Desenvolvimento progressivo. Os Estados-partes comprometem-se a adotar as providências, tanto no âmbito interno, como mediante cooperação internacional, especialmente econômica e técnica, a fim de conseguir progressivamente a plena efetividade dos direitos que decorrem das normas econômicas, sociais e sobre educação, ciência e cultura, constantes da Carta da Organização dos Estados Americanos, reformada pelo Protocolo de Buenos Aires, na medida dos recursos disponíveis, por via legislativa ou por outros meios apropriados".

(288) Cf. COURTIS, Christian. La prohibición de regresividad en materia de derechos sociales: apuntes introductorios. In: COURTIS, Christian (org.). *Ni un paso atrás*: la prohibición de regresividad en materia de derechos sociales. Buenos Aires: Del Puerto, 2006. p. 5-14. Acrescenta o autor que o art. 29 do referido Pacto de São José da Costa Rica, ao dispor sobre as normas de interpretação da convenção, consagra o princípio denominado *pro homine*, proibindo o emprego regressivo da convenção. Acrescenta que outros dispositivos da mesma convenção também nos levam à conclusão a respeito da consagração do princípio da proibição de regressividade, vedando a supressão de direitos pelos Estados (*Ibidem*, p. 15).

(289) SARLET. 2005a. p. 414.

(290) Vieira de Andrade reconhece o princípio da proibição de retrocesso social, apesar de não aceitá-lo de forma ampla e abrangente, a fim de que seja resguardada certa autonomia da função legislativa, preservando-se, com isso, a liberdade constitutiva e a autorrevisibilidade, ainda que limitadas. Entende que é vedada a pura e simples revogação das normas sem substituição destas normas conformadoras dos direitos sociais, em respeito ao princípio da proteção da confiança, proibindo-se, então, o arbítrio ou a desrazoabilidade manifesta do retrocesso (ANDRADE. 2004. p. 408-411).

proteção alcançado deve presumir-se em princípio inconstitucional. Para que seja considerado constitucional, as autoridades têm de demonstrar que existem razões imperiosas para tal retrocesso.[291]

De uma maneira geral, o sistema constitucional vigente já consagra a doutrina da vedação de retrocesso, ao estabelecer a Constituição de 1988 diversos mecanismos que asseguram essa garantia. Nesse sentido, dispõe o art. 5º, XXXVI, da CF, ao vedar que nova lei venha prejudicar o direito adquirido, o ato jurídico perfeito e a coisa julgada. Igualmente os instrumentos legais que estabelecem restrições legislativas para modificação dos direitos fundamentais, bem como os que criam limites materiais contra uma reforma constitucional, configuram-se, de maneira ampla, importantes recursos já existentes em nossa ordem jurídica de proteção e segurança desse mesmo sistema jurídico-constitucional.

No plano internacional, por exemplo, a Carta de direitos fundamentais da União Europeia alude, em seu art. 52, que qualquer limitação ao exercício dos direitos e liberdades reconhecidos nessa Carta deverá ser estabelecida pela lei e deverá respeitar o conteúdo essencial desses direitos e liberdades. Somente poderão ser introduzidas limitações mediante a observância do princípio da proporcionalidade, quando necessárias e quando atendam efetivamente aos objetivos de interesse geral reconhecidos pela União Europeia, com a proteção dos direitos e liberdades.[292]

É necessário, entretanto, delimitarmos os limites desta proibição de retrocesso, conforme se vê no trecho abaixo, transcrito de decisão oriunda do Tribunal Constitucional de Portugal:

> Embora com importantes e significativos matizes, pode-se afirmar que a generalidade da doutrina converge na necessidade de harmonizar a estabilidade da concretização legislativa já alcançada no domínio dos *direitos sociais* com a *liberdade de conformação* do legislador. E essa harmonização implica que se distingam as situações.
>
> Aí, por exemplo, onde a Constituição contenha uma *ordem de legislar,* suficientemente precisa e concreta, de tal sorte que seja possível "determinar, com segurança, quais as medidas jurídicas necessárias para lhe conferir exequibilidade" (cf. Acórdão n. 474/02, ainda inédito), a margem de liberdade do legislador para *retroceder* no grau de proteção já atingido é necessariamente mínima, já que só o poderá fazer na estrita medida em que a alteração legislativa pretendida não venha a acarretar uma *inconstitucionalidade por omissão* — e terá sido essa a situação que se entendeu verdadeiramente ocorrer no caso tratado no já referido Acórdão n. 39/84.
>
> Noutras circunstâncias, porém, a *proibição do retrocesso social* apenas pode funcionar em casos-limite, uma vez que, desde logo, *o princípio da alternância democrática,* sob pena de se lhe reconhecer uma subsistência meramente formal, inculca a reversibilidade

---

(291) Cf. ARANGO, Rodolfo. Prohibición de retroceso en Colombia. In: COURTIS, Christian (org.). *Ni un paso atrás*: la prohibición de regresividad en materia de derechos sociales. Buenos Aires: Del Puerto, 2006. p. 156-157.
(292) Cf. ROSSI, Julieta. Jurisprudencia del Comitê DESC. In: COURTIS, Christian (org.). *Ni un paso atrás*: la prohibición de regresividad en materia de derechos sociales. Buenos Aires: Del Puerto, 2006. p. 95.

das opções político-legislativas, ainda quando estas assumam o caráter de opções legislativas fundamentais.[293]

Importante ressaltar que, apesar de estarmos diante de uma novel teoria de proteção dos direitos fundamentais, ainda carente de maior reconhecimento sobretudo da jurisprudência nacional, trata-se de um princípio já consagrado por grande parte da doutrina inclusive internacional. A propósito, a Argentina incorporou a obrigação de progressividade das suas normas em matéria de direitos sociais, estabelecendo a proibição de retrocesso em seu ordenamento constitucional no ano de 1994, com a inclusão dos tratados internacionais de direitos humanos no art. 75.22 na sua Constituição nacional.[294] Na Alemanha do mesmo modo, consoante a lição trazida abaixo pela doutrinadora colombiana *Ana Maria Suárez Franco*, doutoranda em Direito na própria Alemanha:

> Así las cosas, se puede afirmar que para la doctrina y la jurisprudencia alemanas los derechos sociales, también en su contenido prestacional, son objeto de protección frente a las medidas regresivas adoptadas por el legislador, protección que tiene como pilar fundamental la protección de la dignidad humana.[295]

Essa dogmática defende a proibição de retrocesso não apenas em relação aos direitos sociais, mas em relação a todas as espécies de direitos fundamentais. Nesse sentido é a decisão do Tribunal Constitucional de Portugal (acórdão n. 509/02 — processo n. 768/02), a respeito da proibição de retrocesso, citando também decisão do Conselho Constitucional francês no mesmo caminho. Isto porque não há uma hierarquização entre os direitos fundamentais, na medida em que os direitos sociais são material e formalmente fundamentais como todos os demais direitos fundamentais, como por exemplo os direitos individuais e coletivos. Falar-se na proibição de retrocesso social seria reconhecer que os direitos sociais estariam em um plano hierárquico inferior aos demais, necessitando por isso de maior proteção, o que é absolutamente equivocado.

3.5. OS DIREITOS SOCIAIS E A PROIBIÇÃO DE RETROCESSO

Canotilho sustenta que a teoria da proibição de retrocesso social decorre do princípio da democracia econômica e social. Este princípio da democracia, por sua vez, impõe uma obrigação ao Estado (especificamente aos Poderes Legislativo e Executivo) de desenvolver atividades econômicas e sociais, no sentido da convalidação de uma sociedade

---

(293) Cf. PORTUGAL. Tribunal Constitucional. *Acórdão 509/2002*. Lisboa, 2002. Disponível em: <http://www.tribunalconstitucional.pt/tc/acordaos/20020509.html> Acesso em: 28 maio 2009.
(294) CAMPOS, Luis Ernesto; KLETZEL, Gabriela. Progresividad y prohibición de regresividad en materia de accidentes de trabajo y enfermedades profesionales en Argentina. In: COURTIS, Christian (org.). *Ni un paso atrás*: la prohibición de regresividad en materia de derechos sociales. Buenos Aires: Del Puerto, 2006. p. 175. Na Colômbia, por exemplo, o instituto também está difundido, inclusive na jurisprudencia daquele país. Cf. UPRIMNY, Rodrigo; GUARNIZO, Diana. Es possible una dogmática adecuada sobre la prohibición de regresividad? Un enfoque desde la jurisprudencia constitucional colombiana. *Direitos Fundamentais & Justiça:* Revista do Programa de Pós-Graduação em Direito da PUC-RS, Porto Alegre, ano 2, n. 3. p. 39-54, 2008.
(295) FRANCO, Ana Maria Suárez. Limites constitucionales a la regresividad en Alemania. In: COURTIS, Christian (org.). *Ni un paso atrás*: la prohibición de regresividad en materia de derechos sociales. Buenos Aires: Del Puerto, 2006. p. 386.

democrática. Na verdade, o princípio da democracia econômica e social estabelece uma autorização constitucional que visa à adoção de medidas necessárias para o implemento da justiça social. Desse modo, uma vez obtidos os direitos sociais e econômicos, inclusive direitos dos trabalhadores, passam a constituir uma garantia institucional e um direito subjetivo, limitando, inclusive, a reversibilidade dos direitos adquiridos. Estabelecidas essas premissas, conclui o doutrinador português:

> O princípio da proibição de retrocesso social pode formular-se assim: o núcleo essencial dos direitos sociais já realizado e efectivado através de medidas legislativas ("lei da segurança social", "lei do subsídio de desemprego", "lei do serviço de saúde") deve considerar-se constitucionalmente garantido, sendo inconstitucionais quaisquer medidas estaduais que, sem a criação de outros esquemas alternativos ou compensatórios, se traduzam, na prática, numa "anulação", "revogação" ou "aniquilação" pura a simples desse núcleo essencial.[296]

Segundo os doutrinadores colombianos *Uprimny* e *Guarnizo*, o princípio da proibição de retrocesso tem como fundamento maior as premissas que constroem e norteiam um Estado Social e Democrático de Direito, com vistas ao estabelecimento de mecanismos de proteção das pessoas e de seus direitos, bem como de imposição ao Estado do dever de realização progressiva dos direitos sociais.[297] *Bernd Schulte* ressalta que o princípio do Estado Social não constitui mera norma programática, trazendo consigo uma autorização para agir que permite e impõe ao legislador configurar a ordem social e assegurar o acesso a prestações sociais.[298]

Como vimos, o fenômeno da vedação de retrocesso está intimamente ligado à segurança jurídica, que deve ser assegurada nas relações jurídicas estabelecidas em uma sociedade devidamente organizada. Nesse mesmo sentido, vem a ser a necessidade da análise do instituto frente aos direitos sociais alcançados aos cidadãos, a fim de que seja assegurada e preservada a segurança social. Sobretudo no quadro político e social em que vivemos atualmente, quando cada vez mais a sociedade clama por maior proteção do Estado em virtude da exclusão social, que decorre também da incapacidade prestacional do Estado em alcançar essas reivindicadas prestações sociais. Da mesma maneira, a análise da proibição de retrocesso ganha importância em razão de serem, ainda, modestos os avanços a respeito das prestações de cunho social oferecidos à população, devendo ser buscado com muito maior intensidade o incremento nos direitos sociais ao invés da castração nos parcos direitos adquiridos, a partir de uma luta longa e intensa, especialmente da classe operária.[299]

---

(296) CANOTILHO. 2004. p. 339-340.
(297) UPRIMNY; GUARNIZO. 2008. p. 55.
(298) Cf. SCHULTE, Bernd. Direitos fundamentais, segurança social e proibição de retrocesso. In: SARLET, Ingo Wolfgang (org.). *Direitos fundamentais sociais:* estudos de direito constitucional, internacional e comparado. Rio de Janeiro: Renovar, 2003. p. 325-326.
(299) Flávia Piovesan sustenta que em face do Pacto Internacional dos Direitos Econômicos, Sociais e Culturais que os Estados-Partes (dentre eles o Brasil), no livre exercício de sua soberania, ratificaram, há que se observar o princípio da aplicação progressiva dos direitos sociais, o que, por si só, implica no princípio da proibição do retrocesso social (PIOVESAN, Flávia. Proteção internacional dos direitos econômicos, sociais e culturais. In: SARLET, Ingo Wolfgang (org.). *Direitos fundamentais sociais*: estudos de direito constitucional, internacional e comparado. Rio de Janeiro: Renovar, 2003a. p. 247).

A jurisprudência brasileira ainda é modesta sobre o tema, sobretudo em comparação com países vizinhos.⁽³⁰⁰⁾ Na Argentina, por exemplo, na análise de uma norma acerca de acidentes de trabalho e enfermidades profissionais, a Corte Suprema de Justiça Argentina foi expressa ao estabelecer a obrigação de progressividade e a proibição de retrocesso, declarando a inconstitucionalidade da referida norma. A respeito, *Luis Ernesto Campos* e *Gabriela Kletzel* referem que, pela primeira vez desde a sua constitucionalização, em 1994, a Corte começou a delinear critérios hermenêuticos que devem guiar a utilização da teoria da obrigação de progressividade e da proibição de retrocesso, inclusive quando da análise do ordenamento infraconstitucional.⁽³⁰¹⁾

O foco não pode ser desviado, continuando a ser (ou dever-ser) objetivo maior atingirmos os princípios fundamentais estabelecidos na Constituição, notadamente, no que tange a este estudo, os previstos no art. 3º, incisos I e III, e no art. 1º, incisos III e IV, na busca de uma sociedade livre, justa e solidária, e da erradicação da pobreza e da marginalização, com redução das desigualdades sociais e regionais, bem como assegurando-se a dignidade da pessoa humana e os valores sociais do trabalho e da livre iniciativa. Estes princípios podem ser sintetizados no basilar e fundamental princípio da justiça social.⁽³⁰²⁾ Para que estes princípios sejam implementados, no mínimo deverão ser mantidos e assegurados os direitos sociais já alcançados, admitindo-se apenas a ampliação destes direitos, não se podendo falar na abolição, ainda que meramente tendencial, de qualquer um destes direitos fundamentais. Para a operacionalização deste raciocínio jurídico é que ganha espaço a utilização do instituto que a doutrina batizou de proibição ou vedação de retrocesso.⁽³⁰³⁾

Apesar de inexistir unanimidade a respeito da proibição de retrocesso, o que, aliás, é perfeitamente normal nesta ciência jurídica, especialmente por se tratar de um fenômeno de recente discussão acadêmica, é importante frisar que tanto a doutrina como a jurisprudência constitucional europeia reconhecem este instituto como importante mecanismo de preservação dos direitos fundamentais conquistados.⁽³⁰⁴⁾ À guisa de exemplo, na Alemanha

---

(300) Todavia, há importante decisão a respeito do tema, quando da apreciação do Recurso Especial n. 567.873-MG, pelo STJ, relator: Ministro Luiz Fux, em 10.2.2004, a respeito da isenção de IPI na compra de automóveis por deficiente físico. Nesta decisão o princípio da proibição de retrocesso é abordado e utilizado como fundamento para provimento da tese sustentada pela autora, em razão da alegada discriminação com os deficientes físicos, sendo também feita a análise sob a ótica do princípio da igualdade, bem como das chamadas ações afirmativas pelo Estado. O referido acórdão enfatiza expressamente a vedação constitucional do retrocesso social e a discriminação injustificada, a partir do exame da legislação que regula a isenção do IPI, na aquisição de automóvel (BRASIL. Superior Tribunal de Justiça. *Recurso Especial n. 567.873-MG*. Relator: Min. Luiz Fux, em 10.2.2004. Disponível em: <http://www.stj.jus.br> Acesso em: 28 maio 2009).
(301) CAMPOS; KLETZEL. 2006. p. 188-189.
(302) Justiça Social quer dizer que cada pessoa deve ter o direito e a efetiva possibilidade de criar um fundamento econômico e cultural adequado para a sua existência (SCHULTE. 2003. p. 327).
(303) Ao analisar os critérios para determinação da regressividade, Courtis aponta como parâmetro, por analogia, os critérios utilizados pelo Direito do Trabalho, partindo-se da primazia da norma mais favorável ao trabalhador. Sugere, inclusive, que a doutrina utilize as teorias juslaboralistas da cumulação e do conglobamento, na hipótese de conflito entre duas disposições normativas, a fim de se verificar a regressividade ou não de uma determinada norma e, por consequência, a proibição de retrocesso social (COURTIS. 2006. p. 40-42).
(304) Cf. SARLET, Ingo Wolfgang. Prohibición de retroceso en Brasil. In: COURTIS, Christian (org.). *Ni un paso atrás*: la prohibición de regresividad en materia de derechos sociales. Buenos Aires: Del Puerto, 2006. p. 338, trazendo basicamente as experiências portuguesa e alemã desta teoria. A propósito, Rodrigo Uprimny e Diana Guarnizo, ao analisarem o instituto com enfoque na jurisprudência constitucional colombiana, concluem que a jurisprudência recente da Corte Constitucional Europeia demonstrou ser possível a adoção de um conceito de proibição de retrocesso com um conteúdo normativo justificável (UPRIMNY; GUARNIZO. 2008. p. 37).

a proibição de retrocesso é concreta, ainda que não de forma ilimitada, sempre havendo a proteção do direito adquirido e das próprias expectativas de direito.[305] Em Portugal, é vasta a doutrina a respeito. *Jorge Miranda* enfatiza, a propósito, que não é possível a eliminação pura e simples de normas legais e concretizadoras, suprimindo-se os direitos derivados a prestações, porque eliminá-las significaria retirar eficácia jurídica às correspondentes normas constitucionais.[306]

Os direitos fundamentais sociais, depois de concretizados no plano infraconstitucional, passam a ser considerados direitos subjetivos a determinadas prestações estatais, não podendo mais ser reduzidos ou suprimidos em respeito ao princípio da confiança, princípio este que vem a ser consectário do princípio do Estado de Direito.[307] Quando houver a revogação de algum direito fundamental pelo legislador, resta configurada a hipótese da proibição de retrocesso, devendo ser declarada a inconstitucionalidade. Todavia, não apenas nesta hipótese a inconstitucionalidade é manifesta, mas também quando houver alguma tentativa de diminuição do próprio conteúdo do direito fundamental social concretizado pelo legislador.[308]

Portanto, atualmente a construção doutrinária e jurisprudencial a respeito da proibição de retrocesso é uma realidade até mesmo em todas aquelas ordens constitucionais onde inexista uma expressa previsão em lei. Nesse sentido, o princípio da igualdade também é visto como importante mecanismo de controle da discricionariedade legislativa, atuando como verdadeiro limitador dessa atividade e proibindo a adoção de medidas que estabeleçam distinções discriminatórias e desigualdades de tratamento sem qualquer fundamento razoável, conforme se vê na referida decisão do Tribunal de Portugal:

> O princípio da igualdade, entendido como limite objectivo da discricionariedade legislativa, não veda à lei a realização de distinções. Proíbe-lhe, antes, a adopção de medidas que estabeleçam distinções discriminatórias, ou seja, desigualdades de tratamento materialmente infundadas, sem qualquer fundamento razoável (*vernünftiger Grund*) ou sem qualquer justificação objectiva e racional. Numa expressão sintética, o princípio da igualdade, enquanto princípio vinculativo da lei, traduz-se na ideia geral de proibição do arbítrio (*Willkürverbot*).[309]

---

(305) Acrescenta Sarlet que tanto a doutrina como também o Tribunal Constitucional Federal da Alemanha reconhecem de forma ampla, ainda que não de maneira ilimitada, o princípio da proibição de retrocesso (SARLET. *Op. cit.*, p. 340).
(306) MIRANDA, Jorge. *Manual de direito constitucional*. 3. ed. Coimbra: Coimbra Editora, 2000. t. 4. p. 397.
(307) Luis Campos e Gabriela Kletzel trazem a dramática história recente da Argentina sobre a matéria. Referem que o processo de redução dos níveis de proteção da legislação laboral foi chancelado pela Corte Suprema de Justiça, chegando ao extremo de sustentar a jurisprudência daquele tribunal que a ordem pública econômica deveria prevalecer sobre a ordem pública laboral. A modificação da composição daquela Corte, a partir de 2003, decorrente em parte da perda de legitimidade de seus anteriores integrantes, acabou modificando significativamente a jurisprudência referida em matéria dos direitos sociais. Informam que as recentes decisões daquele Tribunal retomaram a tradição de reconhecimento dos princípios fundamentais do Direito do Trabalho, com a incorporação de argumentos próprios do Direito Internacional dos Direitos Humanos (CAMPOS; KLETZEL. 2006. p. 173-174).
(308) SARLET. 2005a. p. 421-423; *Idem*, 2006. p. 340.
(309) Cf. Acórdão 509/2002, Processo n. 768/02, do Tribunal Constitucional de Portugal, em 19.12.2002 (PORTUGAL. 2002). Do mesmo modo, Suárez Franco sustenta que a utilização do princípio da igualdade também se mostra útil para evitar abusos, quando da análise da constitucionalidade de medidas regressivas utilizadas pelo legislador. Traz como exemplo a norma que eliminou o seguro-desemprego para os estudantes, por considerar que eles preferiam

3.6. Configuração da proibição de retrocesso. Princípios e fundamentos

O legislador constituinte reformador não tem direito, poderes ou competência material para reduzir o conteúdo de um direito fundamental alcançado ao trabalhador pelo legislador constituinte originário. Na lição de *Lenio Streck*, cumpre àquele congresso abster-se do estabelecimento de uma nova Constituição, por falecer-lhe legitimidade. Com a publicação da Constituição Federal exauriu-se a função do constituinte originário, não tendo o atual congresso este poder, por ser indelegável.[310] Não tem o legislador o poder de dispor do conteúdo desta norma, especialmente em países como o Brasil, em que há uma grande incapacidade do poder público no alcance de direitos sociais de natureza prestacional.[311] A respeito da matéria arrazoa *Ingo Sarlet*:

> Com efeito, em se admitindo uma ausência de vinculação mínima do legislador (assim como dos órgãos estatais em geral) ao núcleo essencial já concretizado na esfera dos direitos sociais e das imposições constitucionais em matéria de justiça social, estar-se-ia chancelando uma fraude à Constituição, pois o legislador — que ao legislar em matéria de proteção social apenas está a cumprir um mandamento do Constituinte — poderia pura e simplesmente desfazer o que fez no estrito cumprimento da Constituição.[312]

Na classificação trazida por *Ingo Sarlet*, o princípio da proibição de retrocesso decorre dos princípios e fundamentos contidos em nosso sistema constitucional, a seguir elencados.

Princípio do Estado Democrático e Social de Direito, que impõe um mínimo de segurança jurídica, com a manutenção da ordem jurídica, englobando inclusive o princípio da proteção da confiança, assegurando contra medidas de caráter retrocessivo de maneira geral.[313] Segundo *Suárez Franco*, é a partir do princípio do Estado Social (que rege também a Alemanha) que se reconhece a obrigação de realização dos direitos sociais como um dever constitucional pelas autoridades públicas, passando então a ser identificado o princípio da progressividade dos direitos sociais. Segundo *Konrad Hesse*, o princípio do Estado Social exige que o poder público adote todas as medidas requeridas para o cumprimento dos objetivos sociais.[314]

---

dedicar-se aos estudos. Neste caso, o Tribunal Constitucional não aceitou a discriminação, ordenando a eliminação da norma que excluía os estudantes da percepção deste benefício. Portanto, sustenta a autora que o abuso tem de estar manifestamente claro, para assim ser considerado, configurando-se como uma verdadeira exceção (SUÁREZ FRANCO. 2006. p. 368-385).

(310) STRECK. 1993. p. 23.

(311) Lembra Lenio Streck que aproximadamente 40% da população brasileira vive abaixo da linha de pobreza, não tendo, assim, o suficiente para comprar a quantidade de alimentos necessária para evitar a subnutrição — passando fome (*Ibidem*, p. 17).

(312) SARLET. 2005a. p. 425. Por todas as razões expostas, reconhece Sarlet um princípio implícito de proibição de retrocesso na ordem constitucional brasileira (*Idem*, 2006. p. 345).

(313) Gonzáles salienta o dever de realização do Estado Social. Cf. GONZÁLEZ, Horacio. Derecho a la seguridad social en Argentina. In: COURTIS, Christian (org.). *Ni un paso atrás*: la prohibición de regresividad en materia de derechos sociales. Buenos Aires: Del Puerto, 2006. p. 208-209.

(314) Cf. SUÁREZ FRANCO. 2006. p. 363. Informa, ainda, que a maioria das decisões do Tribunal Constitucional alemão se funde no princípio do Estado Social (SUÁREZ FRANCO. 2006. p. 383).

Princípio da dignidade da pessoa humana, ao exigir prestações positivas do Estado que venham a assegurar uma vida digna a todos os cidadãos, por meio da manutenção e implementação dos direitos sociais fundamentais.[315]

Princípio da máxima eficácia e efetividade das normas definidoras dos direitos fundamentais, expresso no art. 5º, § 1º, da Constituição, que assegura a máxima proteção e implementação dos direitos fundamentais. Ao mesmo tempo em que se busca a máxima proteção possível dos direitos fundamentais, busca-se também uma blindagem contra medidas que venham a fazer retroceder os direitos assegurados no plano constitucional.

Medidas de proteção dos direitos adquiridos, da coisa julgada e do ato jurídico perfeito contidas em nosso sistema constitucional, insuficientes para abarcar a noção mais ampla de segurança jurídica, trazida no *caput* do art. 5º da Constituição e no próprio princípio do Estado Social e Democrático de Direito. No Direito Comparado, por exemplo, o Tribunal Constitucional de Portugal (acórdão n. 101/92) considerou que somente ocorreria retrocesso social constitucionalmente proibido quando fossem diminuídos ou afetados direitos adquiridos e ainda quando violados os princípios da proteção da confiança e da segurança dos cidadãos no âmbito econômico, social e cultural.

Princípio da proteção da confiança, constituindo-se em figura-chave do Estado Democrático de Direito, estando diretamente ligado à própria noção de segurança jurídica.[316] A sociedade exige do Poder Público boa-fé na relação com os particulares, na busca e na garantia da estabilidade e da continuidade da ordem jurídica estabelecida.[317]

Princípios da segurança jurídica e da proteção da confiança, pelos quais os órgãos estatais se encontram vinculados aos ditames constitucionais impostos pelo sistema vigente, no sentido da concretização desses direitos na esfera infraconstitucional e, sobretudo, encontram-se vinculados aos atos anteriores estabelecidos pelo legislador constituinte originário, não sendo dado o direito de modificarem os princípios e os fundamentos traçados na Constituição.[318]

Deixar de reconhecer o princípio da proibição de retrocesso significa, em última análise, permitir que o legislador constituinte reformador disponha de forma livre a sua vontade, ainda que esta intenção venha contra as normas constitucionais em geral e aos direitos fundamentais estabelecidos na Constituição.[319] Busca-se, na verdade, um mecanismo que impeça a frustração da efetividade constitucional, a fim de que sejam mantidas as normas constitucionais

---

(315) Cf. CANOTILHO. 2003. p. 339-340.
(316) Nesse sentido, também CANOTILHO. 2003. p. 339-340; MIRANDA. 2000. t. 4, p. 397.
(317) No mesmo sentido leciona Pisarello, referindo-se ao sistema jurídico espanhol, ao expor que o princípio da proibição de retrocesso é uma expressão dos princípios da confiança e da segurança jurídica, na proteção dos direitos adquiridos no âmbito econômico e social (PISARELLO, Geraldo. Derechos sociales y principio de no regresividad en España. In: COURTIS, Christian (org.). *Ni un paso atrás:* la prohibición de regresividad en materia de derechos sociales. Buenos Aires: Del Puerto, 2006. p. 319).
(318) Arango enfatiza a íntima relação entre o princípio da proibição de retrocesso e o princípio da confiança legítima (ARANGO. 2006. p. 158).
(319) Canotilho pontua que não se trata de proibir um retrocesso social captado em termos ideológicos ou formulado em termos gerais ou de garantir em abstrato um *status quo* social, mas de proteger os direitos fundamentais sociais sobretudo no seu núcleo essencial (CANOTILHO. 2003. p. 339-340).

que estabeleçam os direitos fundamentais, indo-se além na busca da concretude plena dos direitos estabelecidos na Constituição.[320]

A partir desses fundamentos, conclui *Ingo Sarlet*:

> Por via de consequência, o art. 5º, § 1º, da nossa Constituição impõe a proteção efetiva dos direitos fundamentais não apenas contra a atuação do poder de reforma constitucional (em combinação com o art. 60, que dispõe a respeito dos limites formais e materiais às emendas constitucionais), mas também contra o legislador ordinário e os demais órgãos estatais (já que medidas administrativas e decisões jurisdicionais também podem atentar contra a segurança jurídica e a proteção de confiança), que, portanto, além de estarem incumbidos de um dever permanente de desenvolvimento e concretização eficiente dos direitos fundamentais (inclusive e, no âmbito da temática versada, de modo particular os direitos sociais) não pode — em qualquer hipótese — suprimir pura e simplesmente ou restringir de modo a invadir o núcleo essencial do direito fundamental ou atentar, de outro modo, contra as exigências da proporcionalidade.[321]

Assim como há um consenso a respeito da proibição de retrocesso, também há um certo consenso que esta proteção não assume caráter absoluto.[322] Como já vimos, a análise da proibição de retrocesso guarda exata relação com a noção de dignidade da pessoa humana, na implementação das condições materiais mínimas para assegurar uma vida digna. Conclui mais uma vez *Sarlet* a respeito, arrazoando acerca da análise da inconstitucionalidade pela proibição de retrocesso:

> Que tal núcleo essencial encontra-se diretamente conectado ao princípio da dignidade da pessoa humana, notadamente (em se tratando de direitos sociais prestacionais) ao conjunto de prestações materiais indispensáveis para uma vida com dignidade, constitui uma das teses centrais aqui sustentadas, ainda que sem qualquer pretensão de originalidade.[323]

Em síntese, o princípio da proibição de retrocesso visa a proteger o núcleo essencial[324] da respectiva norma constitucional garantidora do respectivo direito fundamental, intimamente ligado à dignidade da pessoa humana, conforme ilustramos com um trecho do Acórdão n. 509/02 — processo n. 768/02, do Tribunal Constitucional de Portugal:

> Todavia, ainda que se não adopte posição tão restritiva, a *proibição do retrocesso social* operará tão só quando, como refere *J. J. Gomes Canotilho*, se pretenda atingir "o *núcleo essencial* da existência mínima inerente ao respeito pela dignidade da pessoa humana", ou seja, quando "sem a criação de outros esquemas alternativos ou compensatórios",

---

(320) Cf. SARLET. 2005a. p. 427.
(321) SARLET. 2005a. p. 429.
(322) Cf. SUÁREZ FRANCO. 2006. p. 368.
(323) SARLET. *Op. cit.*, p. 433.
(324) No mesmo sentido Oscar Vera, ao abordar o conteúdo essencial do direito à saúde e a sua respectiva proibição de retrocesso, dispõe que o conteúdo mínimo essencial da norma relativa à saúde deve ser garantido a todos, por se tratar de garantias mínimas e básicas. Enfatiza que neste caso não se admite retrocesso algum, sendo inviolável o conteúdo mínimo essencial da norma relativa à saúde (VERA, Oscar Parra. Derecho a la salud y prohibición de regresividad. In: COURTIS, Christian (org.). *Ni un paso atrás:* la prohibición de regresividad en materia de derechos sociales. Buenos Aires: Del Puerto, 2006. p. 59).

se pretenda proceder a uma "*anulação, revogação* ou *aniquilação* pura e simples desse núcleo essencial". Ou, ainda, tal como sustenta *José Carlos Vieira de Andrade*, quando a alteração redutora do conteúdo do direito social se faça com violação do *princípio da igualdade* ou do *princípio da protecção da confiança*; ou, então, quando se atinja o conteúdo de um *direito social* cujos contornos se hajam iniludivelmente enraizados ou *sedimentados* no seio da sociedade.[325]

3.7. Retrocesso social: exame do direito fundamental ao salário-família a partir da Emenda Constitucional n. 20/98

O salário-família vem a ser um benefício de natureza previdenciária, conferido atualmente ao trabalhador de baixa renda filiado à Previdência Social na condição de segurado empregado (exceto ao trabalhador doméstico) e de trabalhador avulso, proporcionalmente ao número de filhos ou equiparados de até 14 anos de idade, ou inválidos. Na lição de *Schulte*, a cláusula do Estado Social reclama uma permanente concretização pelo legislador na configuração da política social. Do mesmo modo preconiza, ao tratar do sistema jurídico alemão, que a Constituição impõe a tutela constitucional da estrutura institucional basilar do sistema de seguridade social. Nesse contexto, a seguridade social é sinônimo de proteção do indivíduo contra riscos genéricos de vida, tais como doença, invalidez, velhice, desemprego e, sobretudo no que nos interessa neste caso específico, encargos familiares.[326]

Trata-se de um direito criado originariamente pela Lei n. 4.266/63, estendido posteriormente aos trabalhadores avulsos pela Lei n. 5.480/68. O benefício foi criado pelo legislador com o objetivo de propiciar o desenvolvimento normal de uma família constituída pelo beneficiário, sendo concedido por quotas na proporção do número de filhos menores de 14 anos ou inválidos com qualquer idade. Posteriormente o benefício passou a ser regrado nos arts. 65 a 70 da Lei n. 8.213/91 e nos arts. 81 a 92 do Decreto n. 3.048/99.

Esse benefício não possui natureza jurídica salarial, não sendo incorporado, para qualquer efeito, ao salário ou ao benefício do trabalhador, tendo natureza jurídica de benefício previdenciário, por ser devido pela Previdência Social. Apesar de pago diretamente pelo empregador ao empregado, não vem a ser um encargo do próprio empregador, pois o valor adiantado é reembolsado ao empregador quando for efetuar o recolhimento das contribuições devidas à Previdência Social.

A Constituição Federal de 1988 consagrou o salário-família como um direito social fundamental dos trabalhadores urbanos e rurais, ao trazê-lo expressamente em seu Título II, "Dos Direitos e Garantias Fundamentais", mais precisamente no Capítulo II, "Dos Direitos Sociais", no art. 7º, inciso XII, em função dos seus dependentes. Conforme dispunha originalmente o art. 201, II, da Constituição, era devido como ajuda à manutenção dos dependentes dos trabalhadores, inclusive daqueles avulsos de baixa renda, exceto os domésticos.

---

(325) Cf. Acórdão n. 509/02 — processo n. 768/02, do Tribunal Constitucional de Portugal (PORTUGAL. 2002).
(326) SCHULTE. 2003. p. 327.

A Emenda Constitucional n. 20/98 acabou alterando a redação do inciso XII do art. 7º da Constituição, passando a estabelecer que o salário-família será pago em razão do dependente do trabalhador de baixa renda nos termos da lei. A mesma alteração ocorreu no art. 201, inciso IV, da Constituição. O art. 13 da referida Emenda dispôs que o benefício passaria a ser devido apenas aos segurados que tivessem renda bruta mensal igual ou inferior a R$ 360,00, conforme se vê pela transcrição literal desse dispositivo:

> Art. 13 — Até que a lei discipline o acesso ao salário-família e auxílio-reclusão para os servidores, segurados e seus dependentes, esses benefícios serão concedidos apenas àqueles que tenham renda bruta mensal igual ou inferior a R$ 360,00 (trezentos e sessenta reais), que, até a publicação da lei, serão corrigidos pelos mesmos índices aplicados aos benefícios do regime geral de previdência social.

Pois bem, a partir da alteração da redação do art. 7º, XII, da Constituição, pela Emenda Constitucional n. 20/98, passaremos a analisar a natureza jurídica e os efeitos dessa alteração frente às limitações formais e materiais impostas ao Poder Constituinte Reformador, especialmente a partir da análise da proibição de retrocesso.[327]

A conclusão objetiva da referida alteração é simples. Originariamente, o constituinte conferiu o direito ao salário-família a todos os dependentes dos segurados da Previdência Social (exceto domésticos); e após a Emenda Constitucional n. 20/98, o direito restou limitado apenas aos trabalhadores de baixa renda. A mesma Emenda Constitucional já estabeleceu quais os segurados que seriam considerados trabalhadores de baixa renda, dispondo serem apenas aqueles que tinham renda bruta mensal igual ou inferior a R$ 360,00 (trezentos e sessenta reais) à época.

O conteúdo exato de um direito social fundamental não está, de forma geral, definido com precisão na própria Constituição. No que tange ao salário-família, o constituinte estabeleceu o núcleo essencial deste direito fundamental, dispondo que seria devido a todos os dependentes dos segurados (exceto domésticos), em quantidade de quotas equivalente ao número de dependentes, na proporção do número de filhos menores de 14 anos ou inválidos com qualquer idade. Esse direito seria devido em razão dos dependentes, isto é, na proporção do número de dependentes.

Por consequência, a intenção do constituinte era conferir quotas de salário-família proporcionalmente ao número de dependentes. Inexistia qualquer outro conteúdo trazido na norma para limitar esse direito de outra forma, senão através da quantidade de dependentes inscritos perante a Previdência Social, sendo, por óbvio, devido a todos os trabalhadores que tivessem dependentes, em quantidades de quotas equivalentes ao número destes.

O constituinte reformador, por meio da Emenda Constitucional n. 20/98, acrescenta um segundo requisito à concessão deste direito, ampliando o seu conteúdo, no sentido de

---

(327) Cf. informações obtidas do sítio do Ministério da Previdência Social, o salário-família atualmente é pago aos segurados empregados, exceto os domésticos, e aos trabalhadores avulsos com salário mensal de até R$ 752,12 — para auxiliar no sustento dos filhos de até 14 anos de idade ou inválidos de qualquer idade. De acordo com a Portaria Interministerial n. 48, de 12 de fevereiro de 2009, o valor do salário-família será de R$ 25,66 por filho de até 14 anos incompletos ou inválido, para quem ganhar até R$ 500,40. Para o trabalhador que receber de R$ 500,41 até R$ 752,12, o valor do salário-família por filho de até 14 anos de idade ou inválido de qualquer idade será de R$ R$ 18,08 (BRASIL. *Portaria Interministerial n. 48, de 12 de fevereiro de 2009*. Brasília, 2009. Disponível em: <http://www81.dataprev.gov.br/sislex/paginas/65/MF-MPS/2009/48.htm> Acesso em: 28 jul. 2009).

limitá-lo, de restringi-lo. Passa a dispor que o salário-família não é mais devido a todos os dependentes do segurado, mas apenas aos dependentes do trabalhador de baixa renda. Vai além, ao conceituar trabalhador de baixa renda como aquele que recebia renda bruta de até R$ 360,00 (trezentos e sessenta reais) mensais.

A alteração no conteúdo da norma mostra-se inconstitucional, pois não é dado direito, ao legislador constituinte reformador, de reduzir o conteúdo de um direito fundamental alcançado ao trabalhador pelo legislador constituinte originário, especialmente em países como o Brasil, em que há uma grande incapacidade do poder público no alcance de direitos sociais de natureza prestacional.

Se a Constituição Federal contemplou originariamente esse direito a todos, é inviável que o legislador constituinte reformador o subtraia de boa parte dos trabalhadores, pela Emenda Constitucional n. 20/98, ao restringir o direito ao salário-família apenas aos dependentes dos trabalhadores de baixa renda. Foi além o legislador, ao conceituar baixa renda como sendo uma renda que chega no máximo ao montante de R$ 360,00 mensais, como se uma renda um pouco superior deixasse de constituir "baixa renda". Será que, à época, R$ 400,00 mensais seriam suficientes para propiciar dignidade à família do trabalhador? É óbvio que não, sendo fácil concluir que uma renda ainda bem superior a R$ 360,00 mensais não modificaria o quadro de baixa renda a que estaria submetido o trabalhador. É claro que houve um equívoco do legislador, pois, no Brasil, em virtude da crise econômica e social que atinge o País, não podem ser considerados trabalhadores de baixa renda apenas aqueles que percebem renda bruta mensal inferior a R$ 360,00.

A situação ora examinada, guardadas obviamente as particularidades, é semelhante ao caso analisado pelo Tribunal Constitucional de Portugal (Acórdão n. 509/02 — processo n. 768/02) que avaliou a constitucionalidade do art. 4º, n. 1[328], do Decreto da Assembleia da República n. 18/IX, recebido na Presidência da República em 22 de novembro de 2002 para ser promulgado como lei. Esta norma revoga a parcela chamada de *rendimento mínimo garantido*[329], previsto na Lei n. 19-A/96, de 29 de junho, e cria o *rendimento social de inserção*. Os direitos e prestações previstos na legislação que instituía e regulamentava o rendimento mínimo garantido são substituídos, com as devidas adaptações, pelos direitos e prestações previstos na legislação que cria (e posteriormente virá a regulamentar) o rendimento social de inserção.

A dúvida de constitucionalidade refere-se ao art. 4º, n. 1, desse diploma, que regula a titularidade do direito ao rendimento social de inserção, na medida em que, enquanto o art. 4º, n. 1, da Lei n. 19-A/96, de 29 de junho, que criou o rendimento mínimo garantido, reconhecia a titularidade do direito à prestação de rendimento mínimo aos indivíduos com idade igual ou superior a 18 anos, o diploma que agora se pretende seja promulgado como

---

(328) Art. 4º Titularidade 1 — São titulares do direito ao rendimento social de inserção as pessoas com idade igual ou superior a 25 anos e em relação às quais se verifiquem os requisitos e as condições estabelecidos na presente lei.
(329) A legislação que visa assegurar um *rendimento mínimo garantido* ou um *rendimento social de inserção* constitui uma concretização do direito de todos à segurança social (art. 63, n. 1, da CRP), correspondendo, mais especificamente, à obrigação derivada de o Estado organizar um sistema de segurança social em ordem a proteger os cidadãos na doença, velhice, invalidez, viuvez e orfandade, bem como no desemprego e em todas as outras situações de falta ou diminuição de meios de subsistência ou de capacidade para o trabalho (art. 63, n. 3, da CRP). Cf. Acórdão 509/02 do Tribunal Constitucional de Portugal (PORTUGAL, 2002).

lei, com ressalva das exceções também já previstas na lei anterior e dos direitos adquiridos dos atuais beneficiários, garante a titularidade do direito ao rendimento social de inserção apenas às pessoas com idade igual ou superior a 25 anos. Questiona-se se uma restrição objetiva da titularidade do direito em causa é constitucionalmente fundada e se é feita com observância das normas e princípios constitucionais. Isto também porque a Lei n. 50/88, de 19 de abril, e a legislação complementar, que regulava o *subsídio de inserção de jovens na vida ativa*, foi revogada pela legislação instituidora do rendimento mínimo garantido, não sendo repristinada pelo atual Decreto n. 18/IX da Assembleia da República, nem substituída por qualquer compensação afim, argumentando-se que, se este diploma entrasse em vigor nos presentes termos, acarretaria uma desproteção objetiva da generalidade das pessoas de idade inferior a 25 anos, constituindo, para essa faixa etária, uma regressão na proteção social correspondente aos tempos anteriores a 1988.[330]

A matéria passou a ser analisada pelo Tribunal Constitucional português, o qual veio a se pronunciar de forma sábia, conforme trechos da respectiva decisão ora transcritos:

> Logo não é possível eliminar, pura e simplesmente, as normas legais e concretizadoras, suprimindo os direitos derivados a prestações porque eliminá-las significaria retirar eficácia jurídica às correspondentes normas constitucionais.
>
> [...]
>
> A ideia aqui expressa também tem sido designada como proibição de "contrarrevolução social" ou da "evolução reaccionária". Com isto quer dizer-se que os direitos sociais e económicos (ex.: direito dos trabalhadores, direito à assistência, direito à educação), uma vez obtido um determinado grau de realização, passam a constituir, simultaneamente, uma garantia institucional e um direito subjectivo. A "proibição de retrocesso social" nada pode fazer contra as recessões e crises económicas (reversibilidade fáctica), mas o princípio em análise limita a reversibilidade dos direitos adquiridos (ex.: segurança social, subsídio de desemprego, prestações de saúde), em clara violação do princípio da protecção da confiança e da segurança dos cidadãos no âmbito económico, social e cultural, e do núcleo essencial da existência mínima inerente ao respeito pela dignidade da pessoa humana.
>
> [...]
>
> Significa isto que a distinção etária efectuada na norma questionada só será admissível se não for arbitrária, ou seja, se tiver uma justificação razoável.
>
> Assim, o legislador não estará impedido de proceder a essa distinção, se a idade puder ser tida como factor relevante para a adopção de instrumentos jurídicos alternativos ao rendimento social de inserção, sublinhando-se aí certos e determinados objectivos específicos que se visa atingir relativamente ao grupo social dos jovens entre os 18 e os 25 anos — isto é, uma particular preocupação com a sua integração no mercado de trabalho.
>
> Ora, parece razoável admitir que, relativamente aos jovens, se procure conceder inteira prioridade à sua preparação para uma plena integração na vida social, dando particular ênfase à formação profissional, à aprendizagem e ao estabelecimento de condições que favoreçam a colocação num primeiro emprego. E isto, tanto mais quanto "os jovens gozam de protecção especial para efectivação dos seus direitos económicos, sociais e culturais", nomeadamente

---

(330) Cf. Acórdão 509/02 do Tribunal Constitucional de Portugal (PORTUGAL. 2002).

"no acesso ao primeiro emprego, no trabalho e na segurança social", nos termos do preceituado no art. 70, n. 1, alínea *b*), da CRP, o que constitui credencial constitucional bastante para que lhes seja aplicável um regime que traduza, nesse domínio, uma discriminação positiva.

[...]

Pode, assim, afirmar-se com segurança que não existem hoje — contrariamente ao que se poderia entender suceder durante a vigência da Lei n. 50/88 — instrumentos alternativos ao rendimento social de inserção que possam garantir, em todos os casos, para os jovens entre os 18 e os 25 anos por ele não abrangidos, o direito a um mínimo de existência condigna, sendo certo que se tem vindo a assistir, nos últimos anos, a uma diminuição do emprego de jovens e a um aumento da sua taxa de desemprego relativamente aos adultos (cf. Instituto do Emprego e Formação Profissional, *Relatório de Actividades*, 2001. p. A-5 e A-8). E o problema coloca-se relativamente aos jovens desta faixa etária, já que no que concerne aos menores existem outros instrumentos, nomeadamente o acolhimento familiar, o internamento e a garantia da prestação de alimentos.

Consequentemente, importa concluir que a norma em apreciação vem atingir o conteúdo mínimo do direito a um mínimo de existência condigna, postulado, em primeira linha, pelo princípio do respeito pela dignidade humana (sobre o valor jurídico deste princípio, cf. COSTA, José Manuel Cardoso da. Le Principe de la dignité de la personne humaine dans les jurisprudences européennes. *Science et technique de la démocratie*, n. 26, Commission européenne pour la démocratie par le droit, p. 53), princípio esse consagrado pelo art. 1º da Constituição e decorrente, igualmente, da ideia de Estado de direito democrático, consignado no seu art. 2º, e ainda aflorado no art. 63, ns. 1 e 3, da mesma CRP.

III — Decisão

Nestes termos, o Tribunal Constitucional pronuncia-se pela inconstitucionalidade da norma constante do art. 4º, n. 1, do Decreto da Assembleia da República n. 18/IX, por violação do direito a um mínimo de existência condigna inerente ao princípio do respeito da dignidade humana, decorrente das disposições conjugadas dos arts. 1º, 2º e 63, ns. 1 e 3, da Constituição da República Portuguesa.[331]

A situação ora analisada é similar àquela, na medida em que um direito de natureza prestacional foi retirado de uma enorme gama de trabalhadores sem que houvesse a contrapartida de qualquer outra parcela correspondente nem mesmo com a satisfação, pelo Estado, do respectivo direito aos trabalhadores de baixa renda, conforme manda o art. 6º da Constituição Federal.

Voltando-se para o exame da parcela de natureza previdenciária conferida, verificamos que a regressão na proteção social pelo salário-família é patente, na medida em que reduz a gama de trabalhadores originalmente protegidos, sem qualquer retribuição ou contrapartida da mesma natureza. No plano formal, a alteração operada mostra-se inconstitucional, face ao que dispõe o art. 60, § 4º, inciso IV, da Constituição, pois foi abolido o direito fundamental dos dependentes daqueles segurados do INSS de perceberem salário-família, sendo assegurado este direito apenas para aqueles que, à época da edição da Emenda, percebiam renda bruta inferior a R$ 360,00, considerados pelo legislador como sendo trabalhadores de baixa renda.

---

(331) Cf. Acórdão 509/02 do Tribunal Constitucional de Portugal (PORTUGAL. 2002).

No plano material, a alteração também se mostra flagrantemente inconstitucional face à vedação de retrocesso, notadamente em se tratando de direitos sociais de natureza prestacional, como vem a ser o salário-família. As normas constitucionais que dispõem acerca de direitos sociais transformam-se em direito negativo ou ainda em direito de defesa do cidadão, impedindo que o Estado afronte o direito alcançado, no sentido de restringi-lo ou aboli-lo.

A premissa de que a proibição de retrocesso não assume caráter absoluto não altera em nada o estudo proposto, especialmente em países como o Brasil, em que o índice de justiça social ainda é extremamente baixo, não se podendo aceitar que apenas os trabalhadores com renda inferior a R$ 360,00 sejam considerados trabalhadores de baixa renda.

Poderíamos admitir, em tese, a redução tendencial desse direito para aqueles trabalhadores que vivem de forma digna, o que não é possível de se aceitar para aqueles que precisavam sobreviver com um salário de R$ 360,00 mensais à época. Não queremos aqui sustentar que sempre, de maneira absoluta, todos os dependentes dos segurados da Previdência Social tenham direito ao salário-família, mas, no mínimo, aqueles trabalhadores que ainda não conseguem ter uma vida digna com a renda que possuem, necessitando, assim, do auxílio e da complementação do Estado, na busca da dignidade da pessoa humana. É oportuna a lição da doutrina argentina, trazida por *Luis Ernesto Campos* e *Gabriela Kletzel*:

> Esto implica que el Estado solo estará en condiciones de justificar la regresividad de una medida comprobando que la legislación que propone, pese a determinar retrocesos en los alcances de algún derecho, implica un avance, de tenerse en cuenta la totalidad de los derechos previstos en el PIDESC. Esta restricción invalida la posibilidad de que el Estado haga uso de argumentos genéricos de política pública, disciplina fiscal o se refiera a otros logros financieros o económicos, obligándolo a señalar en concreto qué otros derechos económicos, sociales y culturales, y no cualquier otro derecho, se vieron favorecidos por la medida adoptada.[332]

Destarte, no que se refere à restrição do salário-família, caso não se considere a Emenda Constitucional n. 20/98 inconstitucional pelos inúmeros fundamentos já trazidos, no mínimo pelo valor da renda taxado aos trabalhadores de baixa renda há espaço para a construção da tese da inconstitucionalidade material, pela vedação de retrocesso na busca da justiça social, notadamente em virtude do valor estabelecido como teto para a concessão deste benefício.

O direito fundamental à seguridade social, trazido também de forma expressa no art. 6º da Constituição, deve ser concretizado, somente sendo admitida a redução de uma determinada parcela desta natureza na hipótese de concessão de outra, de forma compensatória, até que haja a plena concretização deste direito. Enquanto o Estado não oferecer, de forma plena como determina a Constituição Federal, a seguridade social, não se admite

---

(332) CAMPOS; KLETZEL. 2006. p. 177.

a redução de uma ou de outra parcela desta natureza, como fez no que tange ao salário-família, que nem de longe alcança, sozinho, dignidade ao dependente detentor desse direito em virtude do ínfimo valor atribuído a cada quota do salário-família.[333]

Portanto, somente poderemos começar a pensar na redução tendencial do salário-família quando o Estado passar a assumir de fato o seu papel, cumprindo com o seu dever, que é o de assegurar vida digna a todos os cidadãos, assegurar justiça social e, precisamente no que tange ao foco deste estudo, alcançar seguridade social, nos termos dispostos especialmente pelos arts. 6º e 201 da Constituição Federal.

---

[333] Tratando do mesmo tema — seguridade social — no direito argentino, Horacio González informa que a Constituição daquele país estabelece um regime público cuja preservação é indispensável para assegurar os princípios e direitos constitucionais, conformando um núcleo irredutível para o legislador, não sendo possível a transformação do sistema, que tem como finalidade a preservação da dignidade das pessoas. Por tal razão, este sistema deve contar com uma forte proteção com vistas a evitar alterações que possam diminuir a sua essência (GONZÁLEZ. 2006. p. 208-209).

4. Estudo de Casos: a Eficácia e Efetividade dos Direitos dos Trabalhadores e o Problema da Omissão do Legislador

De acordo com as conclusões extraídas dos primeiros capítulos deste estudo, a respeito da teoria dos direitos fundamentais, em especial dos direitos fundamentais dos trabalhadores, bem como com o exame proposto a respeito da eficácia das normas constitucionais, passaremos a analisar os institutos do aviso-prévio proporcional ao tempo de serviço e do direito de greve do servidor público.

4.1. Aviso-prévio proporcional ao tempo de serviço

O art. 7º, inciso XXI, da Constituição Federal dispõe: São direitos dos trabalhadores urbanos e rurais, além de outros que visem à melhoria de sua condição social: XXI — aviso prévio proporcional ao tempo de serviço, sendo no mínimo de trinta dias, nos termos da lei. Portanto, a referida norma constitucional que assegura o direito ao aviso prévio proporcional está disposta no Título II da Constituição, que regula os direitos e garantias fundamentais, especificamente em seu Capítulo II, que trata dos direitos sociais.[334] Logo, trata-se de um direito fundamental, tanto sob o aspecto material como também sob o aspecto formal.[335] Sendo um direito fundamental, classificado pela doutrina como de natureza prestacional, vale-se da incidência da norma disposta no § 1º do art. 5º da Constituição Federal ora transcrito: "As normas definidoras dos direitos e garantias fundamentais têm aplicação imediata".

Apesar de o aviso-prévio proporcional ao tempo de serviço ser um direito fundamental dos trabalhadores, e em razão de essa distinção ter a presunção de aplicação imediata, a juris-prudência majoritária não reconhece esse direito ao trabalhador, entendendo que a norma constitucional não é autoaplicável.[336] É interessante registrar que a jurisprudência

---

(334) Questionam Andreas Krell e Norberto Bobbio se um direito ainda pode ser chamado de "direito" quando o seu reconhecimento e sua efetiva proteção são adiados *sine die* (BOBBIO, Norberto. *A era dos direitos*. Rio de Janeiro: Campus, 1992. p. 78; KRELL. 2002. p. 25). John Rawls frisa que uma teoria deve ser rejeitada ou revisada se não é verdadeira; da mesma forma, leis e instituições devem ser reformadas ou abolidas se são injustas. Ao arrazoar a respeito da justiça social, acrescenta que o objeto primário da justiça é a maneira pela qual as instituições sociais mais importantes distribuem direitos e deveres fundamentais e determinam a divisão de vantagens provenientes da cooperação social. O sentido mais específico que Aristóteles atribui à justiça é o de evitar que se tire alguma vantagem em benefício próprio tomando o que pertence a outro, ou recusando a alguém o que lhe é devido, como, por exemplo, o pagamento de uma dívida (RAWLS, John. *Uma teoria da justiça*. Tradução Almiro Pisetta e Lenita M. R. Esteves. São Paulo: Martins Fontes, 1997. p. 4-12).
(335) Conforme exposição já feita nos capítulos anteriores.
(336) Cf. Orientação Jurisprudencial n. 84 da Seção de Dissídios Individuais I do Tribunal Superior do Trabalho e Súmula n. 6 do Tribunal Regional do Trabalho da 4ª Região.

se limita a sustentar que se trata de norma não autoaplicável, como se pode notar pela leitura da Súmula n. 6 do Tribunal Regional do Trabalho da Quarta Região e da Orientação Jurispru-dencial n. 84 da Primeira Seção de Dissídios Individuais do Tribunal do Superior do Trabalho, sem rebater o mandamento constante no § 1º do art. 5º da Constituição Federal.[337] A jurisprudência que traz este fundamento para indeferir a efetividade do referido direito não faz qualquer menção ao § 1º do art. 5º da Constituição Federal, a fim de afastar a aplicabilidade direta lá disposta. A respeito, ressalta *José Felipe Ledur*:

> Um rastreamento das decisões da Justiça do Trabalho contrárias à aplicação imediata dos direitos do art. 7º da Constituição, que remetem para a legislação ordinária ou complementar, revelará o dogmatismo com que em geral se alude à não autoaplicabilidade desses direitos ou ao seu caráter programático. O pretexto sempre é o mesmo: enquanto o legislador não produzir a legislação, os direitos em apreço não são exigíveis. Nem mesmo se oferece um argumento contrário à letra do art. 5º, § 1º, da Constituição.[338]

Como bem refere este autor, a jurisprudência trabalhista não enfrenta adequadamente o comando contrário, de aplicação imediata, contido na norma acima citada. Grande parte dessas decisões sequer faz referência ao citado § 1º, sepultando definitivamente norma de tamanha importância, que visa diferenciar os direitos fundamentais das demais normas constitucionais, bem como operacionalizar a sua efetivação.[339] A jurisprudência trabalhista se mostra contraditória ao texto constitucional, pois, ao mesmo tempo em que sustenta não ser autoaplicável esse direito, não nega a condição de direito fundamental ao aviso prévio proporcional ao tempo de serviço. Isto é, não nega esse *status* de direito fundamental e, ao mesmo tempo, omite-se em enfrentar o § 1º do art. 5º da Lei Fundamental.[340]

A sustentação da não autoaplicabilidade do art. 7º, XXI, da Carta Magna, se mostraria mais coerente com o afastamento da norma constante no § 1º do art. 5º dessa mesma Carta e da premissa de não se tratar de um direito fundamental — muito embora também não concordemos com essa linha de argumentação. Respeitadas as posições contrárias, mostra-se difícil uma construção nesses moldes, sendo bem mais razoável a interpretação de estarmos diante de um direito fundamental, protegido pelo art. 60, § 4º, inciso IV, da Constituição Federal, constituindo-se como cláusula pétrea no ordenamento constitucional, de aplicação imediata, conforme dispõe o § 1º do art. 5º da Constituição.[341]

---

(337) Dispõe a Orientação Jurisprudencial n. 84 da SDI-I do TST: "Aviso prévio proporcional. A proporcionalidade do aviso prévio, com base no tempo de serviço, depende da legislação regulamentadora, posto que o art. 7º, inc. XXI, da CF/88 não é autoaplicável". A Súmula n. 6 do TRT da 4ª Região diz que: "A norma do art. 7º, inciso XXI, da Constituição Federal não é autoaplicável, no que concerne ao aviso prévio proporcional ao tempo de serviço".
(338) LEDUR. 1998. p. 120.
(339) Segundo Andreas Krell, talvez o maior impedimento para uma proteção mais efetiva dos direitos fundamentais no Brasil seja a atitude ultrapassada de grande parte dos juristas em relação à interpretação constitucional, cuja base até hoje consiste no formalismo jurídico que tem dominado gerações de operadores de Direito, especialmente durante o regime autoritário (KRELL. 2002. p. 71).
(340) A propósito, salienta Flávia Piovesan que os direitos e garantias fundamentais são dotados de especial força expansiva, projetando-se por todo o universo constitucional e servindo como critério interpretativo de todas as normas do ordenamento jurídico. Ressalta que o princípio da aplicabilidade imediata destas normas, previsto no art. 5º, § 1º, da CF realça a força normativa de todos os preceitos constitucionais referentes a direitos, liberdades e garantias fundamentais, cabendo aos Poderes Públicos conferir eficácia máxima e imediata a todo e qualquer preceito definidor de direito e garantia fundamental (PIOVESAN. 2007a. p. 35-36).
(341) Nesse sentido é o posicionamento de Rossal de Araújo, Vargas, Mallmann e Fraga, ao sustentarem a aplicabilidade imediata dos direitos sociais, face ao que dispõe o art. 5º, § 1º, da CF (ARAÚJO, Francisco Rossal de *et al*. Direito

Merece também crítica a jurisprudência ao utilizar esta já ultrapassada taxonomia clássica de *Ruy Barbosa* para as normas constitucionais, referindo que o direito ao aviso--prévio proporcional não é autoaplicável e caracterizando-se como norma de eficácia limitada. Entendemos, ao contrário da jurisprudência majoritária, ser de eficácia contida e não de eficácia limitada a norma que assegura o direito ao aviso-prévio proporcional. Normas de eficácia limitada são aquelas que carecem de uma ação do legislador, para gerarem efeitos; são normas declaratórias de princípios institutivos ou organizativos e declaratórias de princípio programático.

O inciso XXI do art. 7º da Constituição Federal não está declarando princípios a serem observados na criação de uma norma futura, nem mesmo possui cunho programático. Na verdade apenas aumenta um direito já previsto em lei (no Capítulo VI da Consolidação das Leis do Trabalho), assegurando uma proporcionalidade de no mínimo trinta dias. Trata-se de uma norma dotada de suficiente normatividade, que possui eficácia plena enquanto não tiver seus efeitos restringidos por lei a respeito da proporcionalidade a ser observada, sendo, portanto, de eficácia contida. Enquanto não surge a lei para restringir seus efeitos, a norma poderá atingir todos os seus efeitos, dentro dos parâmetros já estabelecidos em outras normas. Nesse sentido, é importante trazer a lição de *Carmen Camino* a respeito da matéria: "À luz dessa nova concepção de eficácia das normas constitucionais, o preceito insculpido no inciso XXI do art. 7º da CF/88 enquadra-se entre as normas de eficácia contida [...]".[342]

O direito ao aviso-prévio proporcional é concreto, pois já está regulado na lei infraconstitucional quando é devido este direito ao trabalhador, cabendo apenas o preenchimento da lacuna acerca da proporcionalidade a ser observada.[343] Na lição de *José Felipe Ledur*:

> Uma coisa é certa: o legislador infraconstitucional não poderá editar legislação que disponha ser a proporcionalidade do aviso-prévio indevida. Diante disso, resulta fácil compreender que a proporcionalidade vige e que, ao juiz, cabe torná-la efetiva.[344]

É claro que nem todas as normas que regulam os direitos fundamentais são capazes de gerar a plenitude de seus efeitos. Esta circunstância ocorrerá somente com aquelas normas que, por serem dotadas de suficiente normatividade, não necessitam da ação concretizadora do legislador para serem imediatamente aplicáveis aos casos concretos, e alcançarem, desde logo, sua plena eficácia. Ao contrário da norma que prevê o aviso-prévio proporcional ao tempo de serviço, há, de fato, normas (que asseguram direitos sociais fundamentais) desprovidas de normatividade suficiente para serem autoexecutáveis, necessitando da ação concretizadora do legislador, sendo, portanto, normas de eficácia limitada. Exemplo de norma de eficácia limitada é o adicional de remuneração para atividades penosas, previsto no art. 7º, inciso XXIII, da Constituição, já que não há carga normativa suficiente neste preceito para lhe dar aplicação imediata, necessitando da regulamentação do legislador para estabelecer

---

como signo: vinte anos. In: MONTESSO, Cláudio José; FREITAS, Marco Antônio de; STERN, Maria de Fátima Coelho Borges (orgs.). *Direitos sociais na Constituição de 1988:* uma análise crítica vinte anos depois. São Paulo: LTr, 2008. p. 308-309).
(342) CAMINO, Carmen. *Direito individual do trabalho.* Porto Alegre: Síntese, 1999. p. 262.
(343) Tópico será analisado posteriormente.
(344) LEDUR. 1998. p. 131.

o que vem a ser atividade penosa, em que circunstâncias é devido o respectivo adicional e em que valor. Também nesse caso a norma que assegura o direito à participação nos lucros ou resultados, prevista no inciso XI, do art. 7º[345], ou a norma prevista no inciso IV do art. 7º da Constituição, que fixa diretrizes ao legislador infraconstitucional para estabelecimento do valor do salário mínimo.

A legislação infraconstitucional trabalhista já restringe o direito ao aviso-prévio proporcional, que não é sempre devido a todos os trabalhadores urbanos e rurais, conforme sugere o *caput* do art. 7º da Constituição, evidenciando a sua natureza de norma de eficácia contida. Como se sabe, não é devido aviso-prévio proporcional, como regra, nos contratos a prazo determinado, bem como nas despedidas por justa causa pelo cometimento de alguma falta grave pelo trabalhador. Trata-se de típica norma de eficácia contida, que aguarda restrição, pelo legislador, da proporcionalidade a ser observada, mas gera a plenitude de seus efeitos enquanto essa restrição não vier, dentro dos parâmetros já estabelecidos em outras normas.

Quanto à proporcionalidade, não há qualquer problema a obstaculizar a realização do direito, mas sim dever do Poder Judiciário em estabelecer a proporcionalidade dentro dos parâmetros já existentes em outras normas.[346] Não se trata de invadir a esfera legislativa, mas apenas estabelecer o direito fundamental assegurado pela norma constitucional, dentro dos limites já estabelecidos em outras normas.[347] Estaria o juiz legislando caso fixasse uma proporcionalidade não assegurada em lei, que não é o caso, pois a própria lei assegura essa proporcionalidade. Tal hipótese poderia ser aventada antes do advento da Constituição de 1988, mas jamais após a criação desse direito à proporcionalidade, pelo legislador constituinte. Poderíamos também pensar em invasão à esfera legislativa na hipótese de as normas fixarem um limite de proporcionalidade para o aviso-prévio e o juiz estabelecesse proporção superior à fixada nessas normas. Em síntese, não caberia ao juiz regrar diferentemente a matéria na hipótese de existência de normas dispondo em contrário sobre a proporcionalidade a ser observada, ou estabelecendo uma proporcionalidade que não estivesse assegurada em lei.

Nas normas de eficácia contida, como é o caso em tela, cabe ao legislador fixar os limites da norma, restringindo seus efeitos. Há uma espécie de reserva legal em matéria de restrição dos efeitos.[348] Enquanto a lei não vier para restringir esses efeitos, são estes plenos, de aplicação imediata, observando os parâmetros estabelecidos em outras normas. Caso não houvesse parâmetros já estabelecidos, poderíamos discutir a invasão pelo juiz no terreno legislativo, mas isso, efetivamente, não ocorre, pois um dos principais valores estabelecidos no Direito do Trabalho é o tempo de serviço do trabalhador.

O tempo de serviço sempre foi o maior paradigma para estabelecimento dos principais direitos outorgados aos trabalhadores. Da observância desse valor (e também desse

---

(345) Esta norma foi regulamentada pela Lei n. 10.101/00.
(346) Ressaltam Rossal de Araújo, Vargas, Mallmann e Fraga que o custo da despedida no Brasil está abaixo da média dos países da América Latina e, também, da maioria dos países europeus. Conforme dados do Banco Mundial, o custo no Brasil corresponde a 37 semanas de salário; na Argentina, a 139 semanas de salário; na Alemanha, a 69 semanas de salário; no Chile, a 52 semanas de salário; na Espanha, a 56 semanas de salário e em Portugal, a 95 semanas (ARAÚJO *et al*. 2008. p. 310).
(347) LEDUR. 1998. p. 130.
(348) SARLET. 2005a. p. 249.

princípio), surgem inúmeros direitos aos trabalhadores, com regras já estabelecidas em lei, como o direito às férias, ao 13º salário, ao FGTS, à indenização compensatória pela despedida imotivada, à indenização por tempo de serviço prevista no art. 478 da CLT. O adicional por tempo de serviço, direito já consagrado pelas normas coletivas em geral, também possui um critério de proporcionalidade a ser observado com base no próprio tempo de serviço, por óbvio.

Todos esses direitos valorizam o tempo de serviço prestado pelo trabalhador, que é justamente o espírito da norma que assegura o aviso-prévio proporcional. Nesse mesmo sentido é o basilar princípio da mais valia já consagrado na doutrina trabalhista, que deve ser efetivado. Esse princípio tem como ideia prestigiar o tempo de serviço do trabalhador, pois a força de trabalho do ser humano é o único insumo que agrega valor com o uso. Quanto mais esse trabalhador trabalha, quanto mais experiência vai acumulando, mais sua atuação é aperfeiçoada e seu desempenho é melhor e mais rápido. O aperfeiçoamento no desempenho da função e a produtividade melhoram à proporção que soma tempo de serviço, agregando valor ao trabalho prestado e, por consequência, à pessoa do trabalhador. Desse modo, o trabalho vai valendo mais com o tempo, devendo, por consequência, ser mais bem remunerado, sendo justo que o direito devido, no caso em exame o aviso-prévio proporcional, seja majorado em função do próprio tempo de serviço.

O Tribunal Regional do Trabalho da Quarta Região, no exercício do poder normativo, editou a respeito da matéria o Precedente Normativo n. 13:

> AVISO PRÉVIO PROPORCIONAL ADAPTADO PARA LIMITAR A 60 (SESSENTA) DIAS O PRAZO MÁXIMO DO AVISO — DJ 14.8.95. CANCELADO DJ DE 21.11.2002. Fica assegurado aos integrantes da categoria profissional um aviso prévio de 30 (trinta) dias acrescido de mais 5 (cinco) dias por ano ou fração igual ou superior a seis meses de serviço na mesma empresa.

Apesar de cancelado em 2002, trata-se de uma fonte formal heterônoma do Direito do Trabalho, constituindo importante paradigma para efetivação do direito fundamental em análise. Portanto, já existem inúmeras regras que fixam a proporcionalidade de diversos direitos utilizando como parâmetro o tempo de serviço do trabalhador, não havendo nenhuma inovação na manutenção desses critérios já estabelecidos para concretizar um direito fundamental igualmente previsto em lei, que é o aviso-prévio proporcional ao tempo de serviço. Ao estabelecermos a proporcionalidade, não estaremos criando regras novas ou legislando, mas apenas obedecendo ao mandamento constitucional, dando aplicação imediata a um direito fundamental, com o preenchimento de uma lacuna existente em lei, seguindo as orientações clássicas trazidas nos basilares arts. 4º da LICC, 126 do CPC e 8º da CLT.

A propósito, é interessante lembrarmos alguns votos já proferidos nos Mandados de Injunção interpostos acerca dessa matéria perante o STF, nos quais se verifica claramente uma excelente perspectiva de alteração da jurisprudência, com a possibilidade concreta de ser efetivado esse direito social.

Já no longínquo ano de 1992, o Ministro José Nery da Silveira, acompanhado pelos Ministros Marco Aurélio e Carlos Velloso, em seu voto no MI n. 369-6, sustentava:

> Julgo, assim, procedente, em parte, o mandado de injunção, para reconhecer existente a omissão do Congresso Nacional na elaboração da norma regulamentadora do art. 7º, XXI, da

Constituição, dando-se-lhe ciência dessa situação e assinando-lhe o prazo de seis meses para elaboração da lei prevista na Constituição. Se, vencido o prazo estabelecido, sem que a lei de regulamentação se edite, asseguro ao requerente o direito de pedir, no Juízo trabalhista, integrada a relação processual pela ex-empregadora, a fixação do *quantum* devido, a título de aviso prévio proporcional ao tempo de serviço, com base no art. 7º, XXI, da Constituição, cabendo, então, à Justiça do Trabalho, diante das circunstâncias do caso concreto, estipular como entender de direito.[349]

O Ministro Carlos Velloso, em seu voto no Mandado de Injunção n. 95-6, assim decidiu:

Prosseguindo no julgamento, faço o que, segundo penso, a Constituição quer que eu faça: para o caso concreto elabora a norma a ser observada, nos seguintes termos: o aviso prévio será de dez dias por ano de serviço ou fração superior a seis meses, observado o mínimo de trinta dias (CF, art. 7º, XXI).[350]

Na mesma ação, acompanhando o Ministro Relator Carlos Velloso, sustentou o Ministro Marco Aurélio:

Quanto ao mérito, propriamente dito, acompanho o nobre Relator. Não posso, de forma alguma, entender que se inseriu no inciso LXXI do art. 5º um preceito inútil, porque estaria a viabilizar, apenas, a constatação de que o Legislativo está omisso.[351]

O judiciário trabalhista nunca se mostrou inerte às pressões da sociedade na busca da concretização de direitos sociais, causando, por isso, estranheza a tímida posição assumida a respeito da efetivação do direito ao aviso-prévio proporcional.[352] Existem inúmeros exemplos, antigos inclusive, que mostram a vontade do Judiciário em, preenchendo lacunas, efetivar direitos à classe trabalhadora. É emblemático o exemplo do regime de sobreaviso — cujo direito é assegurado no § 2º do art. 244 do texto consolidado — apenas aos trabalhadores ferroviários. Com o uso da analogia, a jurisprudência estendeu esse direito aos eletricitários, por meio da Súmula n. 229 do Tribunal Superior do Trabalho, e vem estendendo esse direito aos demais trabalhadores na hipótese de preenchimento dos requisitos legais dispostos na regra referida.[353] Note-se que não há qualquer regra que disponha esse direito aos demais trabalhadores, à exceção dos ferroviários, o que é feito através de uma argumentação jurídica relativamente simples, utilizando-se a analogia.

O direito ao recebimento das chamadas horas *in itinere* também passou a ser consagrado aos trabalhadores a partir de uma argumentação jurídica feita sem a existência de qualquer regra específica a respeito. Essa argumentação gerou a edição de diversas súmulas

---

[349] BRASIL. Supremo Tribunal Federal. *MI n. 369-6*. Brasília, 19 ago. 1992. Disponível em: <http://www.stf.jus.br/> Acesso em: 30 jul. 2009.

[350] BRASIL. Supremo Tribunal Federal. *MI n. 95-6*. Brasília, 7 out. 1992. Disponível em: <http://www.stf.jus.br/> Acesso em: 30 jul. 2009.

[351] BRASIL. Supremo Tribunal Federal. *MI n. 95-6*. Brasília, 7 out. 1992. Disponível em: <http://www.stf.jus.br/> Acesso em: 30 jul. 2009.

[352] Segundo Andreas Krell, está crescendo o grupo daqueles que consideram os princípios constitucionais e as normas sobre direitos sociais como fonte de direitos e obrigações, e que admitem a intervenção do Judiciário em caso de omissões inconstitucionais (KRELL. 2002. p. 23).

[353] Súmula n. 229 do TST: SOBREAVISO. ELETRICITÁRIOS — Nova redação — Res. n. 121/03, DJ 21.11.2003. Por aplicação analógica do art. 244, § 2º, da CLT, as horas de sobreaviso dos eletricitários são remuneradas à base de 1/3 sobre a totalidade das parcelas de natureza salarial.

pelo Tribunal Superior do Trabalho, que acabaram acarretando a edição da Lei n. 10.243/01, que acrescentou o § 2º ao art. 58 da Consolidação das Leis do Trabalho, enfim regrando esse direito. De aplicação direta no campo processual, vale o exemplo a respeito da teoria da desconsideração da pessoa jurídica, inicialmente desamparada de regramento específico, valendo-se de um conjunto de regras utilizadas analogicamente, cujo entendimento foi consagrado e atualmente está especificamente regrado no art. 50 do Código Civil.[354]

A jurisprudência é farta em efetivar direitos prestacionais a determinados trabalhadores pelo uso dos princípios, da própria jurisprudência e da analogia, principalmente. Sempre tivemos inúmeros direitos estendidos aos empregados que trouxeram como embasamento, para a sua concessão, diversas linhas de argumentação jurídica sem que houvesse qualquer regramento sobre tais institutos. A partir da criação doutrinária e jurisprudencial, como demonstrado, diversos desses posicionamentos transformaram-se em regras, com a edição de leis específicas a respeito.

Em sentido contrário, a partir da argumentação jurídica, também temos entendimentos consagrados que restringem determinados direitos, ou que, em algumas situações, modificam o resultado extraído do texto de lei. O maior exemplo desta segunda situação refere-se à tolerância dos minutos no cômputo da jornada de trabalho, inicialmente muito discutida e depois consagrada na jurisprudência, acarretando inclusive regra específica, com o acréscimo do § 1º ao art. 58 da Consolidação das Leis do Trabalho, pela Lei n. 10.243/01. Com uma breve pesquisa na jurisprudência, sobretudo mediante retrospectiva histórica dessa jurisprudência, constata-se que a técnica da argumentação jurídica baseada em outras fontes do Direito e não apenas na lei está sendo utilizada preponderantemente para restringir direitos dos trabalhadores. Os exemplos evidenciam este fenômeno, mas é emblemático citar o instituto da terceirização, que a partir da Lei n. 6.019, de 3.1.1974 e da Lei n. 7.102, de 20.6.1983, surge a Súmula n. 256 e após a Súmula n. 331, ambas do Tribunal Superior do Trabalho, ampliando as possibilidades para o uso dessa sistemática sem que haja regramento específico e exaustivo a respeito da matéria nos moldes estendidos pela jurisprudência trabalhista.

Não há dúvidas de que o direito à proporcionalidade do aviso-prévio existe, sendo concreto, não havendo falar, portanto, em legislar sobre o assunto, mas apenas em preencher um espaço deixado na norma, com o uso do art. 4º da LICC, do art. 126 do CPC e do art. 8º da CLT. Por serem os magistrados juízes constitucionais, também têm o poder-dever de fazer a interpretação das normas de acordo com os preceitos contidos na Constituição Federal, devendo-se buscar a máxima eficácia e aplicabilidade das normas constitucionais. Os inúmeros exemplos trazidos, de direitos que foram efetivados pela jurisprudência trabalhista e também que foram restringidos, pela utilização de uma eficaz e contundente argumentação jurídica, demonstram a força da jurisprudência, que, muitas vezes, serviu de impulso para a criação da norma.[355]

Esta nova era de interpretação jurídica, pós-positivismo, exige a superação da discussão puramente filosófica e teórica, para que se ingresse na prática jurisprudencial, e se produzam

---

(354) A respeito, também arts. 592, II e 596 do Código de Processo Civil e art. 28 da Lei n. 8.078/90 (Código de Defesa do Consumidor), dentre outras regras.

(355) LEDUR. 1998. p. 132.

efeitos positivos e concretos sobre a realidade fática. Novos objetivos são traçados ao Direito, em sua interpretação, por ser hoje mais um importante mecanismo de realização da justiça social.[356] A jurisprudência sobre o aviso-prévio proporcional reflete exatamente um sistema positivista, já ultrapassado.[357] Aguarda-se a lei infraconstitucional para aplicá-la, seguindo-se exatamente o sistema positivista, mecânico, de incidência de uma regra sobre tal fato, inexistindo qualquer processo argumentativo sobre outras fontes do Direito.[358]

É importante sempre frisar que não estamos pregando a construção do Direito em sentido contrário às leis ou à não aplicação das leis existentes, mas a construção do Direito não somente a partir da lei, com base na observância de outros valores, princípios e fontes.[359] O sistema positivista foi relevante para o processo de amadurecimento da teoria da argumentação jurídica, sendo de vital importância a lei, que, infelizmente, muitas vezes mostra-se incompleta ou omissa, e deve ser preenchida com as demais fontes do Direito. A partir do positivismo, ingressando-se na era pós-positivista, agregam-se à lei outras fontes do

---

[356] O jusnaturalismo moderno, que pregava a crença no direito natural, na existência de valores que não se originavam em normas criadas pelo Estado, teve o seu apogeu por largo período, a partir do século XVI. A partir do século XIX, com o surgimento do Estado liberal e com o crescimento do sistema de codificação, o direito natural cede espaço para o positivismo, por não ser considerado um método científico. O novo modelo de interpretação constitucional foi construído pela doutrina a partir do desenvolvimento das técnicas originárias de realização da vontade das normas constitucionais. Este modelo não rompe com as ideias clássicas de interpretação e com os métodos tradicionais de hermenêutica, mas apenas estende essas premissas básicas, por não se mostrarem mais suficientes para a busca integral dos objetivos traçados pela Constituição (BARROSO; BARCELLOS. 2003. p. 331-335).

[357] Interessante lembrarmos das lições de Kelsen. Sustentava que há várias possibilidades de aplicação do Direito, assim como uma moldura de um quadro. Sendo assim, a interpretação de uma lei não deve conduzir a uma única solução, mas possivelmente a várias soluções. A questão é saber qual é, dentre as várias possibilidades, nos quadros do Direito a aplicar, a correta, cabendo ao intérprete precisar e delimitar o conteúdo das normas (KELSEN, Hans. *Teoria pura do direito*. São Paulo: Martins Fontes, 2000. p. 247-248).

[358] O positivismo surge com a pretensão de criar uma ciência jurídica com características semelhantes às ciências exatas e naturais. Entende que a ciência do Direito, assim como as demais, deve se basear em juízos de fato, que visam ao conhecimento da realidade, e não a juízos de valor. Passa a considerar que as discussões a respeito de legitimidade e justiça não mais devem ser discutidas no âmbito do Direito. O declínio do positivismo é associado à derrota do fascismo na Itália e do nazismo na Alemanha, pois esses movimentos políticos chegaram ao poder dentro de um sistema de legalidade da época. Os principais acusados de Nuremberg, em suas defesas, alegaram o estrito cumprimento da lei e a obediência a ordens vindas da autoridade competente. Dessa forma, ao final da Segunda Guerra Mundial, o sistema era extremamente criticado, por ser alheio a valores éticos e se embasar apenas na lei, como uma estrutura meramente formal (BARROSO; BARCELLOS. 2003. p. 335-336).

[359] A chamada teoria da argumentação jurídica trabalha principalmente com um problema corriqueiro que ocorre na ciência do Direito, mas aparentemente estranho, qual seja, a possibilidade de decisões contrárias sobre a mesma matéria. Se existem diversas possibilidades interpretativas sobre a mesma questão, qual vem a ser a correta? Primeiramente, como lecionam Luis Roberto Barroso e Ana Paula de Barcellos, a argumentação jurídica deverá trazer fundamentos normativos. Não são suficientes o bom senso e o sentido de justiça pessoal, sendo mister que o intérprete traga elementos do ordenamento jurídico para embasar a decisão tomada. A argumentação jurídica é essencial, não bastando uma fundamentação exclusivamente lógica ou moral. A argumentação deverá estar claramente motivada. Sabe-se que todas as decisões judiciais devem ser motivadas, mas especialmente aquelas que utilizam a técnica da ponderação necessitam de um embasamento explícito, a fim de possibilitar o controle, pelas partes, do processo de argumentação utilizado. O último elemento para embasamento da argumentação jurídica, especialmente a constitucional, segundo Luís Roberto Barroso e Ana Paula de Barcellos, é formado por dois conjuntos de princípios: princípios instrumentais ou específicos de interpretação constitucional e princípios materiais propriamente ditos, que trazem em si as cargas ideológicas, axiológicas e finalísticas da ordem constitucional. As duas categorias de princípios orientam o intérprete, que deverá utilizar os princípios instrumentais tanto quanto possíveis para realizar os princípios materiais, quando deparado com mais de uma solução viável para o caso apresentado. Entretanto, é necessário lembrar a importância da demonstração lógica e consistente do raciocínio utilizado, para que a decisão proferida ganhe legitimidade, pois o controle da argumentação jurídica envolve temas diversos e complexos, que se agravam proporcionalmente à liberdade concedida ao intérprete (*Ibidem*, p. 352, 354-355).

Direito, que, em conjunto, devem servir de instrumento para a realização, no caso concreto, do direito fundamental ao aviso-prévio proporcional.[360]

Cabe também ao intérprete, relativamente ao aviso-prévio proporcional, fazer a escolha do método de interpretação constitucional que será utilizado: subsuntivo ou ponderativo. Pelo método clássico subsuntivo, a função do juiz consiste simplesmente em aplicar a regra jurídica ao caso concreto, desempenhando a função de mero conhecedor da norma, sem trazer nenhuma outra criação do Direito, e elaborando um juízo de fato e não de valor.[361] Inexistindo regra que fixe a proporcionalidade do aviso-prévio, entende a jurisprudência que não existe o respectivo direito. É o método que vem sendo utilizado pelos tribunais trabalhistas, especialmente pela omissão na análise do § 1º do art. 5º da CF e pela não utilização do art. 4º da LICC, do art. 126 do CPC e do art. 8º da CLT. Trata-se, como já dito, de um método importante de interpretação constitucional, mas muitas vezes insuficiente para a efetivação das normas jurídicas e constitucionais, pois depende exclusivamente da lei, tida como completa, perfeita e sem lacunas, para produzir efeitos. Nesses casos, é necessário buscar auxílio na normatividade dos princípios, na ponderação de valores e na teoria da argumentação.

A utilização da técnica da ponderação mostra-se necessária quando mais de uma norma possa incidir sobre o mesmo fato, havendo conflito de normas.[362] Entendemos não existir qualquer conflito de normas constitucionais a respeito do tema exposto, por ser de eficácia contida a regra relativa ao aviso-prévio proporcional e de aplicação imediata e por conter suficiente normatividade dentro dos parâmetros estabelecidos por outras normas, como já tentamos demonstrar. Entretanto, caso não se entenda dessa maneira, obrigatoriamente há a necessidade de reconhecer o conflito entre normas constitucionais, passando, então, a ter incidência a teoria da ponderação, face ao conflito que deve ser dirimido pelo intérprete. Enquanto o título II da Constituição Federal elenca o aviso-prévio proporcional como direito

---

(360) A partir da superação histórica do jusnaturalismo e do fracasso político do positivismo, passou a ganhar força uma construção bem mais ampla a respeito da função do Direito. A era pós-positivismo busca reaproximar o Direito da Ética, traçar novos ideais a serem alcançados pelo Direito, em sua interpretação, especialmente em virtude da sua função social, no sentido de transpor a reflexão puramente filosófica e partir para a prática jurisprudencial, gerando efeitos positivos sobre a realidade fática. Nesta nova era pós-positivista há o resgate de valores, a diferenciação entre princípios e regras, o papel central dos direitos fundamentais e a reaproximação entre Direito e Ética. Passa a ser exigida a superação da discussão puramente filosófica e teórica, para que se ingresse na prática jurisprudencial, sendo produzidos efeitos positivos e concretos sobre a realidade fática (BARROSO; BARCELLOS. 2003. p. 335-337).

(361) A interpretação jurídica operou-se, por muito tempo, exclusivamente com o uso do método clássico, chamado subsuntivo. Por esse método, há um processo silogístico de subsunção dos fatos à norma. A lei é a premissa maior, os fatos são a premissa menor e a sentença é a conclusão. O papel do juiz consistia em simplesmente aplicar a norma ao caso em concreto, desempenhando a função de mero conhecedor da norma, sem trazer nenhuma outra criação do Direito. Cabe ao intérprete revelar o sentido das normas que serão aplicadas ao caso concreto, elaborando um juízo de fato e não de valor. Por isso que, através deste método, não há função criativa do Direito, mas apenas uma atividade de conhecimento técnico-científico. O avanço dos estudos acerca de uma nova interpretação constitucional se dá com o desenvolvimento de mecanismos originários de realização da vontade do texto constitucional. O método clássico subsuntivo, que se opera na aplicação de regras jurídicas, assim como os métodos de hermenêutica tradicionais — gramatical, histórico, sistemático e teleológico — continuam sendo utilizados para a solução dos casos concretos e para a exegese das normas. Entretanto, nem sempre se mostram suficientes para a efetivação da justiça (*Ibidem*, p. 331).

(362) Quando há conflito de normas constitucionais, especialmente de princípios, deve-se utilizar a técnica da ponderação, tendo de se dar ampla efetividade a ambos os princípios. Precisam harmonizar-se, devendo haver ponderação para que se busque ampla efetividade de ambos. No conflito entre princípios e regras, deve-se sempre buscar a ideia essencial dos princípios (FREITAS. 2004).

fundamental, enquanto o § 1º do art. 5º da Constituição confere aplicação imediata às normas definidoras dos direitos fundamentais, em contrapartida, não há fixação da proporcionalidade a ser observada na norma que cria o direito ao aviso-prévio proporcional (art. 7º, XXI, Constituição), levando a crer, segundo a jurisprudência majoritária, tratar-se de norma não autoaplicável, ou programática.

A estrutura do raciocínio ponderativo ampara-se no sopesamento de interesses, bens, valores ou normas. É quando da existência de conflito entre as normas possivelmente aplicáveis ao caso em concreto que passa a haver espaço para o trabalho de ponderação. No que tange ao aviso-prévio proporcional, de um lado existe a possibilidade de dar concretude à norma constitucional, amparando-se nas próprias normas e regras jurídicas já existentes, tornando real e propiciando a eficácia de um direito fundamental. Em sentido contrário, o resultado será o sepultamento de um direito fundamental previsto expressamente na Constituição, bem como o afastamento do preceito de aplicação imediata, em virtude da inércia do legislador infraconstitucional, sob o fundamento de não ser autoaplicável a norma contida no inciso XXI do art. 7º da Lei Fundamental. Não há dúvidas de que, ponderando-se os valores, princípios e regras em conflito, prevalece a alternativa de efetivar um direito fundamental, sendo oportuna a lição de *Ingo Sarlet*, neste sentido:

> Se, portanto, todas as normas constitucionais sempre são dotadas de um mínimo de eficácia, no caso dos direitos fundamentais, à luz do significado outorgado ao art. 5º, § 1º, de nossa Lei Fundamental, pode afirmar-se que aos poderes públicos incumbem a tarefa e o dever de extrair das normas que os consagram (os direitos fundamentais) a maior eficácia possível, outorgando-lhes, neste sentido, efeitos reforçados relativamente às demais normas constitucionais, já que não há como desconsiderar a circunstância de que a presunção da aplicabilidade imediata e plena eficácia que milita em favor dos direitos fundamentais constitui, em verdade, um dos esteios de sua fundamentalidade formal no âmbito da Constituição.[363]

A solução mostra-se idêntica com a utilização do princípio da unidade da Constituição, devendo ser feita a análise conjunta entre as regras constantes no § 1º do art. 5º da Constituição e no inciso XXI, do art. 7º, da Constituição, buscando-se a harmonização possível ao caso concreto, a fim de efetivar o direito fundamental em foco.[364] Os princípios instrumentais de interpretação constitucional, dentre eles o princípio da unidade da Constituição, tem como função precípua justamente realizar os princípios materiais, quando deparado com mais de uma solução viável para o caso apresentado, neste caso visando realizar o princípio geral material contido no § 1º do art. 5º da Constituição Federal, de aplicação imediata dos direitos fundamentais.[365]

---

(363) SARLET. 2005a. p. 271.
(364) A efetividade significa a realização do Direito, o desempenho concreto de sua função social. Ela representa a materialização, no mundo dos fatos, dos preceitos legais e simboliza a aproximação, tão íntima quanto possível, entre o *dever-ser* normativo e o *ser* da realidade social (BARROSO. 1996a. p. 83).
(365) Com base no princípio da unidade da Constituição, deve o intérprete buscar a harmonização possível ao caso concreto, entre normas que regulam valores ou interesses que se mostram conflitantes. Deve o juiz fazer a ponderação entre os valores em conflito e efetuar escolhas (BARROSO; BARCELLOS. 2003. p. 362). Segundo Canotilho, o intérprete deve sempre considerar as normas constitucionais não como normas isoladas e dispersas, mas sim como preceitos integrados num sistema interno unitário de normas e princípios (CANOTILHO. 2003. p. 1.223-1.224).

O entendimento defendido ainda se ampara no instrumental princípio da proporcionalidade, também conhecido como princípio da razoabilidade, pois a norma em análise é interpretada no sentido de buscar a realização do fim constitucional proposto, que vem a ser a aplicação imediata de um direito fundamental.[366]

Por fim, trazemos como amparo para o entendimento proposto, de aplicação imediata da norma relativa ao aviso-prévio proporcional, o princípio instrumental da efetividade, por ser um dos mais importantes instrumentos de realização dos princípios constitucionais materiais, no caso do princípio geral material já referido, contido no § 1º do art. 5º da Carta Magna — de aplicação imediata dos direitos fundamentais.[367] Sintetizando, impõe o princípio da efetividade o dever ao intérprete constitucional de optar pela interpretação que possibilite a efetividade da norma constitucional, realizando, no caso em análise, um direito fundamental. Tem o aplicador do Direito, com base no princípio da efetividade, o compromisso com a efetividade da Constituição.[368] É fácil a compreensão (por consequência também a aplicação) deste princípio pela doutrina trabalhista, tendo em vista que guarda semelhança muito forte com o princípio básico e fundamental do Direito do Trabalho, que vem a ser o princípio da proteção. Isto é, na dúvida quanto à interpretação de uma determinada norma jurídica, deverá ser interpretada em favor do trabalhador. Ambos são princípios de interpretação da norma jurídica. Para efetivarmos o direito ao aviso-prévio proporcional, nem mesmo há necessidade de deixarmos de aplicar uma determinada regra, que esteja posta em sentido contrário a um princípio ou a um fim constitucional, como autoriza o princípio em foco. Pelo contrário, basta darmos vida ao § 1º do art. 5º da Lei Fundamental, tendo em vista a suficiente carga normativa existente no inciso XXI do art. 7º da Constituição.

Portanto, a eficácia interpretativa dos princípios constitucionais consiste, diante de várias exegeses possíveis, em orientar o intérprete das regras em geral, tanto constitucionais

---

(366) O princípio da proporcionalidade configura-se como um importante mecanismo de proteção dos direitos fundamentais. Estabelece que a norma deve ser interpretada, no caso em concreto, para a melhor realização do fim constitucional proposto ou decorrente do sistema como um todo. Possibilita também que o juiz gradue o peso da norma, a fim de que ela não produza um resultado indesejado pelo sistema, fazendo justiça do caso concreto. Este princípio é seguidamente utilizado como um parâmetro de justiça, assumindo uma dimensão material. Porém, frequentemente possui função instrumental na interpretação de outras normas (BARROSO; BARCELLOS. *Op. cit.*, p. 362-363). Leciona Humberto Ávila que proporcionalidade não é um princípio, mas sim um critério de aplicação dos princípios. Isto é, um mecanismo proporcional de aplicação dos princípios. A proporcionalidade atua como uma balança, sendo os princípios os respectivos objetos colocados nesta balança. Portanto, exercer a proporcionalidade é verificar vantagens *versus* desvantagens, para se chegar à melhor solução. Dentre todos os meios disponíveis, deve ser usado o meio que promove o fim, na medida em que toda atuação estatal deve ser adequada, necessária e proporcional em sentido estrito, para promover o fim desejado (ÁVILA, Humberto. *Teoria dos princípios*: da definição à aplicação dos princípios jurídicos. 9. ed. São Paulo: Malheiros, 2009. p. 161-170).

(367) Nesse sentido também Andreas Krell, ao comentar o art. 5º, § 1º da CF, salientando que esse dispositivo serve para caracterizar o caráter preceptivo e não programático dessas normas, deixando claro que os direitos fundamentais podem ser imediatamente invocados, ainda que haja falta ou insuficiência da lei (KRELL. 2002. p. 38).

(368) Por efetividade, entenda-se a objetiva realização do Direito. Isto é, a atuação prática da norma, aproximando-se o dever-ser normativo e o ser da realidade social. O intérprete constitucional deve ter o compromisso com a efetividade da Constituição. Havendo mais de uma interpretação possível, deve sempre dar preferência para aquela que possibilite a efetividade da vontade constitucional, devendo evitar, no espaço de argumentação jurídica, interpretações que se amparem na não autoaplicabilidade da norma ou na ocorrência de omissão do legislador. Uma das consequências legítimas da aplicação de um princípio constitucional poderá ser a não aplicação de uma regra que o contravenha. Dessa forma, é legítima a não aplicação de uma determinada regra que esteja posta em sentido contrário a um princípio ou a um fim constitucional (BARROSO; BARCELLOS. 2003. p. 375).

como infraconstitucional, no sentido de que ele opte pela interpretação que melhor concretize o efeito pretendido pelo princípio constitucional em foco.

Previsto no sistema jurídico o direito fundamental ao aviso-prévio proporcional ao tempo de serviço, passamos, finalmente, à análise da proporcionalidade a ser fixada, utilizando-se das regras constantes no art. 4º da LICC, no art. 126 do CPC e no art. 8º da CLT. A lacuna existente na lei, quanto à proporcionalidade a ser fixada, deverá ser preenchida pela analogia.

A norma constitucional que assegura o direito ao aviso-prévio proporcional tem como finalidade estabelecer relação direta com o tempo de serviço, por óbvio. Quanto maior o tempo de serviço, maior a proporcionalidade a ser observada, sendo este o princípio da norma a ser seguido.

Esse princípio também está assegurado nas normas que asseguram o direito às férias (art. 130 da CLT), ao 13º salário (art. 1º da Lei n. 4.090/62), à indenização por tempo de serviço prevista no art. 478 da CLT e ao regime do FGTS (Lei n. 8.036/90 e art. 10, inciso I, do ADCT[369]). Em relação às férias e ao 13º salário, o parâmetro observado é o recebimento integral dessas verbas, como regra geral, a cada ano de serviço prestado, correspondente a um mês de remuneração do trabalhador. Da mesma forma, a proporção fixada no art. 478 da CLT corresponde a um mês de remuneração por ano de serviço prestado. Trata-se de um valor estabelecido, refletido na norma, que visa prestigiar o tempo de serviço do trabalhador, encontrando-se também este valor na norma que assegura o aviso-prévio proporcional ao tempo de serviço, ao fixar um mínimo de trinta dias.

Portanto, as normas que asseguram os referidos direitos servem de parâmetro para fixação da proporcionalidade do aviso-prévio proporcional, não se podendo falar na inexistência de normas para o exercício da analogia, com vistas ao preenchimento da lacuna da lei constitucional. Utiliza-se do mesmo valor para fixação do direito, que é o tempo de serviço, fixando, igualmente, o mesmo critério para estabelecimento da proporcionalidade — equivalente a um mês de remuneração por ano de serviço, correspondente a cada um daqueles direitos, observadas as suas especificidades. Assim como essas normas fixam um paradigma para preenchimento da lacuna, estabelecem um limite para fixação dessa proporcionalidade, pois inexistem parâmetros superiores a serem observados pelo uso da analogia.

Entretanto, seguindo a lição de *Carmem Camino*[370], entendemos ser mais apropriada a utilização do critério estabelecido no ex-precedente normativo n. 13 do Tribunal Regional do Trabalho da Quarta Região, por se mostrar mais adequado ao instituto do aviso-prévio, sem desnaturá-lo e estabelecendo à proporcionalidade a razão de cinco dias por ano ou fração igual ou superior a seis meses de tempo de serviço, observado o limite de sessenta dias. Desse modo, a proporcionalidade é estabelecida com base em uma construção doutrinária e jurisprudencial que acarretou a criação do referido precedente normativo. Apesar de cancelado, o citado precedente não deixou de ser uma fonte heterônoma do Direito, que

---

(369) Ato das Disposições Constitucionais Transitórias.
(370) RIO GRANDE DO SUL. Tribunal Regional do Trabalho (4ª Região). *Processo n. 01836.921/95-0 (RO)*. 1ª Turma. Relatora: Carmen Camino. Porto Alegre, 29 abr. 1999. Disponível em: <http://www.trt4.gov.br/> Acesso em: 21 fev. 2006.

pode ser usada no caso em concreto, sobretudo porque estabelece uma proporcionalidade mínima e razoável, compreendida dentro dos limites legais para esta fixação: um mês por ano de serviço ou fração superior a seis meses, conforme já referido com as diversas normas legais acima citadas, em especial as que tratam do direito às férias e ao 13º salário. Nesse contexto, a proporcionalidade está sendo fixada de maneira moderada com a observância dos parâmetros legais, não se valendo o intérprete do uso da analogia para extremismos fundamentalistas, estando apenas a concretizar um direito fundamental, previsto e conferido pela Constituição brasileira ao trabalhador.

4.2. Direito de greve dos servidores públicos

4.2.1. Terminologia. Origem histórica da greve

A origem da expressão "greve" situa-se na França, quando desempregados ou inconformados com as condições de trabalho se reuniam na chamada *Place de Grève*, em Paris, onde atualmente se situa a Prefeitura de Paris, no final do século XVIII, e reivindicavam melhores salários e redução das jornadas de trabalho. Nessa praça, acumulavam-se gravetos trazidos pelas enchentes do rio Sena, por isso o termo *greve*, originário de graveto. A palavra "greve" recebe, em inglês, o nome de *strike*, que significa "impacto", *streik*, em alemão, significando conflito, litígio, e *sciopero*, em italiano, que quer dizer protesto ou ato de combater.

Entretanto, muito antes a história já registrava movimentos de paralisação coletiva de trabalho escravo, na Roma e no Egito, por exemplo. Nesses casos, os escravos lutavam não apenas por melhores condições de trabalho, mas especialmente por melhorias nas próprias condições de vida a que estavam submetidos e, por isso, essas paralisações se diferenciaram das reivindicações posteriores. É na Europa, no século XIII, a partir do final da Idade Média, que os trabalhadores livres, embora subordinados, passam a se organizar em coalizões, logo proibidas, em virtude da força política que adquirem, na França, na Itália, na Alemanha e na Inglaterra, perdurando essa proibição até o final do século XVIII.

No regime das corporações de ofício, antes da Revolução Francesa de 1789, foram registrados inúmeros movimentos de paralisação de trabalhadores, sendo esses movimentos considerados infrações penais graves na época. Apesar de proibidas, essas sociedades acabam se desenvolvendo, estabelecendo assim o início da atuação coletiva reivindicatória contra as organizações profissionais. Em 1825, na Inglaterra, e em 1864, na França, a coalizão deixa de ser considerada crime, continuando, entretanto, a greve a ser tipificada como delito.

A Revolução Francesa, apesar de ter de romper com as tradições medievais, constituiu-se em um movimento burguês despreocupado em melhorar as condições dos trabalhadores. A lei *Le Chapelier*, de 1791, proibia todas as formas de agrupamento profissional que tivessem por objetivo a defesa de interesses coletivos, declarando a absoluta ilegalidade de todas as coalizões. Elaborada pela Assembleia Constituinte francesa de 27 de agosto de 1789, tratava a greve como atentatória à liberdade individual e à Declaração dos Direitos do Homem e do Cidadão.

A situação de miséria vivida por grande parte da classe trabalhadora da época propiciou o crescimento rápido da luta de classes e, por consequência, dos movimentos reivindicatórios de paralisação — a greve. Por isso que em quase todos os países europeus as leis proibiam as coalizões e as greves. *Carlos Henrique Bezerra Leite* atribui aos movimentos sindicais dos ingleses o marco inicial da história da greve, a partir do surgimento do trabalho assalariado, fruto da Revolução Industrial.[371]

No histórico dia 1º de maio de 1886, ocorreram violentas manifestações nos Estados Unidos, em Chicago, que buscavam a redução da jornada de trabalho para oito horas. Oito líderes trabalhistas foram presos, julgados sumariamente e enforcados. Em virtude do ocorrido, decidiu-se, em 1889, em Congresso Socialista realizado em Paris, marcar o dia 1º de maio com a comemoração do dia do Trabalho. Em 1924, o Presidente Arthur Bernardes instituiu no Brasil o dia 1º de maio como feriado nacional por meio do Decreto n. 4.859/24.[372] A Encíclica *Rerum Novarum*, publicada pelo Papa Leão XIII em 15 de maio de 1891, constituiu-se em referência histórica fundamental para o desenvolvimento do Direito do Trabalho, já fazendo referência ao direito de greve da classe operária. Posteriormente, o Vaticano voltou a tratar da greve, inclusive no serviço público, através da *Encíclica Octogésima Adveniens*, editada pelo Papa Paulo VI, em 1971. A partir desse momento histórico, Constituições europeias passaram a considerar como fundamental o direito de greve, em Portugal, em 1976 e na Espanha, em 1978. Em 1981, o Papa João Paulo II voltou a defender o direito de greve sem sanções penais para os participantes, condenando os abusos, na Encíclica *Laborem Exercens*.[373]

Como já referido, é com o início do trabalho livre e assalariado que surge o instituto da greve, inicialmente na Inglaterra e na França, em virtude das gritantes distorções havidas na época entre o trabalho prestado e o exigido, e a contraprestação remuneratória satisfeita à classe operária, geradora de uma evidente desigualdade social. No Brasil, o processo histórico assemelha-se ao europeu, passando a ser discutidos os direitos dos trabalhadores, o sindicalismo e o instituto da greve a partir da afirmação do trabalho livre em substituição à escravatura. O Código Penal de 1890 proibia a greve, e a Lei n. 38/32, sobre segurança nacional, tratava a greve como delito. Somente com a Constituição de 1946 é que a greve passa a ser reconhecida como direito dos trabalhadores, embora ainda condicionado seu exercício à edição de lei posterior. Apenas em 1964, no auge do regime militar, entra em vigor a lei de greve — Lei n. 4.330/64, a qual restringiu severamente o instituto, chegando a ser apelidada de lei antigreve, como assevera *Mauricio Godinho Delgado*.[374] Já a Constituição de 1967 assegurou o direito de greve, embora vedando seu exercício no serviço público e em atividades essenciais. Com a edição do AI-5, em dezembro de 1968, as paralisações dos trabalhadores e as reivindicações coletivas por melhorias de trabalho foram impossibilitadas. O movimento grevista ressurgiu em 1978, destacando-se as greves dos metalúrgicos ocorridas no ABC paulista (Santo André, São Bernardo do Campo e São Caetano do Sul), principal centro industrial paulista. Foram registrados inúmeros confrontos de rua e reações jurídicas contrárias, que acarretaram novas proibições, como, por exemplo, a Lei n. 6.128/78, que proibiu a greve também aos empregados de sociedades de economia mista, a Lei n. 6.158/78, que estendeu a proibição a empregados públicos celetistas, de autarquias e órgãos da Administração Direta, a Lei n. 6.620/78 — Lei de Segurança Nacional, que tipificou diversos

---

(371) LEITE, Carlos Henrique Bezerra. *A greve como direito fundamental*. Curitiba: Juruá, 2006. p. 14.
(372) Cf. RAPASSI, Rinaldo Guedes. *Direito de greve de servidores públicos*. São Paulo: LTr, 2005. p. 26.
(373) Cf. *Ibidem*, p. 26-31.
(374) DELGADO, Mauricio Godinho. *Curso de direito do trabalho*. São Paulo: LTr, 2004. p. 1.440.

atos ligados à greve, assim como o Decreto-Lei n. 1.632/78.[375] Finalmente, a Constituição de 1988 consagrou o direito de greve como um direito fundamental.

4.2.2. Conceituação. Natureza jurídica da greve

Em sua evolução histórica, a greve recebeu diferentes tratamentos: considerada delito, ora tratada como exercício de liberdade e posteriormente intitulada um direito, segundo autores, ora um direito potestativo. Para melhor compreender esse instituto, é oportuno caracterizá-lo.

A greve possui um caráter instrumental: trata-se de um meio de pressão, um instrumento de luta dos trabalhadores. A paralisação do trabalho pela classe operária não tem um fim em si mesma, pois o objetivo principal não é simplesmente a paralisação, mas a busca de um objetivo específico, a melhoria das condições de trabalho, como regra geral. Trata-se de uma técnica autocompositiva de solução de conflitos. Existem autores, inclusive, que consideram paradoxal a expressão "direito de greve", pois a greve exterioriza-se mediante uma ação violenta, o que contrasta com o direito.[376]

O movimento paredista sempre terá caráter coletivo, de suspensão provisória das atividades produtivas, mediante o exercício do direito de coerção para atingir seu fim, observados os limites previstos em lei.

A Lei n. 7.783/89, em seu art. 2º, assim conceitua greve: "Para os fins desta lei, considera-se legítimo exercício do direito de greve a suspensão coletiva, temporária e pacífica, total ou parcial, de prestação pessoal de serviço a empregador". Já *Amauri Mascaro Nascimento* conceitua greve como sendo um direito individual de exercício coletivo, manifestando-se como autodefesa, acrescentando ser a forma mais primitiva de solução dos conflitos, supondo uma defesa pessoal.[377]

Várias outras formas de conceituar greve existem, sendo uma das mais claras a trazida por *Nicolas Pizarro Suarez*, citada por *Segadas Vianna*:

> Greve é a suspensão temporal do trabalho, resultante de uma coalizão operária — acordo de um grupo de trabalhadores para a defesa de interesses comuns —, que tem por objeto obrigar o patrão a aceitar suas exigências e conseguir, assim, um equilíbrio entre os diversos fatores da produção, harmonizando os direitos do Trabalho com os do Capital.[378]

Alguns autores preferem não apresentar o conceito de greve, entendendo que a definição desse instituto estaria sempre restringindo o próprio direito. Discordamos dessa posição, pois a conceituação busca justamente a sistematização, não acarretando restrição do direito em si, que, como se sabe, não é absoluto, existindo regras a serem observadas para a legalidade do movimento paredista.

---

(375) Cf. RAPASSI. 2005. p. 43-45.
(376) Cf. LEITE. 2006. p. 25.
(377) NASCIMENTO, Amauri Mascaro. *Curso de direito do trabalho*. São Paulo: Saraiva, 2005. p. 1.114.
(378) SÜSSEKIND, Arnaldo *et al. Instituições de direito do trabalho*. 19. ed. São Paulo: LTr, 2000. v. 2.

Existem, efetivamente, limitações ao exercício do direito de greve, trazidas atualmente na Lei n. 7.783/89. Limitações às pessoas, aos fins, ao momento e à forma de greve. Por exemplo, é proibida a greve dos militares, conforme dispõe o § 1º do art. 42 e o inciso IV do § 3º do art. 142, ambos da Constituição Federal, que vedam a sindicalização e a greve pelos militares. A greve conhecida como *lockout* dos empregadores também é considerada ilegal pelo nosso ordenamento legal, conforme dispõe o art. 17 da Lei de Greve.

Como tentamos demonstrar, a natureza jurídica da greve se alterou com o passar dos tempos, em virtude da sua regulação normativa. O que está evidente é que a greve é um fato social, por tratar-se de uma perturbação no processo produtivo, tendo como meta, em geral, a melhoria das condições de trabalho. Através do estudo dos ordenamentos jurídicos mais modernos no cenário internacional, inclusive pela análise da Constituição brasileira de 1988, chegamos à conclusão de que a greve constitui-se em um direito. Nas palavras de *Carlos Henrique Bezerra Leite*, um direito de autodefesa dos trabalhadores em face do empregador ou grupo de empregadores que, de algum modo, não oferecem condições de trabalho que atendam aos interesses do grupo profissional respectivo.[379] Como o direito de greve está regulado no Título II, dos Direitos e Garantias Fundamentais, da Constituição Federal de 1988, trata-se não apenas de um direito, possuindo o *status* de direito social fundamental.

4.2.3. SINDICALIZAÇÃO E NEGOCIAÇÃO COLETIVA DOS SERVIDORES PÚBLICOS

A Constituição Federal de 1988, em seu art. 5º, incisos XVII e XX, confere plena liberdade de associação para fins lícitos, vedando apenas a de caráter paramilitar. A sindicalização está garantida aos servidores públicos civis, conforme dispõe o inciso VI do art. 37 da Constituição Federal: "é garantido ao servidor público civil o direito à livre associação sindical". Apesar de garantido o direito à sindicalização, a própria Constituição não concede aos servidores públicos a faculdade de firmarem acordos ou convenções coletivas de trabalho, conforme se extrai da norma contida no § 3º do art. 39 da Constituição, ao não estender aos servidores o direito previsto no inciso XXVI do art. 7º da Constituição (reconhecimento das convenções e acordos coletivos de trabalho).

Como vimos, o direito à associação sindical está garantido aos servidores públicos civis. Entretanto, a Constituição Federal não permite o pleno exercício desse direito, ao vedar a realização de acordos ou convenções coletivas. Em outras palavras, significa dizer que não foi concedido integralmente o exercício do direito de sindicalização, pois um dos principais objetivos dessa associação sindical, senão o principal, é a busca por melhorias nas condições de trabalho, o que se dá por meio de negociação coletiva. No mesmo sentido, o dissídio coletivo também não foi facultado aos servidores públicos, consoante dispõe a Orientação Jurisprudencial n. 5 da Seção de Dissídios Coletivos do Tribunal Superior do Trabalho. Essa vedação legal para os servidores públicos firmarem acordos ou convenções coletivas decorre das disposições constantes no art. 37, *caput*, incisos X e XI, no art. 61, § 1º, inciso II, alínea *a* e no art. 169, § 1º, incisos I e II, todos da Constituição Federal. As referidas

---

(379) LEITE. 2006. p. 24.

normas levam à conclusão de que somente podendo ser concedida qualquer vantagem ou aumento da remuneração, a qualquer título, pelos órgãos da Administração Pública direta ou indireta, inclusive fundações instituídas e mantidas pelo Poder Público mediante autorização específica na lei de diretrizes orçamentárias e prévia dotação orçamentária.

Portanto, inexiste a possibilidade para concessão de vantagens ou aumentos salariais por meio de acordo ou convenção coletiva ao servidor público, a fim de que seja observado o princípio da legalidade, insculpido no *caput* do já referido art. 37 da Constituição. Somente através da lei é que poderemos ter o aumento dos recursos públicos, inclusive com o pagamento de pessoal. Isso não significa dizer que inexiste espaço para a negociação coletiva, conforme veremos adiante.

A negociação coletiva pode e deve ocorrer, e de fato sempre ocorre quando da existência do conflito, culminando não na formatação de um acordo ou convenção coletiva de trabalho, mas sim tendo como desfecho positivo o aumento da remuneração pela via legislativa, através do encaminhamento de um projeto de lei ao Poder Legislativo, nos termos dispostos, por exemplo, pelo art. 61, *caput* e § 1º, inciso II, alínea *a* da Constituição Federal. Obviamente que neste caso, quando do conflito existente para aumento da remuneração do servidor público, a negociação coletiva deve ser mais ampla, contando também com a participação da Casa Legislativa, a fim de buscar êxito no encaminhamento futuro de um projeto de lei que solucione o conflito ou a greve existente.[380] A Convenção n. 151 da Organização Internacional do Trabalho (OIT), que dispõe sobre direito de sindicalização e relações de trabalho na Administração Pública, aprovada em 1978 e já encaminhada ao processo de ratificação, assevera nesse mesmo sentido,[381] especialmente em seus arts. 7º e 8º:

> Art. 7º Deverão ser adotadas, sendo necessário, medidas adequadas às condições nacionais para estimular e fomentar o pleno desenvolvimento e utilização de procedimentos de negociação coletiva entre as autoridades públicas competentes e as organizações de empregados públicos sobre as condições de emprego, ou de qualquer outro método que permitam ao representante de empregados públicos participar na determinação de tais condições.
>
> Art. 8º A solução dos conflitos que se apresentem por motivo de determinação das condições de emprego tratar-se-á de conseguir de maneira apropriada às condições nacionais, por meio de negociação entre as partes ou mediante procedimentos independentes e imparciais, tais como a mediação, conciliação e a arbitragem, estabelecidos de modo que inspirem a confiança dos interessados.

Mesmo sendo considerada ilícita a greve dos servidores públicos pela jurisprudência majoritária, é notória a constatação que a negociação coletiva e até mesmo a greve ocorrem. A partir do sucesso na negociação coletiva, há o encaminhamento de um projeto de lei para implementar as condições negociadas. Apesar de estar proibida a realização de acordo ou convenção coletiva em benefício do servidor público, constata-se que a negociação coletiva é uma realidade, ocorrendo de fato, buscando a solução do conflito existente e culminando no encaminhamento de um projeto de lei que venha a realizar as condições negociadas pelas partes.

---

(380) Conforme refere Rapassi, "Essas negociações, ainda que se deem somente a título consultivo ou de formulação de proposta ao Poder Legislativo, possuem de fato uma grande força" (RAPASSI. 2005. p. 84).
(381) Cf. *Ibidem*, p. 83-84.

4.2.4. Direito de greve do servidor público

O direito de greve no setor privado, incluídos os servidores das empresas públicas e das sociedades de economia mista, conforme art. 173, § 1º, da Constituição Federal, está plenamente assegurado, em virtude da regulamentação do art. 9º da Carta Magna pela Lei n. 7.783/89. A referida lei estabelece a forma para o exercício do direito de greve no setor privado. Por sua vez, o instituto da greve para os servidores públicos está disposto no art. 37, inciso VII, da Constituição Federal, dispondo que o direito de greve no âmbito da Administração Pública direta, autárquica e fundacional será exercido nos termos e nos limites definidos em lei específica.

A partir do conteúdo das normas acima dispostas, especialmente do art. 37, inciso VII, da Constituição Federal, é estabelecida a discussão no plano doutrinário e jurisprudencial acerca do direito de greve do servidor público, especialmente da natureza jurídica da norma constitucional expressa no referido inciso VII do art. 37 da Lei Fundamental. Temos basicamente duas correntes a respeito da espécie de norma contida no inciso VII do art. 37 da Constituição.

De acordo com a primeira corrente, estamos diante de uma norma de eficácia limitada, não autoaplicável, conhecida como norma *not self-executing*, sustentando que o servidor público somente poderá exercer o direito de greve após a edição de lei regulamentadora do inciso VII do art. 37 da Constituição. Esta interpretação é a que foi adotada por longo período pela jurisprudência. Anteriormente, entendia o Supremo Tribunal Federal ter essa regra eficácia limitada e sua aplicabilidade depender da edição de lei regulamentadora. Em diversos julgados decidiu a Corte Constitucional que o art. 37, inciso VII, da Constituição necessitava de regulamentação por lei complementar, à época da redação antiga do referido inciso, antes da Emenda Constitucional n. 19/98, que deu nova redação ao inciso VII, não mais exigindo lei complementar, mas apenas lei específica.

A segunda corrente doutrinária sustenta que a norma contida no art. 37, inciso VII, da Constituição possui eficácia contida e não eficácia limitada, sendo, portanto, plenamente aplicável a regra constitucional em análise. Os defensores desta posição entendem que o direito de greve dos servidores públicos pode ser exercido com a utilização, por analogia, da Lei n. 7.783/89 — chamada Lei de greve do setor privado. Apesar de inicialmente ser minoritária na jurisprudência, esta corrente passou a ganhar adeptos expoentes inclusive no Supremo Tribunal Federal.[382] O Superior Tribunal de Justiça também reconheceu o direito de greve dos servidores públicos, conforme se constatou no célebre julgamento do pedido de liminar em Mandado de Segurança, proferido pelo Ministro Relator Gilson Dipp: "foi concedida a liminar que os professores de Universidades Federais grevistas buscavam para liberação dos vencimentos, bloqueados por ordem do Ministro da Educação".[383]

Como se percebe, o dissenso doutrinário a respeito do assunto não se restringe exclusivamente ao direito de greve dos servidores públicos. Trata-se da adoção da corrente clássica

---

(382) Os Ministros Sepúlveda Pertence e Marco Aurélio sustentavam ser de eficácia contida a norma que traz o direito de greve do servidor público.
(383) Cf. RAPASSI. 2005. p. 83, nota de rodapé, Mandado de Segurança n. 7971-DF.

de interpretação das normas constitucionais ou da corrente moderna, no sentido de entender que inexiste norma constitucional completamente destituída de eficácia, possuindo as normas uma eficácia gradual.

Estabelecidos os dois modelos de interpretação da norma constitucional, tentaremos demonstrar que a regra constante no inciso VII do art. 37 da Constituição Federal possui eficácia contida, e não eficácia limitada. Antes, porém, faz-se necessário estabelecer o direito de greve do servidor público como um direito fundamental.

Estando os direitos fundamentais expressa ou implicitamente positivados no sistema jurídico, como já visto, a própria jurisprudência já reconheceu vários direitos que estão fora do Título II da Constituição Federal, com base na norma constante no art. 5º, § 2º, da CF. Ontologicamente, não há diferença entre o direito de greve do servidor público e o direito de greve no setor privado, já que o objetivo buscado é o mesmo. Trata-se de um direito dado à classe de trabalhadores, para se manifestarem e protestarem contra condições injustas e intoleráveis de trabalho. Trata-se de um direito negativo, no sentido de não ser o servidor impedido de fazer a greve, e também de um direito positivo, de edição de um estatuto legal de regulação do direito de greve. É óbvio, todavia, que este direito não é absoluto e pode sofrer limitações. Poderá haver maiores limitações a este direito no serviço público, mas o direito existe e é fundamental.[384] A esse respeito, é importante inclusive trazer trecho do voto do Ministro Ricardo Lewandowski, do STF, admitindo tratar-se de um direito fundamental, apesar de considerar inapropriada a aplicação da lei de greve do setor privado ao setor público:

> Em outras palavras, não me parece possível, *data venia*, ao Poder Judiciário, a pretexto de viabilizar **o exercício de direito fundamental** por parte de determinada pessoa ou grupo de pessoas, no âmbito do mandado de injunção, expedir regulamentos para disciplinar, em tese, tal ou qual situação, ou adotar diploma normativo vigente aplicável à situação diversa.[385]

Assim, indiscutivelmente trata-se de um direito fundamental, cujo reconhecimento como tal ocorre inclusive por quem não admite a aplicação da lei de greve do setor privado aos servidores públicos, conforme se constata pelo respeitável voto do Ministro Lewandowski, do Supremo Tribunal Federal.[386] A Constituição Federal de 1988 proclamou a greve como um direito social fundamental dos trabalhadores, ao regular o instituto em seu art. 9º, que está compreendido no Capítulo II — Dos Direitos Sociais, do Título II — Dos Direitos e Garantias Fundamentais. Ao elevar o direito de greve ao patamar de direito fundamental, inspirou-se na Constituição Portuguesa de 1976 e na Constituição Espanhola de 1978.[387] *Mauricio Godinho Delgado* também refere ser a greve um direito fundamental

---

(384) Cf. observações feitas por Ingo Sarlet em aula ministrada no Curso de Especialização em Direito do Trabalho, Processo do Trabalho e Direito Previdenciário promovido pela UNISC/RS, 2006.
(385) BRASIL. Supremo Tribunal Federal. *Mandado de Injunção n. 670-9*. Brasília, 2009. Disponível em: <http://www.stf.jus.br/> Acesso em: 30 jul. 2009, grifo nosso.
(386) Eros Grau também enfatiza que o direito de greve, tal como positivado o princípio no texto constitucional (art. 9º), é um direito fundamental de natureza instrumental, recebendo concreção imediata, sendo inquestionável a sua autoaplicabilidade (GRAU. 2006. p. 221).
(387) Cf. LEITE. 2006. p. 37.

dos trabalhadores, por ser um mecanismo de pressão para o alcance de reivindicações coletivas dos trabalhadores, acrescentando:

> **A natureza juridical da greve, hoje, é de um direito fundamental de caráter coletivo**, resultante da autonomia privada coletiva inerente às sociedades democráticas. É exatamente nesta qualidade e com esta dimensão que a Carta Constitucional de 1988 reconhece esse direito (art. 9º).
>
> É direito que resulta da liberdade de trabalho, mas também, na mesma medida, da liberdade associativa e sindical e da autonomia dos sindicatos, configurando-se como manifestação relevante da chamada autonomia privada coletiva, própria às democracias. Todos esses fundamentos, que se agregam no fenômeno grevista, embora preservando suas particularidades, conferem a esse direito um *status* de essencialidade nas ordens jurídicas contemporâneas. **Por isso, é um direito fundamental nas democracias**.[388]

É majoritário na doutrina o entendimento, inclusive entre aqueles defensores de uma interpretação restritiva da norma, a respeito da vontade do legislador de propiciar a maior eficácia possível às normas atinentes aos direitos fundamentais. Sendo a greve um direito fundamental, goza do *status* conferido pelo § 1º do art. 5º da Constituição, que dispõe que as normas definidoras dos direitos e garantias fundamentais têm aplicação imediata. O questionamento que se faz é a respeito do grau de completude da norma prevista no inciso VII do art. 37 da Constituição — direito de greve do servidor público. Isto é, esta norma possui suficiente normatividade para ser plenamente exercido o direito de greve dos servidores públicos, observados os termos e limites definidos em outras normas?

Entendemos que a resposta é positiva. Não podem existir dúvidas quanto à existência desse direito. O direito de greve do servidor público já existe e, dessa forma, pode ser exercido observados os parâmetros estabelecidos em outras normas, especificamente nos termos e limites já dispostos na Lei n. 7.783/89. Não se trata, nem mesmo, de se utilizar o instituto da analogia, mas apenas de se observar os limites já impostos nessa norma para o exercício do direito de greve, porquanto a referida lei regula justamente o instituto da greve, e não outro instituto ou direito análogo. Conforme já exposto, as normas de eficácia contida, caso em foco, têm os seus efeitos restringíveis por lei. Este é o efeito projetado pela Lei n. 7.783/89 ao inciso VII do art. 37 da Constituição: restringir o exercício constitucional do direito de greve do servidor público nas hipóteses e nos limites dispostos nesta lei. Na maioria das situações, a remissão expressa à lei contida na norma traz o significado da norma, como sendo de eficácia contida, como ocorre no caso do inciso VII do art. 37 da Constituição. As normas de eficácia contida terão sempre remissão à lei, não podendo ser confundida essa característica com as normas de eficácia limitada, que se distinguem justamente pelo grau de completude da respectiva norma, pela sua natureza programática, incompleta ou condicionada.

Ao longo da história, eminentes Ministros do Supremo Tribunal Federal vem defendendo que a norma prevista no art. 37, inciso VII, da CF constitui norma de eficácia contida e não limitada, sendo importante trazer o pensamento do Ministro Sepúlveda Pertence:

---

(388) DELGADO. 2004. p. 1.435, grifo nosso.

Senhor Presidente, no Mandado de Injunção n. 20, julgado em 19 de maio último, votei vencido, não conhecendo do pedido, por entender que a norma do art. 37, inciso VII, é, na terminologia divulgada pela conhecida monografia de *José Afonso da Silva*, chamada **norma de eficácia contida, limitável pelo legislador, mas enquanto não editada a lei, de eficácia imediata.**[389]

Arnaldo Süssekind entende, igualmente, ser aplicável ao servidor público a Lei n. 7.783/89, conforme se vê:

A precitada Lei n. 7.783, cujas disposições examinaremos nos itens seguintes desta Seção, regula o exercício do direito de greve no setor privado da economia, mas, a nosso ver, poderá ser invocada, por analogia, nas greves de servidores públicos, naquilo que não for incompatível com a natureza e os objetivos do serviço público.[390]

Prossegue *Süssekind* sustentando que a norma constante no inciso VII do art. 37 da Constituição é de eficácia contida e não de eficácia limitada, podendo ser exercido plenamente o direito de greve pelos servidores públicos:

Como acentuamos acima, colocamo-nos, *data venia*, contra a orientação adotada pela Corte Suprema. **Da norma constitucional, por ser de eficácia contida, e não programática, resulta o direito de greve dos servidores públicos**. A Lei a que alude o art. 37, VII, da Constituição poderá estabelecer limitações; nunca, porém, negar o direito, o qual, por conseguinte, já existe. Estamos sintonizados com *Arion Sayão Romita* quando enfatiza que a norma constitucional "contém o reconhecimento pleno de um direito, embora submetido a limitações a serem estatuídas por lei complementar. Realmente, ela não é dotada de eficácia plena. Será uma norma de eficácia contida, mas incide imediatamente, por afastar o óbice representado pela vedação da greve consagrada no ordenamento constitucional anterior. [...] **Condicionar o exercício do direito de greve à promulgação da lei complementar significa privar o servidor público do exercício de um direito que a Constituição já lhe assegura, por ter revogado a proibição**. [...] Enquanto essa lei não for promulgada, deve ser admitida a aplicação, por analogia, das disposições pertinentes da Lei n. 7.783, principalmente no que diz respeito à continuidade da prestação dos serviços essenciais destinados ao atendimento das necessidades inadiáveis da comunidade".[391]

Arion Sayão Romita, já em 1991, com a redação antiga do inciso VII do art. 37 da Constituição Federal, que dispunha a respeito de lei complementar e não de lei específica de acordo com a redação atual, já sustentava ser esta norma de eficácia contida e, assim, de aplicação imediata:

Já o segundo dispositivo constitucional referido (art. 37, inciso VII) é norma de eficácia contida: incide imediatamente, mas não é dotado de eficácia integral. **Está sujeito a restrições a serem previstas pela lei complementar, já que o constituinte deixou margem à atuação do legislador infraconstitucional [...] Enquanto não for promulgada a lei complementar, os servidores podem exercer o direito de greve,**

---
(389) Mandado de Injunção n. 438 (BRASIL, 1995, grifo nosso).
(390) SÜSSEKIND *et al.* 2000. v. 2, p. 1235.
(391) SÜSSEKIND *et al.* 2000. v. 2, p. 1.235-1.236, grifo nosso.

que lhes é assegurado de modo imediato pela Constituição. A Carta Magna não prevê restrições: estas poderão ser impostas pela lei complementar; em consequência, no vácuo deixado pela inação do legislador infraconstitucional, as greves dos servidores públicos se multiplicam, sem regulação alguma que sobre elas possa incidir.[392]

Não há razão, respeitados entendimentos em contrário, para se entender que a norma em apreço não é autoaplicável, tendo eficácia limitada. As normas de eficácia limitada, por serem carentes de normatividade, dependem de regras infraconstitucionais posteriores que as complementem. Trata-se de normas incompletas, condicionadas ou programáticas. Já as normas de eficácia contida possuem eficácia plena enquanto não existir lei infraconstitucional que venha a restringir seus efeitos. Justamente o direito de greve do servidor público está assegurado na Constituição e pode ser exercido plenamente, observados os limites impostos pela norma infraconstitucional — Lei n. 7.783/89. Como já enfatizado, a doutrina moderna admite a regulamentação das normas autoaplicáveis, para que tenham maior executoriedade ou para que possam se adequar às transformações e oscilações socioeconômicas. Até mesmo as normas autoaplicáveis podem apresentar conceitos vagos e imprecisos, que serão completados pela interpretação constitucional. Portanto, nem todas as normas possuem o mesmo grau de completude, não significando que não sejam autoaplicáveis em razão desta característica. *Maurício Godinho Delgado* traz pensamento semelhante ao que tentamos desenvolver:

> Nesse quadro, caso se considere o dispositivo do art. 37, VII, em sua nova versão (que se refere à lei específica e não mais lei complementar), regra constitucional de eficácia contida, isso significaria que os servidores civis teriam direito de greve. É claro que o instituto, logicamente, não poderia ser absoluto, inteiramente desregulamentado, porém submetido aos critérios da ordem jurídica existente sobe a matéria, isto é, Lei n. 7.783, de 1989, no que esta for compatível, é claro.[393]

Octavio Bueno Magano também compartilha do entendimento até aqui adotado, no sentido da plenitude do exercício do direito de greve pelos servidores públicos nos mesmos moldes dos demais trabalhadores da esfera privada:

> [...] quanto aos servidores em atividades de caráter administrativo, ficou ao alvedrio do legislador ordinário estabelecer, para o seu exercício, as restrições que lhe pareçam oportunas (art. 37, VII). Enquanto, porém, não o fizer, há de se entender que tais servidores poderão exercer o direito de greve nos termos dos demais trabalhadores. Essa conclusão se impõe porque, como é sabido, todos os preceitos constitucionais são dotados de eficácia. Falando o art. 37, VII, da Lei Magna, em exercício do direito de greve, essa possibilidade não pode, de modo algum, ser negada. E, para que não haja arbítrio na determinação dos limites do seu exercício, analogicamente, estes haverão de ser os mesmos estabelecidos para os demais trabalhadores, com a ressalva de que lei complementar regulamentadora do mesmo preceito poderá restringi-lo.[394]

---

(392) ROMITA. 1991. p. 262-263, grifo nosso.
(393) DELGADO. 2004. p. 1.433.
(394) MAGANO, Octavio Bueno. *Política do trabalho*. São Paulo: LTr, 1992. p. 163-164.

Vimos que há argumentos razoáveis para se dar plena eficácia ao direito de greve do servidor público, em razão do conteúdo da norma existente no art. 37, inciso VII, da Constituição. Esta norma justamente assegura o direito de greve, dispondo que será exercido nos termos e limites previstos por lei específica, o que vem a caracterizar a eficácia contida desta regra.[395] Isto é, o direito existe e possui eficácia plena, cabendo à legislação infraconstitucional impor os limites e as condições para o exercício deste direito. Inexistindo regra impositiva desses limites, o direito pode ser exercido amplamente, até que venha a norma infraconstitucional a impor esses limites. Entretanto, os limites, a forma e as condições para o exercício do direito de greve pelo servidor público estão trazidos na Lei n. 7.783/89, que pode e deve ser aplicada (por analogia, segundo parte da doutrina), a fim de impossibilitar abusos e excessos no exercício desse direito, principalmente no que tange aos serviços e atividades essenciais na Administração Pública. Note-se que não se trata de norma de eficácia limitada, pois não se está na dependência de outra regra infraconstitucional que a complemente ou a especifique, pois o instituto da greve é de pleno conhecimento, estando já regulado em nosso ordenamento jurídico. Não se trata de uma norma programática, incompleta ou condicionada, com pouco ou sem conteúdo próprio, que vem a ser a característica básica das normas de eficácia limitada.

Na verdade, a Constituição assegura plenamente o direito de greve ao servidor público, justamente em sentido contrário à Constituição anterior, autorizando a norma constitucional à imposição de limites e condições para o exercício do direito, o que não deve ser confundido com regulamentação ou complementação da norma. Poderá haver maiores limitações impostas ao exercício desse direito no serviço púbico, mas o direito está previsto em nosso sistema jurídico e é fundamental. Existem Constituições que expressamente proíbem a greve do servidor público, o que não ocorre com o sistema jurídico nacional, que expressamente autoriza o exercício deste direito. Não se trata, pois, de legislar a respeito do assunto, nem mesmo de completar lacunas, mas simplesmente de aceitar a natureza da norma presente no inciso VII do art. 37 da Constituição como sendo de eficácia contida e não de eficácia limitada ou não autoexecutável.

Estamos mais uma vez diante do impasse: adotar a corrente moderna ou a tradicional para a interpretação das normas constitucionais? Temos de buscar a máxima eficácia das normas constitucionais, partindo da premissa de que a Carta Constitucional, resultante de um pacto político amplo, possui normas válidas, eficazes e aplicáveis, a fim de se dar vida à Constituição, sob pena de novamente termos uma Constituição provida apenas de normas programáticas e sem utilidade para a sociedade.[396] Respeitados os entendimentos em

---

(395) A respeito, arrazoa Mauricio Godinho Delgado: "De eficácia contida são aquelas regras constitucionais cuja eficácia seja redutível ou restringível por diploma infraconstitucional, conforme autorizado pela própria Constituição. Essas regras jurídicas têm aplicabilidade imediata, mas podem ter seu alcance reduzido (por isso fala-se em eficácia contida) pelo legislador infraconstitucional, segundo comando oriundo da própria Constituição. São, em geral, as normas que enunciam direitos com o preceito suplementar '[...] na forma que a lei estabelecer'. Observe-se: não sendo editada legislação complementar regulamentadora (e restritiva), a norma constitucional (e seu princípio subjacente) firma-se em vigor. [...] E conclui: não editada legislação regulamentadora, o princípio do livre exercício é pleno — e não inexistente (como resultaria da leitura proposta pela matriz tradicional)". (DELGADO. 2004. p. 1.431).

(396) Na lição de Mauricio Godinho Delgado, temos de nos atentar para a gravidade da adoção da corrente tradicional de interpretação das normas constitucionais: "O contraponto das duas vertentes teóricas enfrentadas demonstra que a regra geral da vertente moderna é a eficácia imediata inconteste das normas contidas em uma Carta Constitucional, ao passo que regra geral da vertente tradicional é a ausência de virtualidade e eficácia jurídicas imediatas dessas mesmas

contrário, sobretudo por estarmos tratando de um direito social fundamental, inexiste razão para darmos interpretação restritiva ao texto constitucional. Também não existem fundamentos jurídicos razoáveis para não chegarmos à conclusão acerca da aplicação imediata da norma contida no inciso VII do art. 37 da Constituição, em sintonia com os limites e condições estabelecidos na Lei n. 7.783/89, especialmente quando não há intenção em reduzir os direitos dos trabalhadores.

O entendimento do Supremo Tribunal Federal a respeito do assunto alterou-se significativamente, em decorrência de novas e profundas reflexões sobre a matéria, da nova composição da Corte Constitucional e, também, da pressão da sociedade a respeito do tema. A corrente ortodoxa vem cedendo espaço à corrente moderna, na busca de maior efetividade possível da Constituição Federal. O eminente Ministro Marco Aurélio, em seu voto no Mandado de Injunção n. 20, julgado em 19.5.1994, já defendia a aplicação da Lei n. 7.783/89 aos servidores públicos, com as adaptações necessárias a essa classe de trabalhadores. No mesmo julgamento, o Ministro Carlos Velloso votou nos seguintes termos:

> Sei que na Lei n. 7.783/89 está disposto que ela não se aplicará aos servidores públicos. Todavia, como devo fixar a norma para o caso concreto, penso que devo e posso estender aos servidores públicos a norma já existente, que dispõe a respeito do direito de greve.[397]

Referência histórica a respeito deste novo marco estabelecido é o voto do Ministro Gilmar Mendes, no Mandado de Injunção n. 670-9, no qual, sendo relator o Ministro Maurício Corrêa, discute-se justamente o direito de greve dos servidores públicos. Em seu voto, o Ministro Gilmar Mendes arrazoa que é obrigação do Supremo Tribunal dar eficácia à norma constitucional na hipótese de mora do Poder Legislativo. Esse entendimento acompanha a posição do Ministro Celso de Mello, que já sustentava a adoção da corrente moderna de interpretação das normas constitucionais, buscando a máxima efetividade do direito assegurado na Constituição, e defendia aos servidores públicos a aplicação provisória da lei de greve dos trabalhadores em geral[398], conforme se referiu.

Trazendo fundamentos outros para aplicação deste posicionamento, sustenta em seu voto o Ministro Gilmar Mendes que interessa a manutenção do atual quadro de inércia legislativa tanto aos representantes dos servidores como aos representantes governamentais. As entidades de classe dos servidores teriam receio na regulamentação do tema, que viria a disciplinar o instituto, tendo em vista que atualmente a greve é realizada sob uma espécie

---

normas. Trazido esse contraponto à Carta de 1988 — em que há extenso número de normas inovadoras em face do quadro constitucional anterior — percebe-se a gravidade da opção teórica tradicional" (DELGADO. 2004. p. 1.433).
(397) Mandado de Injunção n. 670-9. Transcrição extraída do voto do Ministro Ricardo Lewandowski.
(398) Mostra-se importante trazer um trecho extraído de seu voto: "Assim, Sr. Presidente, passo a fazer aquilo que a Constituição determina que eu faça, como juiz: elaborar a norma para o caso concreto, a norma que viabilizará, na forma do disposto no art. 5º, LXXI, da Lei Maior, o exercício do direito de greve do servidor público. A norma para o caso concreto será a lei de greve dos trabalhadores, a Lei n. 7.783, de 20.6.89. É dizer, determino que seja aplicada, no caso concreto, a lei que dispõe sobre o exercício do direito de greve dos trabalhadores em geral, que define as atividades essenciais e que regula o atendimento das necessidades inadiáveis da comunidade. Sei que na Lei n. 7.783 está disposto que ela não se aplicará aos servidores públicos. Todavia, como devo fixar a norma para o caso em concreto, penso que devo e posso estender aos servidores públicos a norma já existente, que dispõe a respeito do direito de greve". (BRASIL. Supremo Tribunal Federal. *MI n. 631-MS*. Relator: Min. Ilmar Galvão. DJ, Brasília, 2 ago. 2002. Disponível em: <http://www.stf.gov.br> Acesso em: 13 jul. 2009).

de lei da selva, sem maiores limites, termos ou condições. Da mesma maneira, os governantes também não veem com bons olhos a regulamentação do tema, pois entendem que o direito de greve passaria a existir, criando-se este direito. Por isso, entende que:

> A não regulação do direito de greve acabou por propiciar um quadro de selvageria com sérias consequências para o Estado de Direito. Estou a lembrar que Estado de Direito é aquele no qual não existem soberanos. Nesse quadro, não vejo mais como justificar a inércia legislativa e a inoperância das decisões desta Corte. **Comungo das preocupações quanto à não assunção pelo Tribunal de um protagonismo legislativo. Entretanto, parece-me que a não atuação no presente momento já se configuraria quase como uma espécie de "omissão judicial"**. Assim, tanto quanto no caso da anistia, essa situação parece impelir uma intervenção mais decisiva desta Corte. Ademais, assevero que, apesar da persistência da omissão quanto à matéria, são recorrentes os debates legislativos sobre os requisitos para o exercício do direito de greve. A esse respeito, em apêndice ao meu voto, elaborei documento comparativo da Lei n. 7.783/89 e o texto do Projeto de Lei n. 6.032/02 (que "Disciplina o exercício do direito de greve dos servidores públicos dos Poderes da União, dos Estados, do Distrito Federal e dos Municípios, previsto no art. 37, inciso VII, da Constituição Federal e dá outras providências"). Nesse contexto, é de se concluir que não se pode considerar simplesmente que a satisfação do exercício do direito de greve pelos servidores públicos civis deva ficar a bel-prazer do juízo de oportunidade e conveniência do Poder Legislativo. Estamos diante de uma situação jurídica que, desde a promulgação da Carta Federal de 1988 (ou seja, há mais de 17 anos), remanesce sem qualquer alteração. Isto é, mesmo com as modificações implementadas pela Emenda n. 19/98 quanto à exigência de lei ordinária específica, o direito de greve dos servidores públicos ainda não recebeu o tratamento legislativo minimamente satisfatório para garantir o exercício dessa prerrogativa em consonância com imperativos constitucionais. Por essa razão, não estou a defender aqui a assunção do papel de legislador positivo pelo Supremo Tribunal Federal. Pelo contrário, enfatizo tão somente que, tendo em vista as imperiosas balizas constitucionais que demandam a concretização do direito de greve a todos os trabalhadores, este Tribunal não pode se abster de reconhecer que, assim como se estabelece o controle judicial sobre a atividade do legislador, é possível atuar também nos casos de inatividade ou omissão do Legislativo.

E, finalmente, vota o Ministro Gilmar Mendes:

> No mérito, acolho a pretensão tão somente no sentido de que se aplique a Lei n. 7.783/89 enquanto a omissão não seja devidamente regulamentada por lei específica para os servidores públicos. Nesse particular, ressalto ainda que, em razão dos imperativos da continuidade dos serviços públicos, não estou a afastar que, de acordo com as peculiaridades de cada caso concreto e mediante solicitação de órgão competente, seja facultado ao juízo competente impor a observância a regime de greve mais severo em razão de se tratar de "serviços ou atividades essenciais", nos termos dos arts. 10 e 11 da Lei n. 7.783/89. Creio que essa ressalva na parte dispositiva de meu voto é indispensável porque, na linha do raciocínio desenvolvido, não se pode deixar de cogitar dos riscos decorrentes das possibilidades de que a regulação dos serviços públicos que tenham características afins a esses 'serviços ou atividades essenciais' seja menos severa que a disciplina dispensada aos serviços privados ditos 'essenciais'. Isto é, mesmo provisoriamente, há de se considerar, ao menos, idêntica conformação legislativa quanto ao atendimento das necessidades inadiáveis da comunidade que, se não atendidas, coloquem "em perigo iminente a sobrevivência, a saúde ou a segurança da população" (Lei n. 7.783/89, parágrafo único, art. 11). É como voto.[399]

---

(399) Mandado de Injunção n. 670-9 (BRASIL. 2009).

Por fim, o Tribunal, por maioria, decidiu pelo conhecimento do Mandado de Injunção, para determinar a aplicação da Lei n. 7.783/89 aos servidores públicos no que couber. O Ministro Ricardo Lewandowski, por exemplo, votou no sentido de garantir o exercício do direito de greve, assegurada a prestação dos serviços inadiáveis, devendo o Estado abster-se de adotar medidas que inviabilizem ou limitem esse direito, tais como o corte do ponto dos servidores ou a imposição de multa pecuniária diária.[400]

O novo entendimento defendido vai contra a jurisprudência construída durante anos no STF, inclusive pelo Ministro Maurício Corrêa, que entendia não poder o Judiciário substituir o papel cabível ao Poder Legislativo, calcada principalmente no respeitável entendimento, muito embora conservador, do Ministro Moreira Alves.

Portanto, o direito de greve aos servidores públicos está assegurado na Constituição e, de fato, é plenamente exercido em todo o País, conforme se constata quase que diariamente pelas informações trazidas pelos meios de comunicação, razão pela qual deve passar a ser reconhecido pelo Poder Judiciário, a fim de que, inclusive, observe o regramento específico existente sobre o instituto, evitando-se com isso abusos e prejuízos à sociedade de um modo geral, mas principalmente buscando-se a eficácia plena de um direito social fundamental.

---

(400) Mandado de Injunção n. 670-9 (BRASIL. 2009). No mesmo sentido, e sobre a mesma matéria, foi o julgamento pelo STF do Mandado de Injunção n. 712-8. Rel. Ministro Eros Grau.

5. Convenção e Acordo Coletivo de Trabalho: Interpretação da Norma Constante no art. 7º, Inciso XXVI, da Constituição Federal

5.1. Origens do Direito do Trabalho

O estudo dos contratos coletivos de trabalho exige, inicialmente, uma abordagem da ciência do Direito do Trabalho. Não há como se compreender a origem, o conceito, a evolução histórica, a aplicação, os limites e a extensão das normas coletivas sem uma compreensão exata de como se caracteriza, nas mesmas dimensões, o Direito do Trabalho.[401] Desse modo, ainda que superficialmente, na medida em que o enfoque principal deste estudo é o processo histórico referido, buscaremos trazer algumas noções básicas acerca do Direito do Trabalho, para se compreender melhor o fenômeno do Direito Coletivo do Trabalho.

Antigamente, os trabalhadores entregavam aos comerciantes o produto do seu trabalho, para ser vendido. Eram os artesãos e as corporações de ofício na produção dos seus ofícios manuais posteriormente comercializados. Posteriormente, o detentor do capital trazia para o interior da fábrica os meios de produção: deixava então de comprar o resultado do trabalho, passando a comprar a própria força de trabalho, nascendo daí a relação de emprego entre as partes, a partir da subordinação jurídica configurada.

O Direito do Trabalho surgiu na Europa, provavelmente na França ou na Inglaterra, no século XIX, como mecanismo de solução de conflitos de trabalhadores e patrões, a respeito das condições de trabalho.[402] Na dependência do emprego como meio de sobrevivência, o trabalhador estava vulnerável em relação ao detentor dos meios de produção e, sozinho, não reivindicava a melhora das condições de trabalho com receio de vir a perder esse emprego. Com o tempo, os trabalhadores percebem que somente conseguiriam soluções melhores de trabalho quando agrupados, de forma coletiva, pois sozinhos e isolados não tinham força suficiente para alcançarem as suas reivindicações. Esse processo dá origem à chamada autonomia coletiva, que mais adiante veremos ser o processo de criação da própria lei. A partir dessa constatação, os trabalhadores se rebelaram, negando-se a trabalhar enquanto

---

(401) Plá Rodriguez enfatiza que há uma diferença muito acentuada entre o que ocorre no Direito do Trabalho e nos outros ramos do direito, em geral. Ao contrário do que ocorre no direito comum, onde rege o princípio da renunciabilidade, no Direito do Trabalho vige o princípio oposto, que é o da irrenunciabilidade (RODRIGUEZ, Américo Plá. *Princípios de direito do trabalho*. Tradução de Wagner D. Giglio e Edilson Alkmim Cunha. 3. ed. São Paulo: LTr, 2000. p. 143).

(402) Cf. DELGADO. 2004. p. 86, 106. Acrescenta Magda Biavaschi que é justamente no século XIX, na Inglaterra, a partir da crescente industrialização, baseada nas indústrias de bens de capital, no carvão, no ferro e no aço, que surgem as condições materiais que permitiram o nascimento do Direito do Trabalho (BIAVASCHI, Magda Barros. *O direito do trabalho no Brasil* — 1930-1942. São Paulo: LTr, 2007. p. 59-60).

não melhoradas as respectivas condições de trabalho. Os patrões viram-se obrigados a negociar a fim de terem o processo produtivo reativado. Agrupados, os trabalhadores passaram a conseguir soluções nunca antes alcançadas, surgindo os contratos coletivos de trabalho.[403]

Mário de La Cueva sustenta que a história do Direito do Trabalho retrata a luta do homem por liberdade, pela dignidade pessoal e social e pela conquista de um mínimo de bem-estar que dignifique sua vida, facilite e fomente o desenvolvimento da razão e da consciência. Informa que o Direito do Trabalho nasceu com o Direito Agrário, como um grito de rebeldia do homem que sofria injustiça no campo, nas minas, nas fábricas e nas oficinas. Nasceu como um direito novo, criador de novos ideais e novos valores. O Direito Mexicano do Trabalho já se inspirava nas históricas ideias de liberdade, igualdade e dignidade da pessoa humana. A igualdade vem a ser a essência da Democracia, e o Direito do Trabalho tem como fulcro a busca da igualdade social e jurídica do trabalhador e do empresário.[404] Em outras palavras, as premissas do Direito do Trabalho têm como fundamento os próprios postulados da Revolução Francesa: igualdade, liberdade e fraternidade, bem como uma concepção de justiça distributiva, com o tratamento desigual dos desiguais.

Então, o Direito do Trabalho origina-se na pressão exercida pela própria classe trabalhadora junto ao Estado, não surgindo através de uma ação isolada ou independente do Estado ou da classe patronal com intuito de trazer avanços nas precárias condições de trabalho da época.[405] Em determinados momentos, esse processo mostrou-se até mesmo sangrento e traumático, com duros combates de classe, na luta dos trabalhadores por melhores condições de trabalho.[406]

Surge o Direito do Trabalho, portanto, com o objetivo de igualar, no plano jurídico, sujeitos economicamente desiguais, podendo ser caracterizado ou sintetizado com o adequado e completo entendimento de quatro ideias: compensação, igualdade, hipossuficiência e vulnerabilidade.[407] A propósito, *Jorge Souto Maior* e *Marcus Orione Gonçalves Correia* sustentam que somente com a Constituição de Weimar, em 1919, passa a existir um Direito do Trabalho protetor dos trabalhadores, ao estabelecer limitação de jornada de trabalho e criar uma justiça laboral especializada, por exemplo. Sustentam que o surgimento do Direito Social está diretamente ligado à ideia de transformação do Estado Liberal em Estado Social, com o desenvolvimento de políticas de bem-estar social. Atribuem essa mudança principalmente aos acidentes do trabalho, que exigiu o estabelecimento de obrigações jurídicas ligadas à prevenção e à reparação do dano, vindo a impulsionar a formação do Direito Social e do seu consequente Estado Social.[408]

---

(403) Cf. CAMINO. 1999. p. 21-30.
(404) CUEVA, Mário de La. *Panorama do direito do trabalho.* Porto Alegre: Sulina, 1965. p. 21, 45, 59-60.
(405) Cf. SÜSSEKIND *et al.* 2000. v. 1, p. 157.
(406) A respeito, são interessantes os motivos elencados por Evaristo de Moraes Filho para o surgimento do Direito do Trabalho (MORAES FILHO, Evaristo de. *Introdução ao direito do trabalho.* São Paulo: LTr, 2000. p. 66 *et seq.*).
(407) O professor catedrático de Direito do Trabalho na Universidade *Castilla-La Mancha*, Antonio Baylos, ensina que o Direito do Trabalho é um direito especial dos trabalhadores subordinados, fruto da ação do Estado e da autotutela da própria classe operária, que surge para corrigir e remediar a real desigualdade socioeconômica e jurídica (BAYLOS, Antonio. *Direito do trabalho*: modelo para armar. São Paulo: LTr, 1999. p. 69).
(408) MAIOR; CORREIA. 2007. v. 1, p. 14-18, *passim*.

Evaristo de Moraes Filho chama a atenção para o caráter tuitivo do Direito do Trabalho, com um sentido nitidamente intervencionista, vindo a romper com os cânones clássicos da Revolução Francesa, que conferiu liberdade total de contratação, o que acarretou a exploração do fraco pelo forte. O Estado deixa de ter papel negativo, absenteísta, para se transformar em Estado positivo, no sentido de equilibrar os sujeitos. Retira-se a autonomia da vontade das partes contratantes, passando as normas criadas pelo Estado a ter efeito cogente e irrenunciável.[409]

Nasce com o propósito de estabelecer mecanismos de compensação na relação empregado/empregador, visando igualar essas partes que se encontram no plano material em situações de desigualdade, em razão da posição de vulnerabilidade do trabalhador na defesa do seu emprego e de melhores condições de trabalho, o que se configura por ser este hipossuficiente.[410] Esse foi o espírito criador dessa ciência no século XIX. *Cesarino Jr.* sustenta que as normas de Direito Social se diferenciaram de todas as demais normas jurídicas por buscarem a proteção dos economicamente fracos.[411]

Obviamente que se o surgimento do Direito do Trabalho ocorresse no século XXI, teríamos a inclusão de outras premissas. Atualmente, não se exige apenas melhores condições de trabalho e salários adequados, mas, sobretudo, condições dignas de trabalho, em cumprimento aos princípios e objetivos fundamentais traçados ao Estado Social e Democrático brasileiro, elencados no Título I da Constituição Federal, em especial observância ao princípio da dignidade da pessoa humana, que vem a ser o centro axiológico da teoria concretizadora dos direitos fundamentais.[412] A propósito, em 1957, *Cezarino Jr.* já sustentava que o espírito da legislação do trabalho se orienta no sentido da solidariedade social, da justiça social e da dignidade do homem[413], cujos princípios e valores vieram a ser consagrados posteriormente pelo Estado brasileiro, de forma expressa no preâmbulo e no Título I da Constituição Federal de 1988.

Segundo as lições de *Orlando Gomes* e *Elson Gottschalk*, o Direito do Trabalho opera com premissas peculiares, destacando-se uma tutela especial, intervencionista, em favor de trabalhadores economicamente fracos e juridicamente dependentes. Por tal razão, impõe aos sujeitos contratantes uma série de normas imperativas de ordem pública, inderrogáveis pela vontade privada. Esse dirigismo contratual diferenciou o Direito do Trabalho de vários outros ramos do Direito.[414] Por ser informado por princípios próprios, tendo como esteio o princípio da proteção, sem sombra de dúvidas diferencia-se de outras disciplinas.

---

(409) MORAES FILHO. 2000. p. 54-55.
(410) Os significados não são os mesmos. Enquanto por vulnerável se entende aquela pessoa que está em posição de inferioridade em relação ao outro, podendo-se falar até mesmo nos trabalhadores detentores de altos salários em relação ao seu empregador porque também necessitam do emprego, por hipossuficiente entende-se aquela pessoa que é economicamente muito humilde, pobre, não autossuficiente (*Michaelis*: moderno dicionário da língua portuguesa. São Paulo: Companhia Melhoramentos, 1998).
(411) CESARINO JÚNIOR, Antônio Ferreira. *Direito social brasileiro*. Rio de Janeiro: Freitas Bastos, 1957. p. 88.
(412) Cf. DELGADO, Mauricio Godinho. *Curso de direito do trabalho*. São Paulo: LTr, 2004. p. 75-76. Ledur enfatiza que os direitos fundamentais sociais são expressões ou manifestações do princípio do Estado Social (LEDUR, José Felipe. *Direitos fundamentais sociais:* efetivação no âmbito da democracia participativa. Porto Alegre: Livraria do Advogado, 2009. p. 106).
(413) CESARINO JÚNIOR. *Op. cit.*, p. 101.
(414) GOMES, Orlando; GOTTSCHALK, Elson. *Curso de direito do trabalho*. 16. ed. Rio de Janeiro: Forense, 2000. p. 20.

Posteriormente, essas ideias contribuíram para a evolução de outros ramos do Direito, sobressaindo-se atualmente nas premissas que amparam o Direito do Consumidor.

5.2. Breve histórico das convenções e dos acordos coletivos

Como já visto anteriormente, o Direito do Trabalho tem como escopo estabelecer mecanismos de compensação na relação contratual estabelecida entre empregado e empregador, com vistas a igualá-los no plano jurídico, por partir da premissa que são sujeitos economicamente desiguais e que, portanto, estão inicialmente em posições igualmente desiguais para contratação e execução do contrato. Face a essas peculiaridades, em um primeiro momento histórico, o Estado não esteve presente nas relações de trabalho.[415] Posteriormente, a partir da coalizão dos trabalhadores na busca por melhores condições de trabalho é que nasce este novo ramo do Direito, impulsionado pela consciência de classe. Desse modo, o fato social que propicia o nascimento do Direito do Trabalho é de natureza coletiva e somente após é que se constata o surgimento do Direito Individual do Trabalho, com normas protetivas dos trabalhadores como resposta aos duros combates sociais, aos abusos e à violência cometidos contra a classe trabalhadora. O Direito do Trabalho rompe com vários dogmas clássicos do Direito Civil, como os primados da autonomia da vontade, da liberdade de contratar e, especialmente, de ser o Estado a única fonte do Direito.[416]

Russomano refere que o contrato coletivo de trabalho é produto de costumes exigidos pelas necessidades coletivas, tendo as partes de buscarem solução para os conflitos estabelecidos entre empregados e empregadores, notadamente com o advento da economia industrial, em razão de o Estado naquele instante não interferir em tais conflitos. Naquele momento histórico, as relações entre empregados e empregadores operavam de maneira inorgânica, anárquica e instável. As partes buscavam a solução dos conflitos através dos contratos coletivos, em razão das vantagens advindas desses acordos celebrados entre empregados e empregadores. Essa tradição consuetudinária dos contratos coletivos foi consagrada inicialmente naqueles países que viveram a explosão industrial, destacando-se a Inglaterra. Anos após, este instituto veio a ser reconhecido pelo direito escrito dos principais países europeus, como Alemanha, França e Itália. Na América, só após 1930 o instituto passou a ser reconhecido, o que ocorreu, por exemplo, no México, Colômbia, Uruguai e Brasil. Explica *Russomano* uma particularidade desse fenômeno no Brasil. Enquanto na Europa e nos Estados Unidos o contrato coletivo surgiu diretamente dos costumes locais, a partir da ação direta de empregados e empregadores, sendo posteriormente transportado pelo legislador para os códigos, no Brasil — e em diversos países latino-americanos — o fenômeno foi inverso, isto é, o contrato coletivo não foi resultado do costume, do seu uso pelo povo e pelos sindicatos: foi produto artificial da lei, em razão do reconhecimento da sua utilidade pelo legislador.[417]

---

(415) Cesarino Jr. enfatiza que as normas, regulamentando as convenções coletivas, nasceram fora da lei. Inicialmente, o Estado se defendeu contra este direito não estatal, passando após a reconhecê-lo, com o surgimento de regras imperativas, que regulamentavam este fenômeno (CESARINO JÚNIOR. 1957. p. 267).
(416) Cf. CAMINO. 1999.
(417) RUSSOMANO, Mozart Victor. *Pequeno curso de direito do trabalho*. Rio de Janeiro: José Konfino, 1956. p. 93-99.

As normas no Direito do Trabalho originam-se da atuação do Estado, onde se verifica a autonomia estatal; nos contratos coletivos[418], quando se constata a autonomia coletiva; e no poder normativo, que são as sentenças normativas. É um exemplo de pluralismo jurídico, quando se verifica ser regido por diversas ordens.[419]

Délio Maranhão, trazendo o direito comparado para ilustrar, refere que foi a França o primeiro país a regrar em lei especial a convenção coletiva, em 1919, estabelecendo o efeito automático das suas normas sobre os contratos individuais, prevendo, inclusive, a extensão dos seus efeitos a todos os integrantes da categoria, sindicalizados ou não, através de ato ministerial.[420] Segundo *Russomano*, a origem da convenção coletiva está na Inglaterra, nos últimos anos da primeira metade do século XIX, porque foi lá que surgiu a grande indústria, tendo muitos anos depois aparecido este instituto nas leis dos países mais desenvolvidos da Europa, como Alemanha, França e Itália.[421]

Portanto, inicialmente, as condições de trabalho foram fixadas pelo legislador e pelas cláusulas constantes nos contratos de trabalho celebrados. Em um segundo momento, surgem os contratos coletivos de trabalho, como resultado das negociações entre as partes interessadas. Este fenômeno é constatado até mesmo antes do reconhecimento das organizações sindicais. *Orlando Gomes* e *Élson Gottschalk* trazem como exemplo a greve geral ocorrida na Bahia, em 1919, que resultou em um convênio coletivo de condições de trabalho entre um comitê central de greve, pois não havia sindicatos na época, e vários empregadores. Referem que os tipógrafos foram os primeiros a celebrarem contratos coletivos sobre condições de trabalho em todo o mundo. Por essas razões que as primeiras legislações aceitavam a celebração de convênios entre um ou vários empregadores e seus empregados. O Decreto n. 21.761/32 autorizava a celebração desses convênios entre empregadores e seus empregados e entre sindicatos ou quaisquer agrupamentos de empregados. A Constituição Federal de 1937 autorizava a celebração desses acordos entre entidades sindicais. Os Tribunais passavam a homologar acordos coletivos resultantes de dissídios, com efeito de sentença normativa depois de homologados, resultantes das discussões advindas da primeira Lei de Greve, Decreto-Lei n. 9.070/46. O fenômeno cresceu no mundo inteiro. Os Estados Unidos, em 1963, passaram a ter mais de 140.000 Contratos Coletivos celebrados.[422] Na Rússia cada fábrica teve seu contrato coletivo. Na Alemanha, Inglaterra, França, Itália e Suécia foram celebrados centenas de milhares de Contratos Coletivos, envolvendo milhões de trabalhadores. No Brasil, o Decreto-Lei n. 229/67 passou a facultar a celebração de acordos coletivos entre uma ou mais empresas. Em 1951, em Genebra, a Organização Internacional do Trabalho — OIT, editou a Recomendação n. 91, a respeito das negociações coletivas de trabalho, trazendo os objetivos e as diretrizes básicas e iniciais a esse respeito.[423]

---

(418) Cesarino Júnior (1957. p. 267) informa que inicialmente eram três as denominações, utilizadas como sinônimos: convenções coletivas de trabalho, contratos coletivos de trabalho e contratos de tarifas. A primeira delas usada pela legislação francesa e pelo Brasil, com o Decreto n. 21.761/32.
(419) Cf. CAMINO. 1999. p. 21-51, *passim*.
(420) MARANHÃO, Délio; CARVALHO, Luís Inácio Barbosa. *Direito do trabalho*. 17. ed. Rio de Janeiro: FGV, 1993. p. 336.
(421) RUSSOMANO, Mozart Victor. *Estudos de direito do trabalho*. 2. ed. Rio de Janeiro: José Konfino, 1964. p. 255-256.
(422) Importante registrar, conforme lembra Mauricio Godinho Delgado, que a normatização jurídica nos sistemas inglês e norte-americano decorre fundamentalmente da criação de normas através dos acordos e convenções coletivas de trabalho (DELGADO. 2004. p. 101).
(423) Cf. GOMES; GOTTSCHALK. 2000. p. 572-578.

Por essas razões que o Direito Coletivo do Trabalho[424] fascinou os estudiosos do Direito, sendo tratado na época como novo fenômeno jurídico, e considerado por muitos como algo revolucionário[425], na medida em que a negociação coletiva impactou a doutrina, ao constatar o estabelecimento de novas fontes do Direito para a solução dos conflitos existentes.[426]

É interessante a observação feita por *Antonio Lamarca*, na década de 1970, de que rareavam as convenções coletivas de trabalho no Brasil por uma série de razões, dentre elas as exageradas formalidades, o sindicalismo incipiente, a abundância de regulamentação estatal e a falta de disposição dos empregadores para conceder além do que a lei dá.[427] Atualmente, a celebração de convenções coletivas cresce no País e no mundo porque os paradigmas se alteraram, na medida em que grande parte dos contratos coletivos de trabalho se desvirtuaram das origens (lembradas por *Lamarca*), e especialmente porque o objeto dessas normas é conceder além do que já está previsto em lei, vindo na verdade a restringir e reduzir direitos mínimos através desse instrumento.

5.3. A EXTENSÃO E OS LIMITES DAS NORMAS COLETIVAS

As normas trabalhistas são originárias da autocomposição dos conflitos coletivos, tendo estes operado também na criação das normas posteriores, na busca da paz e do progresso social. Este fenômeno social é relativamente recente, decorrendo inicialmente da atuação coletiva dos trabalhadores, que depois passaram a se reunir através de sindicatos. Nos Estados Unidos, por exemplo, as convenções coletivas de trabalho, de longa data, são utilizadas nesse sentido, representando a principal arma do proletariado para garantia de seus direitos, conforme leciona *Russomano*.[428]

Mauricio Godinho Delgado define Direito Coletivo do Trabalho "como o complexo de princípios, regras e institutos jurídicos que regulam as relações laborais de empregados e empregadores, além de outros grupos jurídicos normativamente especificados, considerada sua ação coletiva, realizada autonomamente ou através das respectivas associações".[429] A norma coletiva cria direitos em tese, com efeito *erga omnes* para os integrantes das respectivas categorias profissional e econômica que celebraram tais acordos ou convenções. As normas coletivas estipulam regras a respeito das condições de trabalho e de salário do empregado.

Norma coletiva é gênero, sendo espécies as cláusulas constantes nas convenções coletivas e nos acordos coletivos de trabalho. O art. 611 da CLT conceitua convenção coletiva

---

(424) Segadas Vianna entende que não há razão para distinguirmos as expressões contrato coletivo e convenção coletiva, acrescentando que o legislador francês usou-as como sinônimas, no art. 31 do Código de Trabalho (VIANNA, Segadas. *Instituições de direito do trabalho*. São Paulo: LTr, 2000. v. 2. p. 1.169).
(425) De acordo com Russomano, a convenção coletiva é tão revolucionária em relação às normas antigas sobre contratos, quanto revolucionária é a sentença normativa dentre as noções clássicas da sentença (RUSSOMANO. 1964. p. 262).
(426) Cf. CAMINO. 1999. e Cf. GOMES; GOTTSCHALK. 2000. p. 571.
(427) LAMARCA, Antônio. *Curso expositivo de direito do trabalho*: introdução e sistema. São Paulo: Revista dos Tribunais, 1972. p. 301.
(428) RUSSOMANO. 1964. p. 258.
(429) DELGADO. 2004. p. 51.

de trabalho o acordo de caráter normativo, pelo qual dois ou mais sindicatos representativos de categorias econômicas e profissionais estipulam condições de trabalho aplicáveis, no âmbito das respectivas representações, às relações individuais do trabalho. O § 1º do mesmo art. 611 da CLT também traz a definição de acordo coletivo, que vem a ser aquele celebrado entre os sindicatos representativos de categorias profissionais com uma ou mais empresas da correspondente categoria econômica, com intuito de estipular condições de trabalho, aplicáveis no âmbito da empresa ou das empresas acordantes, às respectivas relações de trabalho.

Mário de La Cueva estabelece que a função do contrato coletivo é a de superar o direito legal ou convencional que esteja vigorando, constituindo-se como fator importante de democratização nas relações entre trabalhadores e empresários e como um princípio mais efetivo para a realização de uma justiça social.[430]

Para se estabelecer uma análise correta e adequada da extensão e dos limites das normas coletivas, teremos de revisitar as premissas e as diretrizes já expostas, ainda que de maneira incipiente, a respeito do Direito do Trabalho, na medida em que o Direito Coletivo do Trabalho tem os mesmos objetivos traçados para o Direito Individual do Trabalho.[431] Não se trata de um ramo autônomo do Direito, desmembrado do Direito Individual do Trabalho, que possua objetivos ou limites próprios, dissociados dos estabelecidos para o direito material individual.[432] *Mauricio Godinho Delgado* estatui a posição predominante da doutrina: o Direito Coletivo do Trabalho não é um ramo autônomo em relação ao Direito Individual, embora reconheça que o debate a este respeito permanece.[433]

Em um primeiro momento, com base nessas diretrizes e amparado apenas na legislação infraconstitucional, procuraremos estabelecer o conteúdo e os limites das normas coletivas. Posteriormente, será feita a mesma análise sob o prisma constitucional, a partir do estudo da norma disposta no art. 7º, inciso XXVI, da Constituição Federal.

O Direito do Trabalho é composto, via de regra, por normas de ordem pública[434], cogentes e irrenunciáveis; portanto, irreversíveis, indisponíveis[435] e inegociáveis.

---

(430) CUEVA. 1965. p. 148-149.
(431) Mauricio Godinho Delgado, assim como grande parte da doutrina, classifica o Direito Material do Trabalho em Direito Individual do Trabalho e em Direito Coletivo do Trabalho (DELGADO. 2004. p. 64).
(432) Cf. RUSSOMANO, Mozart Victor. *Princípios gerais de direito sindical*. 2. ed. Rio de Janeiro: Forense, 1998. p. 49-51.
(433) DELGADO. *Op. cit.*, p. 1.295.
(434) O Direito do Trabalho se constitui em grande parte de preceitos de ordem pública, que visam amparar o trabalhador como ser humano e a concretização dos princípios da justiça social, mediante limitação da autonomia da vontade (SÜSSEKIND. 2000. v. 1, p. 205-207). Assinala Rossal de Araújo que o conceito de normas de ordem pública não converge com a noção de Direito Público, podendo haver normas dessa natureza no âmbito do Direito Privado. As normas protecionistas procuram conduzir a relação laboral para um patamar de equilíbrio, visando minorar a desigualdade econômica entre as partes. A relação jurídica fundamental, entretanto, permanece no Direito Privado (ARAÚJO, Francisco Rossal de. *A boa-fé no contrato de emprego*. São Paulo: LTr, 1996. p. 72-73).
(435) Plá Rodriguez, citando o professor italiano Santoro-Passarelli, enfatiza que não seria coerente que o ordenamento jurídico realizasse de maneira imperativa, pela disciplina legislativa e coletiva, a tutela do trabalhador, contratante necessitado e economicamente débil, e que depois deixasse seus direitos em seu próprio poder ou ao alcance de seus credores (RODRIGUEZ. 2000. p. 145).

João de Lima Teixeira Filho arrazoa que há um conjunto mínimo de direitos que são irrenunciáveis, acrescentando que ao Estado incumbe lançar o núcleo duro de garantias mínimas para os trabalhadores (conteúdo), assegurando mecanismos de veiculação e de defesa dos seus interesses. Diz que o interesse público se encontra resguardado com a cláusula de irrenunciabilidade (também previsto no art. 8º da CLT) e com a cominação de nulidade dos atos que contra ele atentem, trazidos nos arts. 9º e 444 da CLT.[436] Já as normas de direito privado são dispositivas. Essas características notabilizam o contrato de trabalho como uma espécie peculiar de contrato, tendo o Estado, através do Direito do Trabalho, a função de regular e harmonizar as relações entre capital e trabalho, com o intuito de preservar a paz social, buscar o progresso social e, com isso, atingir o interesse público — atualmente expresso na própria Constituição Federal, em seus princípios fundamentais.

As normas trabalhistas acima caracterizadas compõem um núcleo mínimo do contrato de trabalho, no qual não há espaço para a autonomia da vontade restringir os direitos mínimos estabelecidos em lei,[437] não cabendo às partes a negociação, a transação ou a renúncia desses direitos mínimos estabelecidos em lei em favor daquela parte que está em situação de vulnerabilidade em relação à outra.[438] É o Estado intervindo nas relações capital-trabalho, estabelecendo um contrato mínimo de trabalho a ser observado, criando mecanismos de compensação e visando buscar uma igualdade material entre a parte hipossuficiente e o empregador. É claro que as características e os contornos traçados abarcam as normas trabalhistas em regra geral. Todavia, excepcionalmente existem normas que admitem a restrição do seu núcleo mínimo, assegurado ao trabalhador através do acordo ou da conven-ção coletiva de trabalho, por expressa disposição contida na própria norma. Desse modo, quando o legislador autorizou a flexibilização desse direito, em princípio poderemos ter presente a redução desse espectro de proteção ao trabalhador.[439] Os exemplos excepcionais mais notórios a respeito são os de redução dos salários e de compensação da jornada de trabalho, trazidos nos incisos VI e XIII, respectivamente, do art. 7º da Constituição Federal.[440]

A legislação trabalhista possui normas expressas, que retratam as características e os elementos ora trazidos, estabelecendo os devidos contornos para a validação de norma coletiva oriunda de uma negociação coletiva de trabalho. Inicialmente, é no

---

(436) Cf. SÜSSEKIND *et al.* 2000. v. 1, p. 1.159, 1.161.
(437) Obviamente que as partes poderão contratar além dos direitos mínimos estabelecidos em lei, incidindo, neste particular, o princípio da autonomia da vontade, no sentido de ampliarem o contrato mínimo legal.
(438) Assim também sustentam Gomes e Gottschalk (2000. p. 636) e Rodriguez (2000. p. 145-146).
(439) Claro que aqui estamos analisando genericamente a possibilidade de restrição desse direito por meio de acordo ou convenção coletiva quando a norma geradora desse direito assim autoriza expressamente, sem entrarmos neste momento na análise de constitucionalidade dessas restrições, sobretudo em razão do que dispõe os princípios da proibição de retrocesso e da progressividade social. Esses princípios serão analisados no item seguinte, sem, contudo, ser feita uma análise individual das hipóteses previstas excepcionalmente em lei autorizadoras de negociação coletiva, por exigir um estudo mais amplo de cada um desses casos.
(440) Todavia, importante ressaltar que existem limites impostos pela própria lei para esta celebração. Por exemplo, o citado inciso XIII dispõe que a compensação poderá ser estabelecida na semana de trabalho, dentro das quarenta e quatro horas semanais, apesar de reconhecermos que a jurisprudência majoritária admite que a compensação extrapole este limites, sendo o exemplo mais notório o conhecido banco de horas.

plano internacional que temos a principal diretriz a ser seguida, estabelecida pela Organização Internacional do Trabalho[441], a Recomendação n. 91, que traz a definição dos contratos coletivos como sendo:

> Todo acordo escrito relativo às condições de trabalho ou emprego, celebrado entre um empregador, um grupo de empregadores ou uma ou várias organizações de empregadores, por um lado, e, por outro, uma ou várias organizações representativas de trabalhadores ou, na falta delas, por representantes dos trabalhadores interessados, devidamente eleitos e autorizados por eles, de acordo com a legislação do respectivo país.[442]

A referida recomendação traça claramente limites objetivos aos acordos e convenções coletivas de trabalho, dispondo que deverão ser celebrados de acordo com a legislação do respectivo país. Não poderão, portanto, trazer normas contrárias àquelas já estabelecidas na legislação nacional, devendo atuar no vazio da lei, para criar normas e condições de trabalho mais benéficas, ou para ampliar esses benefícios, mas nunca para limitá-las. Essa conclusão é extraída dos basilares arts. 9º e 444, ambos da CLT.

O elementar e necessário art. 9º da CLT dispõe que serão nulos de pleno direito os atos praticados com o objetivo de desvirtuar, impedir ou fraudar a aplicação dos preceitos contidos na Consolidação, indo ao encontro da Recomendação n. 91 da OIT, que exige que os acordos coletivos celebrados estejam em consonância com a legislação do respectivo país. Desse modo, é inviável pensar-se na celebração de normas coletivas que venham a restringir os direitos mínimos assegurados pelo Estado aos trabalhadores.

O igualmente importante art. 444 da CLT é expresso em dispor que "as relações contratuais de trabalho podem ser objeto de livre estipulação das partes interessadas em tudo quanto não contravenha às disposições de proteção ao trabalho, aos contratos coletivos que lhes sejam aplicáveis e às decisões das autoridades competentes". Essas normas nos levam à conclusão de que não há espaço para a autonomia da vontade das partes com respeito à restrição, limitação ou supressão dos direitos mínimos dispostos em lei, na medida em que tais direitos são indisponíveis e irrenunciáveis pelo trabalhador. Enquanto tais normas continuarem em vigor, não haverá espaço para a prevalência do negociado em relação ao legislado no tocante a tais espécies de direitos.[443]

---

(441) A Organização Internacional do Trabalho é um organismo especializado das Nações Unidas que procura fomentar a justiça social e os direitos humanos e trabalhistas internacionalmente reconhecidos. Foi criada em 1919, convertendo-se no primeiro organismo especializado das Nações Unidas. Cabe à OIT formular normas internacionais de trabalho, na forma de convenções e recomendações, onde se fixam condições mínimas em matéria de direitos trabalhistas fundamentais (STÜRMER, Gilberto. *A liberdade sindical na Constituição da República Federativa do Brasil de 1988 e sua relação com a Convenção n. 87 da Organização Internacional do Trabalho*. Porto Alegre: Livraria do Advogado, 2007. p. 125).
(442) Cf. BANDINI, Renato Luiz de Avelar. Reconhecimento das convenções e dos acordos coletivos de trabalho — art. 7º, inc. XXVI, da Constituição Federal de 1988. In: VILLATORE, Marco Antônio César; HASSON, Roland (orgs.). *Direito constitucional do trabalho:* vinte anos depois: Constituição Federal de 1988. Curitiba: Juruá, 2008. p. 410.
(443) Cf. SÜSSEKIND *et al*. 2000. v. 1, p. 205-206, acrescentando que nada impede que as partes celebrem condições mais favoráveis do que as resultantes dos preceitos imperativos.

As normas coletivas restritivas dos direitos mínimos previstos em lei devem ser automaticamente afastadas por serem *contra legem,* devendo prevalecer a norma mais favorável ao trabalhador. As regras imperativas concernentes ao Direito do Trabalho são de índole impositiva ou proibitiva, e devem ser observadas tal como foram estatuídas.[444] Esta conclusão decorre da simples aplicação das normas existentes em nosso sistema jurídico, especialmente com a conjugação dos arts. 9º e 444, ambos da CLT.[445] *Orlando Gomes* e *Elson Gottschalk* são taxativos ao dizerem que:

> O princípio da liberdade contratual na estipulação do conteúdo da convenção coletiva está limitado pela regra prevista nos arts. 9º e 444 da CLT (disposições contrárias às disposições de proteção ao trabalho), pelas disposições contrárias à ordem pública, à moral (Código Civil) e à liberdade sindical.[446]

Aliás, outro dispositivo da própria CLT ensina também este caminho: o art. 623 dispõe que: "será nula de pleno direito disposição de convenção ou acordo que, direta ou indiretamente, contrarie proibição ou norma disciplinadora da política econômico-financeira do Governo ou concernente à política salarial vigente, não produzindo quaisquer efeitos perante autoridades e repartições públicas, inclusive para fins de revisão de preços e tarifas de mercadorias e serviços". O parágrafo único da mesma norma traz o dever da declaração de nulidade da norma, até mesmo de ofício pelo juiz, em processo submetido ao seu julgamento. Essa também é a orientação contida na Lei Complementar n. 75/93, que dispõe sobre a organização e as atribuições do Ministério Público, contida no art. 83, inciso IV, ora transcrito: "Compete ao Ministério Público do Trabalho o exercício das seguintes atribuições junto aos órgãos da Justiça do Trabalho: [...] IV — propor as ações cabíveis para declaração de nulidade de cláusula de contrato, acordo coletivo ou convenção coletiva que viole as liberdades individuais ou coletivas ou os direitos individuais indisponíveis dos trabalhadores".

O raciocínio ora esposado também tem como fundamento o princípio da proteção[447], cuja ideia-síntese é a compensação. Esse princípio traduz a premissa de que se deve favorecer aquele a quem se pretende proteger. Esse princípio informa três regras básicas de hermenêutica: a) na dúvida quanto ao melhor modo de entendimento da norma, opta-se pela interpretação mais favorável ao trabalhador (*in dubio pro operario*); b) havendo mais de uma norma para regular a mesma situação de fato, independentemente da sua posição na hierarquia das fontes formais, aplica-se aquela que for mais favorável ao trabalhador; c) sucedendo-se normas no curso da relação jurídica, a regularem um mesmo instituto, mantêm-se as condições mais benéficas adquiridas na constância da norma anterior. Existindo duas normas que regulam a

---

(444) Cf. SÜSSEKIND *et al., loc. cit.*
(445) Russomano, comentando o art. 9º da CLT, refere que o ato nulo de pleno direito não produz nenhum efeito. Nasce morto, como dizem os autores franceses. Conclui enfatizando que qualquer conduta patronal ou obreira que procure obstar à aplicação das regras trabalhistas será inócua, não gerará consequências, além de chamar para o infrator as penas que a lei estipule para a repressão de sua conduta (RUSSOMANO, Mozart Victor. *Comentários à consolidação das leis do trabalho.* 6. ed. Rio de Janeiro: José Konfino, 1962. v. 1, p. 110-111).
(446) GOMES; GOTTSCHALK. 2000. p. 585.
(447) Nesse sentido também Süssekind *et al.* (2000. v. 1, p. 205), ao dispor que o referido princípio é um dos característicos fundamentais do Direito do Trabalho, estabelecendo uma base legal cogente para o contrato de trabalho.

mesma situação fática, uma delas constante na lei, sendo a outra uma norma coletiva, terá prevalência aquela que for mais favorável ao trabalhador.⁽⁴⁴⁸⁾

Finalmente, e não com menos relevo argumentativo, o princípio da irrenunciabilidade mostra-se também como sendo uma barreira intransponível à celebração de normas coletivas que venham a restringir as normas de tutela do trabalhador, previstas em nosso sistema jurídico laboral. Este princípio assegura como irrenunciáveis esses direitos, retratando a premissa de indisponibilidade, justamente porque deles não dispõe o trabalhador à luz dos arts. 9º e 468, ambos da CLT.⁽⁴⁴⁹⁾ *Süssekind* ensina que são irrenunciáveis os direitos conferidos aos trabalhadores pela lei, salvo se a renúncia for admitida por norma constitucional ou legal ou se não acarretar uma desvantagem ao trabalhador ou prejuízo à coletividade.⁽⁴⁵⁰⁾

A Orientação Jurisprudencial n. 31 da seção de dissídios coletivos do TST retrata fielmente essa doutrina, ao estabelecer que não é possível a prevalência de acordo sobre legislação vigente, quando ele é menos benéfico do que a própria lei, porquanto o caráter imperativo dessa última restringe o campo de atuação da vontade das partes.⁽⁴⁵¹⁾ Apesar de a orientação versar especificamente sobre acordo celebrado em discussão atinente à estabilidade do acidentado, vem estabelecer de forma clara os contornos admitidos em uma negociação coletiva, proibindo a celebração de normas coletivas menos benéficas ao trabalhador do que a própria lei.

5.4. Análise da norma contida no art. 7º, inciso XXVI, da Constituição Federal

A partir das premissas já estabelecidas anteriormente, é necessária a análise da norma contida no art. 7º, inciso XXVI, da Constituição Federal, que dispõe o seguinte: "São direitos dos trabalhadores urbanos e rurais, além de outros que visem à melhoria de sua condição social: XXVI — reconhecimento das convenções e acordos coletivos de trabalho". Obviamente esse exame diz respeito à análise conjunta, global do art. 7º da Constituição

---

(448) Refere Américo Plá Rodriguez que a disposição de uma convenção coletiva que prejudique um conjunto de trabalhadores será nula, ainda que, por circunstâncias especiais, possa ser vantajosa a um trabalhador isolado. Citando *De La Cueva*, refere que: "Diante de várias normas, provenientes de diferentes fontes formais, deve-se aplicar sempre a que mais favoreça aos trabalhadores" (RODRIGUEZ. 2000. p. 124-127). Souto Maior enfatiza que se aplica a regra da norma mais favorável ao trabalhador quando duas ou mais normas regulem a mesma situação por modos diversos. O aplicador deverá, então, optar por aquela que for mais favorável ao trabalhador (MAIOR. 2000. p. 296).
(449) Segundo Américo Plá Rodriguez, a noção de irrenunciabilidade pode ser sintetizada na impossibilidade jurídica de privar-se voluntariamente de uma ou mais vantagens concedidas pelo direito trabalhista em benefício próprio. Refere que boa parte da doutrina relaciona este princípio com outro princípio mais profundo, que vem a ser o princípio da indisponibilidade; com o caráter imperativo das normas trabalhistas, vinculando-o também com a noção de ordem pública das suas normas, como forma de limitação da autonomia da vontade (RODRIGUEZ. 2000. p. 142-144).
(450) Cf. SÜSSEKIND *et al.* 2000. v. 1, p. 216-217.
(451) Segundo Mauricio Godinho Delgado, o princípio da adequação setorial negociada dispõe a respeito da seguinte maneira: as normas autônomas juscoletivas (normas coletivas) prevalecem sobre as normas legais (normas heterônomas justrabalhistas) quando: a) as normas coletivas aumentam, ampliam os direitos previstos em lei; b) as normas coletivas transacionam parcelas de indisponibilidade apenas relativa (isto é, apenas nas hipóteses excepcionais em que a lei admite expressamente a flexibilização da norma legal por norma coletiva — ex.: art. 7º, VI, XIII e XIV, todos da CF). Na primeira hipótese temos a compatibilidade entre o princípio da adequação setorial negociada e o princípio da proteção — da aplicação da norma mais favorável. Na segunda hipótese, temos a compatibilidade com a teoria da flexibilização (DELGADO. 2004. p. 1.318-1.321).

Federal, jamais de forma isolada do seu inciso XXVI, já que este faz parte da norma diretriz constante no citado artigo.[452] Isto é, o exame dos valores e dos objetivos traçados na norma, de tamanha importância no ordenamento jurídico brasileiro.[453]

Inicialmente, temos de analisar a natureza e a espécie de norma contida no art. 7º, inciso XXVI, da Constituição Federal. Como já referido, esse dispositivo está inserido no Título II dessa Carta, que versa sobre os direitos e garantias fundamentais, sendo reconhecidamente como um direito fundamental, especificamente um direito fundamental social dos trabalhadores.

Os direitos fundamentais estão em um plano privilegiado superior em relação às demais normas constitucionais, sobretudo a partir do reconhecimento dado pela Constituição de 1988, sendo considerados cláusulas pétreas, assumindo local de destaque na Constituição, logo após o preâmbulo e os princípios fundamentais. Os direitos fundamentais são considerados atualmente como um dos principais instrumentos de realização das diretrizes traçadas ao Estado brasileiro, na implementação de um Estado Social e Democrático de Direito, sendo que a maioria destes direitos tem como fulcro a busca da dignidade da pessoa humana. Desse modo, os direitos sociais são autênticos direitos fundamentais, tanto sob o aspecto formal como também material.[454]

Destarte, desde já podemos afirmar que interpretar o art. 7º, inciso XXVI, da Constituição Federal, de forma a possibilitar a celebração de contratos coletivos amplos e contrários ao posto nas normas infraconstitucionais é colidir com o próprio sistema existente em nossa Constituição — dos princípios e valores estabelecidos em seu texto, sobretudo com a teoria dos direitos fundamentais em sua integralidade.[455] *Canotilho* enfatiza que as normas dos contratos e acordos coletivos de trabalho estão vinculados aos direitos fundamentais, acrescentando que:

> [...] os direitos fundamentais dos trabalhadores e das suas organizações são, na ordem constitucional portuguesa, irrenunciáveis, sobretudo quando se trata de direitos, liberdades e garantias dos trabalhadores (cf. arts. 53 a 58).
>
> [...]

A posição anterior referente à renúncia individual valerá também para renúncias individuais ou coletivas a direitos e prestações necessariamente indissociáveis de uma

---

[452] Cf. Maximiliano, nada de exclusivo apego aos vocábulos. O dever do juiz não é aplicar os parágrafos isolados, e sim os princípios jurídicos em boa hora cristalizados em normas positivas (MAXIMILIANO, Carlos. *Hermenêutica e aplicação do direito*. 19. ed. Rio de Janeiro: Forense, 2006. p. 97).

[453] Nesse sentido, são os ensinamentos de Juarez Freitas, que prega uma interpretação sistemática, sobretudo conforme a Constituição Federal. Interpretar uma norma é interpretar o sistema inteiro: qualquer exegese acarreta, direta ou indiretamente, uma aplicação de princípios, de regras e de valores componentes da totalidade do Direito (FREITAS. 2002. p. 70).

[454] Assim é a posição predominante da doutrina, inclusive internacional. ALEXY. 2002; CANOTILHO. 2003; MIRANDA. 1998. t. 4; SARLET. 2005a.

[455] Oscar Ermida Uriarte enfatiza que a Constituição é a norma máxima do ordenamento jurídico nacional. Portanto, é a partir da Constituição que se deve iniciar qualquer processo de interpretação jurídica, de aplicação e de criação do Direito, justamente por ser a norma de maior hierarquia, que reconhece direitos, princípios e valores essenciais a todos os cidadãos (URIARTE, Oscar Ermida. Derechos humanos laborales en el derecho uruguayo. In: *Cadernos da Amatra IV*, Porto Alegre, ano 2, n. 4, p. 61, 2007).

existência digna (condições de trabalho, cuidados de saúde, pensões de invalidez). Nesse sentido, as normas dos contratos e acordos coletivos de trabalho estão vinculados aos direitos fundamentais.[456]

Em uma segunda análise, doutrinária, temos de buscar o enquadramento desta norma no seu ramo específico do Direito e depois os objetivos do respectivo ramo em que está enquadrada. Essa primeira análise soa talvez desnecessária, mas é importante situarmos o alcance da norma e os seus respectivos objetivos, a fim de que não tenhamos confusões ou equívocos futuros com uma interpretação distorcida do seu sentido.[457] Ou seja, a referida norma constitucional versa sobre o reconhecimento dos contratos coletivos de trabalho, que estão, por sua vez, inseridos no campo do Direito do Trabalho que trata especificamente do Direito Coletivo do Trabalho. Desse modo, passada esta primeira conclusão — que estamos diante de uma norma atinente ao Direito Coletivo do Trabalho, devemos buscar os objetivos estabelecidos para o Direito Coletivo.[458]

Na lição de *Mário de La Cueva*, "O Direito Coletivo constitui a primeira parte do que denominamos a envoltura protetora do direito individual do trabalho e da Seguridade Social".[459] Assim, a segunda conclusão a que chegamos, sobretudo através do contido no item anterior, é a de que o art. 7º, inciso XXVI, da CF, ao reconhecer as normas coletivas em nível constitucional, tem como objetivo proteger as normas contidas no direito individual do trabalho e também buscar melhorar as condições de trabalho e de salário dos trabalhadores. Esta é a essência do instituto do Direito Coletivo do Trabalho no mundo inteiro, desde a sua origem. *Süssekind*, citando *Kant*, sublinha que o Direito, quando concebido sem consideração aos princípios que o fundamentam, assemelha-se a uma cabeça sem cérebro.[460]

Para ilustrar com o direito comparado, as premissas são as mesmas, por exemplo, na Argentina:

> A vontade das partes constitui fonte normativa do contrato de trabalho na medida em que com ele não se altere a denominada ordem pública laboral, vale dizer, os acordos

---

(456) CANOTILHO. 2003. p. 464-465.
(457) Russomano sustenta a concepção unitarista do Direito do Trabalho, não se podendo falar em autonomia do Direito Individual e do Direito Coletivo do Trabalho, informando igualmente a aceitação amplamente majoritária pela doutrina deste entendimento. Enquanto o Direito Individual regulamenta o trabalho e disciplina o exercício dos direitos dos empregados e empregadores, o Direito Coletivo protege esses direitos, procurando ampliá-los. Conclui que o Direito Coletivo robustece e completa o Direito Individual, na medida em que as leis não podem ser atingidas pela negociação coletiva, justamente porque essas leis estabelecem o limite inferior dos direitos trabalhistas (RUSSOMANO. 1998. p. 49-51).
(458) É mais uma vez oportuna a lição de Plá Rodriguez, sustentando que se as leis do trabalho entram em conflito com outra fonte do direito, como a convenção coletiva, têm primazia sobre esta, a menos que contenha disposições mais vantajosas para os trabalhadores. Prossegue sustentando que conforme os princípios gerais do Direito do Trabalho, as disposições legislativas e regulamentares apresentam um caráter de ordem pública, no sentido de garantirem aos trabalhadores vantagens mínimas que não podem, em nenhuma hipótese, ser suprimidas ou reduzidas, mas não são obstáculo a que estas garantias ou vantagens sejam aumentadas ou que garantias ou vantagens não previstas pelas disposições legislativas ou regulamentares sejam instituídas por meio de convenções (RODRIGUEZ. 2000. p. 154-156).
(459) CUEVA. 1965. p. 141.
(460) SÜSSEKIND, Arnaldo. Os princípios do direito do trabalho e a Constituição de 1988. In: GIORDANI, Francisco Alberto da Motta Peixoto; MARTINS, Melchíades Rodrigues; VIDOTTI, Tárcio José (orgs.). *Fundamentos do direito do trabalho*. São Paulo: LTr: 2000. p. 220.

que não impliquem renúncias aos benefícios mínimos previstos para o trabalhador derivados da lei do contrato de trabalho, leis complementares e contratos coletivos de trabalho. Neste último caso, as cláusulas violadoras dos mínimos legais ou convencionais permanecem automaticamente substituídas pelas disposições mínimas contidas na lei ou contrato coletivo aplicável (art. 13 da LCT). Só se revestem do caráter de fonte normativa aqueles acordos individuais, derivados da vontade das partes, que estabeleçam condições mais favoráveis para o trabalhador.[461]

Estevão Mallet traz a experiência norte-americana, a qual caminha no mesmo sentido, afirmando que:

> [...] por mais desenvolvidos que sejam os procedimentos de negociação coletiva e fortes os sindicatos, ainda assim restam matérias inevitavelmente excluídas da disponibilidade das partes. Mesmo no regime norte-americano de relações de trabalho, em que tanto se deixa à negociação coletiva, não se ocupando a legislação, em regra, do conteúdo dos ajustes estabelecidos, reconhece-se a existência de assuntos postos ao abrigo da vontade dos agentes econômicos. Não haverá de ser de outro modo no direito brasilei-ro. Imaginar que, em algum momento, isso possa mudar, ficando toda e qualquer matéria sujeita à negociação coletiva, é inaceitável.[462]

A este respeito, *Russomano* informa que nos Estados Unidos os contratos coletivos constituem um valioso instrumento para a classe trabalhadora, acrescentando que "[...] através deles, sobretudo, os empregados procuram ressalvar e conquistar seus direitos". Acrescenta com extrema propriedade que "[...] em síntese, portanto, se alguma consequência se pode pretender extrair — relativamente ao assunto desta dissertação — através de um paralelo entre as condições próprias dos Estados Unidos da América do Norte e as condições próprias dos Estados Unidos do Brasil, no que diz respeito a tais convênios, essa consequência é a seguinte: toda e qualquer recomendação em favor do uso prático dos contratos coletivos de trabalho necessita ser antecedida por uma recomendação preliminar, no sentido de que se fortaleça o sindicalismo de que dispomos". Conclui afirmando que é sobre sindicalismo verdadeiro, atuante e forte que repousa o êxito cotidiano, no sistema dos contratos coletivos de trabalho. "No Brasil, ao contrário, encontramo-nos com um sindicalismo fictício, inerte e ineficiente. É precisamente, sobre esse sindicalismo, que existe mais na lei do que na vida, que repousa o fracasso diuturno de nossas tentativas de aplicação dos contratos coletivos".[463]

As brilhantes considerações do professor *Russomano* não merecem quaisquer complementações, na medida em que o panorama atual não se alterou significativamente da época em que foram apresentados tais argumentos. E essa conclusão é do próprio professor *Russomano*, que em janeiro de 2009 sustentou o seguinte: "A representatividade sindical,

---

(461) MANSUETI, Hugo Roberto. O direito do trabalho na sociedade Argentina. In: FREDIANI, Yone; SILVA, Jane Granzoto T. da (orgs.). *O direito do trabalho na sociedade contemporânea*. São Paulo: Jurídica Brasileira, 2001. p. 40.
(462) MALLET, Estêvão. A negociação coletiva nos Estados Unidos da América. In: VIDOTTI, Tárcio José; GIORDANI, Francisco Alberto da Motta Peixoto (orgs.). *Direito coletivo do trabalho em uma sociedade pós-industrial*. São Paulo: LTr, 2003. p. 404.
(463) RUSSOMANO. 1956. p. 112-113.

como disse, está tão definhada que, segundo as estatísticas, nem chega a 20% o número de trabalhadores sindicalizados no Brasil".[464]

Süssekind acrescenta que em quase todos os países a negociação coletiva vem sendo prejudicada pelo enfraquecimento dos sindicatos, resultante da crise gerada pela globalização da economia com o endeusamento das leis de mercado, o que ampliou consideravelmente o desemprego e reduziu significativamente o número de trabalhadores filiados aos correspondentes sindicatos. Acrescenta que, no Brasil, a necessidade do intervencionismo estatal na legislação trabalhista decorre do fato de o país estar desigualmente desenvolvido, tendo sindicatos expressivos apenas em alguns pontos do território, onde estão localizadas as indústrias de porte. Por ser um País com dimensões continentais, entende que tais desigualdades justificam o intervencionismo estatal na legislação, em razão da fragilidade sindical em vários pontos deste País. Justifica que até mesmo em países com poderosas organizações sindicais, como Alemanha, França, Itália, Suécia e Espanha, a legislação trabalhista continua inter-vencionista, sendo os direitos trabalhistas ampliados pelas convenções coletivas.[465]

Resta visto, portanto, que a norma contida no art. 7º, inciso XXVI não pode ser examinada em separado, extraindo-a do seu contexto científico-jurídico. Desse modo, de acordo com uma interpretação sistemática do referido inciso, não se pode aceitar que tal dispositivo possibilite a diminuição dos direitos mínimos dos trabalhadores, com a consequente diminuição da sua condição social. Interpretação nesse sentido, além de ser *contra legem*, é contrária a todas as premissas e pressupostos básicos e essenciais construídos nos princípios e regras do Direito do Trabalho, especificamente do Direito Coletivo do Trabalho.[466]

Além disso, tal interpretação colidia frontalmente com o que dispõe o próprio *caput* da norma em apreço, na medida em que o inciso XXVI não pode ser analisado e interpretado de forma isolada em relação ao que está contido no referido *caput*. Por fim, tal interpretação também é contrária a todo o sistema constitucional posto em nossa Constituição. A partir do momento em que a Constituição Federal considera o Brasil como um Estado social e democrático de Direito[467] e, sobretudo, traça os princípios fundamentais a serem implementados — ganhando relevo os princípios da dignidade da pessoa humana, do reconhecimento dos valores sociais do trabalho e da livre iniciativa, da erradicação da pobreza e da marginalização e a redução das desigualdades sociais e regionais, constantes nos arts. 1º e 3º da CF — passa a ser dever do Estado implementar estes fundamentos. Nesse sentido, com base nas premissas estabelecidas, não haveria espaço para que o inciso XXVI do art. 7º da Constituição fosse visto como brecha para diminuição dos direitos sociais, que foram formalmente reconhecidos pelo próprio constituinte como direitos fundamentais materiais e formais.

---

(464) RUSSOMANO, Mozart Victor. Evolução do direito e flexibilização. *Revista ANAMATRA*, Rio de Janeiro, n. 56, p. 69, jan. 2009. Entrevista.
(465) SÜSSEKIND, Arnaldo. *Direito constitucional do trabalho*. 2. ed. Rio de Janeiro: Renovar, 2001. p. 424-425.
(466) É importante trazermos a lição de Eros Grau, quando enfatiza que jamais devemos interpretar um texto normativo isoladamente, mas sim o Direito. A interpretação de qualquer norma constitucional impõe ao intérprete, sempre, em qualquer circunstância, o caminhar pelo percurso que se projeta a partir dela — da norma — até a Constituição (GRAU. 2006. p. 166).
(467) Esta conclusão é extraída principalmente do próprio preâmbulo da Constituição e dos princípios fundamentais nela estabelecidos.

Conforme *José Eduardo de Resende Chaves Júnior*, o constituinte inseriu no *caput* do art. 7º da Constituição uma cláusula aberta de recepção de direitos sociais: "além de outros direitos que visem à sua melhoria da condição social". Acrescenta que tal dispositivo vai além da simples consagração do princípio da proteção, tratando-se da consagração do princípio da emancipação social do trabalhador, que tem como objetivo cobrar da sociedade uma postura pró-ativa, promocional, com intuito de diminuir as desigualdades existentes. Sustenta que a ideia contemporânea do Direito Coletivo tem como desafio privilegiar a emancipação social do trabalhador.[468]

Por fim, é a própria Constituição Federal, no § 2º do art. 114, que exige sejam respeitadas as disposições mínimas legais de proteção ao trabalho, quando verificada a negociação coletiva como mecanismo de solução do conflito existente entre empregados e empregadores. A norma constitucional deixa evidente a indisponibilidade das normas mínimas legais de proteção do trabalho, mostrando mais uma vez a característica da irrenunciabilidade desses direitos.[469]

Semelhante é a interpretação já dada pelo Supremo Tribunal Federal, conforme trecho da ementa ora transcrito: "Aos acordos e convenções coletivos de trabalho, assim como às sentenças normativas, não é lícito estabelecer limitações a direito constitucional dos trabalhadores, que nem à lei se permite". (STF — 1ª T., RE n. 234.186/SP, Rel. Min. Sepúlveda Pertence, julg. em 5.6.01).[470]

Portanto, vimos que as cortes superiores já se posicionaram a respeito do tema, no sentido da impossibilidade da restrição de direitos mínimos previstos em lei em favor dos trabalhadores através de norma coletiva, devendo esta servir exclusivamente para majorar o contrato mínimo legal estabelecido em nosso ordenamento[471].

---

[468] CHAVES JÚNIOR, José Eduardo de Resende. Direito coletivo do trabalho: uma aproximação pós-estruturalista. In: VIDOTTI, Tárcio José; GIORDANI, Francisco Alberto da Motta Peixoto (orgs.). *Direito coletivo do trabalho em uma sociedade pós-industrial*. São Paulo: LTr. 2003. p. 130-131.

[469] Cf. Rossal de Araújo, ao abordar o princípio da irrenunciabilidade, de nada adiantaria assegurar uma série de direitos aos empregados se fosse possível renunciar a eles, ainda mais dentro de uma situação de inferioridade econômica (ARAÚJO. 1996. p. 84).

[470] BRASIL. Supremo Tribunal Federal. *RE n. 234.186/SP*. Relator: Min. Sepúlveda Pertence. Julgado em 5 de junho de 2001. Disponível em: <http://www.stf.jus.br/> Acesso em: 23 abr. 2009.

[471] Apesar dos pronunciamentos do Tribunal Superior do Trabalho e do Supremo Tribunal Federal neste sentido, a jurisprudência continua oscilante a respeito da matéria, sendo constatada, por diversas oportunidades, a restrição desses direitos mínimos através da negociação coletiva, o que se constata, inclusive, em outras decisões do próprio STF.

6. Pacto de São José da Costa Rica: Análise da Prisão Civil do Depositário Infiel Proveniente de Execução Trabalhista

6.1. A prisão civil no sistema jurídico brasileiro: breve histórico

O ordenamento jurídico brasileiro estabelece regra geral proibitiva da prisão civil por dívida. Antes de chegarmos ao sistema atualmente vigente, faz-se mister uma análise do passado, das evoluções e involuções desse instituto, nos diversos ordenamentos que se seguiram, para melhor compreensão deste instrumento coercitivo.

No regime imperial brasileiro, o processo civil estava regulado pelas Ordenações Filipinas, não havendo previsão acerca da prisão civil por dívida. Esta sistemática perdurou durante o período em que esteve em vigor a Constituição Federal de 1824, que não dispunha a respeito desse instituto. A primeira Constituição da República, de 1891, também não disciplinou a matéria, mas conferiu aos Estados competência para legislarem sobre legislação processual. A partir daquele momento, o Regulamento n. 737 de 1850 passou a prever a possibilidade de prisão do depositário, caso não restituísse o bem depositado ou o equivalente em dinheiro.

Em 1917, a partir da vigência do respectivo Código Civil, foi admitida expressamente a prisão civil, tanto nos casos de depósito voluntário como nos de depósito necessário (art. 1.287). A Constituição Federal de 1934 proibia a prisão por dívidas, multas e custas. Então, com a vigência simultânea do Código Civil e da Constituição Federal de 1934, passamos a ter, em princípio, institutos conflitantes sobre o mesmo tema, o Código Civil dispondo a possibilidade da prisão e a Constituição Federal vedando a prisão por dívida. Interessante, e oportuna para o atual momento, a decisão do Supremo Tribunal Federal na época, quando entendeu que a prisão do depositário não poderia ser considerada prisão por dívida, sendo apenas um meio compulsório de restituição do depósito. Manteve-se, assim, a possibilidade de prisão prevista no Código Civil, mesmo com a vedação da prisão por dívida trazida na Constituição, já que aquela modalidade de prisão não era considerada prisão por dívida.

A Constituição Federal de 1937 dispôs em sentido contrário à Constituição Federal de 1934, proibindo a prisão por dívida e autorizando que a matéria fosse disciplinada por legislação ordinária. As Constituições de 1946 e de 1967, esta com a emenda n. 1/69, retornaram à sistemática anterior, possibilitando a prisão do depositário infiel e do devedor de alimentos, na forma da lei.[472]

---

(472) Cf. retrospectiva histórica trazida por BRENNER, Ana Cristina. *A prisão civil como meio de efetividade da jurisdição no direito brasileiro*. Dissertação (Mestrado em Direito) — Programa de Pós-Graduação em Direito, Faculdade de Direito, Pontifícia Universidade Católica do Rio Grande do Sul, Porto Alegre, 2008. p. 32-33.

6.2. A prisão civil e a Constituição Federal de 1988

Dispõe o inciso LXVII do art. 5º da Constituição Federal: "não haverá prisão civil por dívida, salvo a do responsável pelo inadimplemento voluntário e inescusável de obrigação alimentícia e a do depositário infiel".

A Constituição Federal de 1988 manteve o texto das Constituições anteriores, suprimindo apenas a expressão "na forma da lei", que justamente visava remeter para a legislação infraconstitucional a regulamentação do seu conteúdo e o regramento procedimental dessa medida coercitiva.

Conclui-se, desde já, que o constituinte originário de 1988, ao não remeter para o legislador infraconstitucional a regulamentação da matéria, optou por disciplinar de forma clara e precisa a vedação da prisão civil por dívidas e autorizar essa prisão em duas situações excepcionais: nos casos do depositário infiel e do devedor de alimentos.

A legislação ordinária que temos a respeito, atualmente, não regulamenta a matéria, por desnecessário e até mesmo inconstitucional, já que foi o constituinte originário quem disciplinou as hipóteses de vedação e de cabimento da prisão civil. A legislação ordinária existente apenas traz regras procedimentais, não a respeito das hipóteses de cabimento e de vedação, mas apenas as relativas ao cumprimento do preceito constitucional, como o procedimento para se chegar a esta sanção, o regime da pena, a sanção, dentre outros aspectos procedimentais.

6.3. O Pacto de São José da Costa Rica e a prisão civil

Dispõe a Convenção Americana sobre Direitos Humanos, mais conhecida como o Pacto de São José da Costa Rica, em seu art. 7º, 7: "Ninguém deve ser detido por dívidas. Este princípio não limita os mandados de autoridade judiciária competente expedidos em virtude de inadimplemento de obrigação alimentar".

O Pacto de São José da Costa Rica foi incorporado ao ordenamento jurídico brasileiro em 1992, através do Decreto-legislativo n. 27, de 1992:[473]

> Art. 1º: É aprovado o texto da Convenção Americana sobre Direitos Humanos (Pacto São José) celebrado em São José da Costa Rica, em 22 de novembro de 1969, por ocasião da Conferência especializada Interamericana sobre Direitos Humanos.

Com a incorporação do Pacto de São José ao sistema jurídico brasileiro, passou-se a discutir os efeitos reflexos decorrentes desta incorporação. Em um primeiro momento, mediante a interpretação conjunta do texto constitucional e do texto contido no Pacto, a jurisprudência das cortes superiores manteve seus posicionamentos sobre a prisão civil, cujo entendimento continuou pacífico por alguns anos. Entretanto, nos últimos anos, a jurisprudência, principalmente do Supremo Tribunal Federal, modificou o seu

---

[473] Cf. ASSIS, Araken de. *Manual da execução*. 11. ed. São Paulo: Revista dos Tribunais, 2007. p. 627.

posicionamento, passando a dar outra interpretação à matéria, a partir da recepção do Tratado em voga.[474]

Sem sombra de dúvidas, a recepção do Tratado Internacional pelo Brasil representa uma evolução em matéria de direitos humanos pelo nosso ordenamento, na medida em que seu texto busca consagrar instrumentos e medidas melhores e mais eficazes de defesa dos direitos humanos. É interessante a lição trazida por *Fábio Konder Comparato* acerca do dispositivo em comento:

> O § 7º do art. 7º restringe a admissibilidade de prisão civil ao inadimplemento de obrigação alimentar. A Convenção não impede, portanto, tal como o Pacto Internacional de Direitos Civis e Políticos de 1966 (art. 11), que o devedor inadimplente de tributos, ou de outras obrigações de direito público, seja preso administrativamente.[475]

Passa a ser tarefa da doutrina e da jurisprudência uma adequada interpretação sistemática do Pacto, não apenas das normas em si dispostas, mas dos valores e objetivos estabelecidos neste Tratado, o que enseja uma análise com pouco mais de profundidade, inclusive da sua exposição de motivos.[476]

6.4. Os valores e objetivos estabelecidos no Pacto de São José da Costa Rica

O Pacto de São José da Costa Rica tem como objetivo maior estabelecer mecanismos de proteção do cidadão mais simples que, via de regra, não tem condições de buscar e alcançar sozinho e de maneira eficiente seus direitos e suas garantias. Tem como objetivo estabelecer regras claras proibitivas de abusos e excessos, inclusive por parte do Estado, visando a uma progressividade social dos povos. Assim como os demais Tratados de Direitos Humanos, o pacto tem como ideia central a proteção do cidadão, do homem, contra abusos ou arbitrariedades, buscando estabelecer regras de convívio harmonioso em sociedades democráticas e sociais.

Para uma adequada compreensão das normas estabelecidas no Pacto é necessária a identificação dos seus objetivos, pois a compreensão dessas metas e diretrizes é essencial para a posterior compreensão do restante dos dispositivos existentes no Pacto, principalmente acerca do estudo da prisão civil. Em sua exposição de motivos, afirma o Pacto de São José da Costa Rica:

> Os Estados Americanos signatários da presente Convenção,
>
> Reafirmando seu propósito de consolidar neste Continente, dentro do quadro das instituições democráticas, um regime de liberdade pessoal e de **justiça social**, fundado no **respeito dos direitos humanos essenciais**;

---

(474) Mesmo após a ratificação pelo Brasil do Pacto de São José da Costa Rica, a jurisprudência, tanto do STJ como também do STF, era no sentido de admitirem a prisão civil do depositário infiel, citando-se como exemplo os seguintes julgados: RE 345345, Rel. Min. Sepúlveda Pertence, DJ de 11.4.03; RE 344585, Rel. Min. Moreira Alves, DJ de 13.9.02, ambos do STF e RHC 19.766, Rel. Min. Luiz Fux, 1ª Turma, 17.10.06, STJ. Cf. SILVA, Jaqueline Mielke; XAVIER, José Tadeu Neves. *Curso de processo civil*. Rio de Janeiro: Forense, 2008. v. 2, p. 120-121.
(475) COMPARATO. 2003. p. 364.
(476) Nesse sentido, são valiosos os ensinamentos de Freitas (2002).

Reconhecendo que os direitos essenciais da pessoa humana não derivam do fato de ser ela nacional de determinado Estado, mas sim do fato de ter como fundamento os atributos da pessoa humana, razão por que justificam uma proteção internacional, de natureza convencional, coadjuvante ou complementar da que oferece o direito interno dos Estados americanos;

Considerando que esses princípios foram consagrados na Carta da Organização dos Estados Americanos, na Declaração Americana dos Direitos e Deveres do Homem e na Declaração Universal dos Direitos do Homem, e que foram reafirmados e desenvolvidos em outros instrumentos internacionais, tanto de âmbito mundial como regional;

Reiterando que, de acordo com a **Declaração Universal dos Direitos Humanos**, só pode ser realizado o ideal do ser humano livre, **isento do temor e da miséria**, se forem criadas condições que permitam a cada pessoa **gozar dos seus direitos econômicos, sociais e culturais**, bem como dos seus direitos civis e políticos; e

Considerando que a Terceira Conferência Interamericana Extraordinária (Buenos Aires, 1967) aprovou a incorporação à própria Carta da Organização de normas mais amplas sobre os direitos econômicos, sociais e educacionais e resolveu que uma Convenção Interamericana sobre Direitos Humanos determinasse a estrutura, competência e processo dos órgãos encarregados dessa matéria; [...] [grifo é nosso].

Segundo *Flávia Piovesan*, em 1988, a Assembleia Geral da Organização dos Estados Americanos adotou um protocolo adicional à Convenção, relativo aos direitos sociais, econômicos e culturais (Protocolo de San Salvador), que entrou em vigor em novembro de 1999, estando o Brasil entre os Estados-partes deste Protocolo. Dentre os direitos enunciados no Protocolo, destacam-se o direito ao trabalho e a justas condições de trabalho, o que evidencia, mais uma vez, os valores e objetivos estabelecidos neste Tratado Internacional.[477]

Percebe-se claramente os seguintes princípios, valores e objetivos deste Tratado Internacional, entre outros:

a) a realização da justiça social[478];

b) o respeito aos direitos humanos;

c) a sintonia e a afinidade dogmática com a Declaração Universal dos Direitos Humanos;

d) a redução da miséria;

e) a preocupação com a concretização dos direitos econômicos, sociais e culturais.

O art. 23, 3 da Declaração Universal dos Direitos Humanos dispõe que:

Todo homem que trabalha tem direito a uma remuneração justa e satisfatória que lhe assegure, assim como à sua família, uma existência compatível com a dignidade humana e a que se acrescentarão, se necessário, outros meios de proteção social.[479]

Esses princípios, objetivos e valores estão também estabelecidos em nossa Constituição Federal, em seu preâmbulo e no Título I, que trata dos princípios fundamentais,

---

(477) PIOVESAN, Flávia. *Direitos humanos e justiça internacional*. São Paulo: Saraiva, 2007b. p. 89.
(478) A respeito, excelente obra de Jorge Luiz Souto Maior (MAIOR. 2000).
(479) MAIOR. 2000. p. 397.

constituindo-se o Brasil num Estado democrático e social de Direito, destinado a assegurar o exercício dos direitos sociais, o bem-estar social, a igualdade e a justiça; assegurando o princípio da dignidade da pessoa humana, do valor social do trabalho e da valorização do trabalho humano; buscando estabelecer uma sociedade livre e solidária. No art. 4º da Constituição Federal, resta expresso, em seu inciso II, que está entre os princípios norteadores do Estado brasileiro a prevalência dos direitos humanos.

Os ideais buscados também são aqueles estabelecidos na essência dogmática de criação do Direito do Trabalho, chamado por muitos de direito social. *Cezarino Jr.* sustenta que as normas de Direito Social possuem a peculiaridade de se diferenciarem de todas as demais normas jurídicas por buscarem a proteção dos economicamente fracos, chamados de hipossuficientes[480], orientando-se no sentido da solidariedade social, da justiça social e da dignidade do homem[481], cujos princípios e valores vieram a ser consagrados posteriormente pelo Estado brasileiro.

Segundo as lições de *Orlando Gomes* e *Elson Gottschalk*, o Direito do Trabalho opera com premissas peculiares, destacando-se uma tutela especial, intervencionista, em favor de trabalhadores economicamente fracos e juridicamente dependentes.[482]

Portanto, os objetivos estabelecidos no Pacto de São José da Costa Rica, na Constituição Federal de 1988 e nas diretrizes estabelecidas para a ciência que se ocupa do Direito do Trabalho são comuns. Todos buscam a prevalência dos direitos humanos, a justiça social, a proteção, a efetivação e o gozo dos direitos fundamentais dos cidadãos.

Esses objetivos, princípios e valores se refletem em várias frentes, inclusive na defesa, proteção e efetivação dos direitos dos trabalhadores, devendo ser-lhes garantido o pagamento correspondente ao trabalho prestado, o que se busca e se defende desde a Declaração Universal dos Direitos Humanos acima referida.

O direito ao trabalho é um direito constitucional fundamental do cidadão, expressamente consagrado no art. 6º da Constituição Federal. É através do trabalho, e somente por meio dele, que se consegue de forma lícita e moral o gozo dos demais direitos fundamentais, como a educação, a saúde, a moradia, o lazer, dentre tantos outros, consagrados no mesmo art. 6º. O trabalho exige o seu pagamento através do salário, e essa remuneração tem natureza jurídica alimentar, pelos motivos óbvios acima referidos, bem como por assim estar consa-grado na própria Constituição, em seu art. 100, § 1º.

Assim, direito a salário é direito à vida, à subsistência. É direito à sobrevivência do cidadão e à manutenção da sua família. Salário é alimento, é mecanismo de garantia da dignidade do ser humano e, obviamente, de redução da miséria.

A partir dessas considerações, é inconcebível a utilização de um Tratado Internacional de Direitos Humanos para deixar de alcançar ao cidadão-trabalhador o seu alimento — salário, buscado em uma ação trabalhista oriunda do inadimplemento do empregador.

---

(480) CESARINO JÚNIOR. 1957. p. 88.
(481) *Ibidem*, p. 101.
(482) GOMES; GOTTSCHALK. 2000. p. 20.

Infelizmente esta é a consequência prática na hipótese de não ser decretada a prisão civil do empregador — depositário fiel de um bem penhorado, que serve para pagamento dessas parcelas alimentícias, porquanto a medida tem esta finalidade: agir como meio coercitivo para a concretização de uma execução, visando o efetivo pagamento pelo trabalho prestado e alcançado ao empregador.

É apropriada a lição de *Cançado Trindade*, acerca dos mecanismos para se buscar a interpretação mais adequada para os Tratados Internacionais:

> Com efeito, os elementos que compõem a regra geral de interpretação de tratados, formulada no art. 31(1) das duas Convenções de Viena sobre Direito dos Tratados — a saber, a **boa-fé**, o texto, o contexto, e o objeto do tratado — são os que mais frequentemente marcam presença na interpretação de tratados na atualidade.[483]

Com certeza, a interpretação do referido Tratado Internacional, cujo texto é digno de aplausos, obviamente, não pode ser equivocada, pois certamente não foi pensado e convencionado com vistas a atingir esse objetivo, que acabará atingindo, caso se admita que o devedor trabalhista (depositário do bem penhorado) se desfaça deste bem sem a consequência da sua prisão civil.

Para correta compreensão do pacto, é imprescindível lembramos do essencial art. 5º da LICC: "Na aplicação da lei, o juiz atenderá aos fins sociais a que ela se dirige e às exigências do bem comum".

E prossegue *Cançado Trindade*:

> A interpretação teleológica, **com ênfase na realização do objeto e propósito** dos tratados de direitos humanos, tem sido adotada pelos órgãos de supervisão internacional, como o melhor método de assegurar uma proteção eficaz dos direitos humanos.[484]

A utilização de um Tratado Internacional de Direitos Humanos para se desrespeitar um dos mais essenciais direitos da humanidade, que são os alimentos decorrentes do trabalho realizado — um direito fundamental, direito à vida, dignidade, alimentação, sobrevivência — é inverter a lógica estabelecida no próprio Tratado, dando a ele a interpretação que seguramente não foi pensada quando projetado, estudado, debatido e convencionado nos idos de 1969, na Conferência Especializada Interamericana sobre Direitos Humanos, em São José de Costa Rica.

6.5. Qual é a prisão civil vedada no Pacto de São José da Costa Rica?

Partindo-se das premissas já estabelecidas anteriormente, a respeito das diretrizes do Pacto e de acordo com uma interpretação sistemática do seu texto, temos de buscar identificar qual é a espécie de prisão civil vedada.

---

(483) TRINDADE, Antônio Augusto Cançado. *Tratado de Direito Internacional dos Direitos Humanos*. Porto Alegre: Sergio Antonio Fabris, 1999. v. 2, p. 26-27, grifo nosso.
(484) TRINDADE. 1999. v. 2, p. 32-33, grifo nosso.

Como se referiu, o Pacto de São José da Costa Rica tem como condão proteger o mais fraco, a pessoa humilde, hipossuficiente, vulnerável, a fim de que não seja privada da sua liberdade em razão das dívidas que assumiu. O pacto retrata o espírito humanitário de proteção dos direitos humanos, a fim de que o cidadão devedor não seja massacrado somente porque assumiu dívidas, presumindo-se que tais dívidas foram assumidas para se buscar melhorias, bem-estar, alimentos e dignidade para o devedor e sua família.

Protege-se, através do Pacto, o devedor hipossuficiente e sua família, ao contrário de massacrá-lo, como ocorria nos sistemas anteriores, pois nos primórdios, segundo *Couture*, o devedor respondia com a própria vida pelas suas dívidas:

> En un comienzo, la persona humana responde de las deudas con su propia vida. Esto ocurre no solo como forma de venganza privada, sino también en algunos derechos primitivos, como el germánico, en el cual el no pagar las deudas es una afrenta al acreedor. El ofendido pide y a veces obtiene la muerte de su deudor. En una etapa más avanzada, la muerte se sustituye con la esclavitud. El deudor pierde su libertad civil y con su trabajo debe pagar sus deudas.[485]

A primeira conclusão a respeito é que o Pacto de São José da Costa Rica veda a prisão por dívida, assim como a Constituição Federal de 1988, pois os objetivos dos dois diplomas são comuns. Absolutamente, não vem a ser a situação do depositário infiel oriundo de uma execução trabalhista, por exemplo. Leciona *Dinamarco* que o depositário infiel pratica crime de apropriação indébita agravada pelo fato de ser cometida no exercício de um múnus público, conforme art. 168, § 1º, II, do CPC, não se tratando, portanto, de qualquer espécie de prisão por dívida.[486]

A segunda conclusão a que se chega é que o Pacto admite de forma excepcional a prisão civil do inadimplente de obrigação alimentar, assim como a Constituição Federal de 1988 admite.

A divergência interpretativa reside a respeito da prisão do depositário infiel. O Pacto de São José da Costa Rica silencia a respeito, enquanto a Constituição Federal possibilita expressamente a prisão nestes casos. Resta, assim, estabelecer se o depositário infiel é preso por ser devedor ou por descumprir uma obrigação assumida perante uma autoridade judicial, de depósito da coisa penhorada.

6.6. O DEPOSITÁRIO INFIEL: ESPÉCIES DE DEPÓSITO, NATUREZA, FUNÇÕES

Existem várias espécies de depósito: o depósito contratual, que vem a ser um negócio jurídico bilateral, estabelecido entre as partes, nascendo esta obrigação exclusivamente a partir do que foi contratado; o depósito por equiparação legal, previsto nos arts. 647 e

---

(485) COUTURE. 1969. p. 465.
(486) Cf. DINAMARCO, Cândido Rangel. *Instituições de direito processual civil*. 2. ed. São Paulo: Malheiros, 2005. p. 543.

seguintes do Código Civil; e o depósito judicial, que vem a ser um depósito processual, em razão do encargo assumido pelo depositário perante a autoridade judicial, de depósito da coisa penhorada.[487] O depositário judicial assume um *munus* público, passando a atuar como verdadeiro auxiliar da justiça, tendo, portanto, funções de direito público.[488] Assegura-se, nesta espécie de depósito, um poder de polícia do juiz da execução, sendo a prisão civil nessas hipóteses considerada um incidente do processo executivo.[489] Já no depósito civil, nos casos do depósito contratual e do depósito por equiparação, é estabelecida entre as partes uma relação tipicamente contratual.[490]

O Pacto de São José da Costa Rica visa a atingir a prisão por dívida, que em hipótese alguma é a situação do depositário infiel. Muitas vezes, inclusive, nem mesmo vem a ser o próprio devedor o depositário do bem penhorado.[491] O depositário infiel não estará sendo preso porque não pagou uma dívida, mas sim porque descumpriu a sua função pública de depositário do bem, de auxiliar da justiça.[492] Trata-se de uma prisão de natureza processual e não decorrente da violação de uma norma jurídica de direito material.[493]

O Pacto de São José da Costa Rica não se aplica para as hipóteses de depósito judicial, mas sim apenas para as de depósito contratual, já que este tem como fato gerador o negócio jurídico mercantil, comercial, estabelecido entre as partes, visando a garantir o pagamento da dívida assumida.[494]

Portanto, a prisão do depositário infiel não está vedada pelos pactos internacionais, pois o depositário infiel não será preso por ter dívida, nem mesmo por ter descumprido uma obrigação contratual, e sim por ter descumprido uma função pública, de natureza processual, expressamente prevista pela Constituição Federal.

Essa prisão não tem sentido de pena, mas sim de valioso instrumento coercitivo, visando a compelir o cumprimento da obrigação assumida. Ao contrário do que parte da doutrina

---

(487) Cf. GRECO FILHO, Vicente. *Direito processual civil brasileiro*. 16. ed. São Paulo: Saraiva, 2003. p. 76. Acrescenta o autor que, quando o devedor assume o encargo de depositário, passa a ter o dever da guarda do bem não mais como proprietário deste bem, mas sim na condição de depositário.
(488) Cf. MARQUES, José Frederico. *Manual de direito processual civil*. 5. ed. São Paulo: Saraiva, 1976. v. 4, p. 163. Salienta que o ato executivo do depósito não se confunde com o depósito convencional regulado no direito privado.
(489) Cf. SILVA; XAVIER. 2008. v. 2, p. 120.
(490) BRENNER. 2008. p. 122, 132.
(491) Lembre-se de que é corriqueiro que outras pessoas assumam este encargo, como por exemplo o leiloeiro, os empregados detentores de funções de chefia ou de confiança da empresa devedora ou até mesmo o possuidor indireto do bem.
(492) Humberto Theodoro Júnior salienta que a relação entre o juiz e o depositário dos bens apreendidos judicialmente é de subordinação hierárquica, encontrando-se este no exercício de uma função de direito público. Salienta que o juiz pode até mesmo mandar prender o depositário infiel pelo crime de desobediência (THEODORO JÚNIOR, Humberto. *Curso de direito processual civil:* processo de execução e cumprimento da sentença, processo cautelar e tutela de urgência. Rio de Janeiro: Forense, 2007. p. 312).
(493) BRENNER. 2008. p. 21.
(494) Em sentido contrário já decidiu o Supremo Tribunal Federal que é ilícita a prisão civil do depositário infiel, em qualquer modalidade de depósito, conforme ementa a seguir transcrita: RE 466343. EMENTA: PRISÃO CIVIL. Depósito. Depositário infiel. Alienação fiduciária. Decretação da medida coercitiva. Inadmissibilidade absoluta. Insubsistência da previsão constitucional e das normas subalternas. Interpretação do art. 5º, inc. LXVII e §§ 1º, 2º e 3º, da CF, à luz do art. 7º, § 7º, da Convenção Americana de Direitos Humanos (*Pacto de São José da Costa Rica*). Recurso improvido. Julgamento conjunto do RE n. 349.703 e dos HCs ns. 87.585 e 92.566. É ilícita a prisão civil de depositário infiel, qualquer que seja a modalidade do depósito. 3.12.08 (BRASIL. Supremo Tribunal Federal. *RE 466343*. Brasília, 2008. Disponível em: <http://www.stf.jus.br/> Acesso em: 3 ago. 2009).

sustenta, a obrigação imediata assumida jamais é o pagamento da dívida, mas sim a entrega da coisa penhorada ou a sua restituição em dinheiro. Esta é a obrigação processual assumida e por isto será preso o depositário. Mais uma vez insistimos que a prisão não se deve à dívida, mas sim a não entrega do bem penhorado.

6.7. A PRISÃO NA HIPÓTESE DE ALIENAÇÃO FIDUCIÁRIA: JURISPRUDÊNCIA DO STF

O Decreto-lei n. 911/69, que trata da alienação fiduciária, dispõe em seu art. 4º a possibilidade de prisão civil do depositário do respectivo bem alienado em garantia.

A jurisprudência do Supremo Tribunal Federal, até o momento, tem decidido a respeito da impossibilidade da prisão civil do depositário infiel nos casos de alienação fiduciária.[495]

Infelizmente outros julgados estão decidindo da mesma maneira situações completamente distintas.

Como já referido, existem várias espécies de depósito: contratual, por equiparação legal e judicial (depósito processual). A Constituição Federal autorizou apenas a prisão civil do depositário nos caso típicos, genuínos, de depósitos judiciais, não estendendo essas possibilidades para as demais espécies de depósito.[496] Na alienação fiduciária, estamos diante dos casos de depósito por equiparação legal, dispostos nos arts. 647 e seguintes do Código Civil, sendo inconstitucional a prisão neste caso, na medida em que a Constituição Federal não dispõe dessa possibilidade.[497] Esta tem sido, de maneira acertada, a análise do Supremo Tribunal Federal. Entretanto, apanhar esses fundamentos relativos à hipótese de depósitos por equiparação e utilizá-los para a hipótese de depósitos judiciais (processuais) mostra-se equivocado, porquanto são institutos completamente distintos.

Para melhor compreensão do arrazoado, seguem abaixo alguns trechos do voto do Ministro Gilmar Mendes, no julgamento do RE n. 466.343-1, no qual explicita as razões da inconstitucionalidade da prisão civil do depositário nos casos dos contratos de alienação fiduciária, por diversas razões:

> A prisão civil do devedor-fiduciante no âmbito do contrato de alienação fiduciária em garantia viola o princípio da proporcionalidade, visto que: a) o ordenamento jurídico prevê outros meios processual-executórios postos à disposição do credor-fiduciário para a garantia do crédito, de forma que a prisão civil, como medida extrema de coerção do devedor inadimplente, não passa no exame da proporcionalidade como proibição de excesso (*Übermassverbot*), em sua tríplice configuração: adequação (*Geeingnetheit*), necessidade (*Erforderlichkeit*) e proporcionalidade em sentido estrito; e b) o Decreto-Lei n. 911/69, ao instituir uma ficção jurídica,

---

(495) Cássio Scarpinella Bueno ressalta que a matéria é polêmica e que até pouco tempo atrás o STF tinha posição divergente a respeito dela, mantendo a prisão nos casos de depositário infiel quando constituído judicialmente, ainda que com voto vencido do Min. Marco Aurélio, como ocorreu no RHC 90.759/MG, DJ 22.6.2007 (BUENO, Cássio Scarpinella. *Curso sistematizado de direito processual civil*: tutela jurisdicional executiva. São Paulo: Saraiva, 2008. p. 253).
(496) BRENNER. 2008. p. 187.
(497) Araken de Assis ressalta que esta espécie de prisão civil sempre foi controvertida, antes mesmo do posicionamento do STF a respeito, salientando tratar-se de um depósito por equiparação (ASSIS, Araken de. *Comentários ao código de processo civil*. São Paulo: Revista dos Tribunais, 2000. v. 9, p. 664).

equiparando o devedor-fiduciante ao depositário, para todos os efeitos previstos nas leis civis e penais, criou uma figura atípica de depósito, transbordando os limites do conteúdo semântico da expressão "depositário infiel" insculpida no art. 5º, inciso LXVII, da Constituição e, dessa forma, desfigurando o instituto do depósito em sua conformação constitucional, o que perfaz a violação ao princípio da reserva legal proporcional (*Vorbehalt des verhältnismässigen Gesetzes*).

[...]

Lembro, mais uma vez, que o Decreto-Lei n. 911/69 foi editado sob a égide do regime ditatorial instituído pelo Ato Institucional n. 5, de 1968. Assinam o decreto as três autoridades militares que estavam no comando do país na época. Certamente — e nesse ponto não tenho qualquer dúvida —, tal ato normativo não passaria sob o crivo do Congresso Nacional no contexto atual do Estado constitucional, em que são assegurados direitos e garantias fundamentais a todos os cidadãos.

Transmutar os acertados fundamentos utilizados nessa decisão, que dispõe acerca da inconstitucionalidade da prisão civil do depositário nas hipóteses dos contratos de alienação fiduciária, para as hipóteses de depositário infiel nas execuções trabalhistas de créditos de natureza alimentar mostra-se, ao nosso olhar, equivocado, na medida em que tais fundamentos não se encaixam nesta situação.

As razões são diversas. Em primeiro lugar, as espécies de depósito são distintas, pois enquanto na alienação fiduciária estamos diante dos depósitos por equiparação, na execução trabalhista a hipótese é de depósito judicial-processual. Em segundo, o embasamento da prisão do depositário nas alienações fiduciárias é um Decreto-lei assinado quando em vigor o Ato Institucional n. 5, no auge do regime militar ditatorial. Em terceiro, na alienação fiduciária, a prisão tem como objetivo garantir o pagamento de uma dívida, isto é, o cumprimento da obrigação, sendo que o depósito judicial tem como finalidade a garantia do bem penhorado, buscando-se a restituição do bem pelo respectivo depositário. Por fim, enquanto na alienação fiduciária o depósito tem como embasamento um Decreto-lei, na execução trabalhista o fundamento é a Constituição, que assim prevê expressamente (art. 5º, LXVII). Desse modo, obviamente que o Decreto-lei está revogado nesta parte pelo Tratado Internacional que se incorporou ao nosso ordenamento (Pacto de São José da Costa Rica), ao vedar a prisão civil por dívida.

6.8. A PREVISÃO CONSTITUCIONAL DA PRISÃO CIVIL DO DEPOSITÁRIO INFIEL

Conforme já salientado em algumas oportunidades neste ensaio, a prisão civil do depositário infiel está prevista no texto constitucional. Não se trata de matéria disposta ou prevista na legislação infraconstitucional. A previsão desta prisão é constitucional, de forma expressa no art. 5º, inciso LXVII. O referido dispositivo não necessita de qualquer regulamentação, o que fica, inclusive, fácil de se compreender a partir da leitura do dispositivo semelhante que existia na Constituição Federal de 1969.

O art. 153, § 17, da Constituição Federal de 1969 dispunha que: "não haverá prisão civil por dívida, multa ou custas, salvo o caso de depositário infiel ou do responsável pelo inadimplemento de obrigação alimentar, **na forma da lei**". (grifo nosso).

Já o constituinte originário de 1988 não remeteu a matéria para regulamentação infraconstitucional, não sendo necessária, portanto, regulamentação a respeito para que a norma surta seus efeitos normais. É claro que as normas infraconstitucionais visam a trazer maior segurança ao sistema, regrando o instituto e disciplinando o regime e o local de cumprimento da pena, dentre outras matérias formais e procedimentais. Essa legislação infraconstitucional deve, sim, ser saudada, mas é um equívoco sustentar a previsão infraconstitucional dessa prisão a partir das legislações a respeito do instituto, na medida em que tais leis apenas regram o dispositivo constitucional.

Destarte, a prisão civil do depositário infiel está prevista na Constituição Federal, sendo norma de eficácia plena, de aplicação imediata e integral.[498] As normas infraconstitucionais acerca do instituto apenas vem dispor o regramento a respeito do seu procedimento, disciplinando o conteúdo e a forma dessa prisão, não podendo se sobrepor ou irem de encontro ao mandamento constitucional, que, este sim, prevê esta modalidade de prisão.

Esta conclusão é fundamental para ser analisada a hierarquia dessas normas em nosso sistema, bem como a hierarquia do Pacto de São José da Costa Rica no mesmo sistema e, com isso, analisar a revogação, vigência e constitucionalidade dos respectivos dispositivos em comento, o que será feito a seguir.

6.9. A POSIÇÃO HIERÁRQUICA DO PACTO DE SÃO JOSÉ DA COSTA RICA NO ORDENAMENTO JURÍDICO BRASILEIRO

Outro aspecto extremamente polêmico sobre a matéria reside no estabelecimento da posição hierárquica do Pacto de São José da Costa Rica em nosso sistema jurídico.

De maneira sintética abordaremos o tema, já que a matéria em si atinente à hierarquia dos Tratados Internacionais no ordenamento brasileiro mereceria, sem sombra de dúvidas, um estudo bem mais aprofundado.

A Constituição portuguesa possui norma expressa que recepciona os Tratados Internacionais, com algumas restrições, subordinando hierarquicamente aquelas normas ao direito constitucional interno. No Brasil, prevalece a doutrina, estabelecida através da chamada teoria monista, que dispensa qualquer ato formal de ratificação dos Tratados Internacionais sobre direitos humanos, tendo estes recepção automática pelo ordenamento jurídico brasileiro imediatamente após a sua ratificação. Para os demais Tratados Internacionais, que não versam sobre direitos humanos, continua prevalecendo a teoria dualista[499], que demanda a recepção legislativa para passarem a incorporar o direito interno do país.[500]

A matéria é extremamente polêmica, existindo vozes dissonantes a respeito.

---

(498) BRENNER. 2008. p. 121.
(499) Segundo Barroso, para os dualistas inexiste conflito possível entre a ordem internacional e a ordem interna simplesmente porque não há qualquer intersecção entre ambas. São esferas distintas que não se tocam. Um tratado normativo somente operará efeitos no âmbito interno de um Estado se uma lei vier a incorporá-lo ao seu ordenamento jurídico positivo (BARROSO. 1996a. p. 16).
(500) SARLET. 2005a. p. 141.

Uma das correntes doutrinárias preconiza que os Tratados Internacionais de Direitos Humanos possuem hierarquia de norma supraconstitucional. Outra corrente defende a hierarquia constitucional destas normas.[501] Há doutrina que se posiciona no sentido de estes Tratados estarem subordinados somente à Constituição Federal; ainda, há aqueles que sustentam que eles estariam equiparados ao direito infraconstitucional.[502]

Segundo o entendimento da jurisprudência majoritária do Supremo Tribunal Federal, o Pacto de São José da Costa Rica tem *status* de norma supralegal, estando em um plano hierárquico inferior à Constituição e superior ao ordenamento infraconstitucional.[503] Nesse sentido foi o voto do Ministro Gilmar Mendes, no julgamento do RE n. 466.343-1. De acordo com este entendimento, relativo à hierarquia do Tratado em nosso sistema jurídico, o Pacto de São José não teria derrogado o dispositivo constitucional que prevê a prisão civil do depositário infiel.

Parte da doutrina também entende que o Pacto de São José da Costa Rica tem hierarquia de lei ordinária por não ter-se sujeitado ao processo legislativo previsto no novel § 3º do art. 5º da CF, acrescentado no texto constitucional pela Emenda Constitucional n. 45 de dezembro de 2004.[504] *Sarlet* critica este posicionamento, sustentando que no mínimo deveria ser preservada a condição específica de direitos materialmente fundamentais e não remetê-los a um plano idêntico às leis ordinárias, tendo de se admitir, como ocorre na doutrina majoritária lusitana, sua supremacia em relação ao direito interno infraconstitucional.[505]

O art. 5º, § 3º, da CF estabelece: "Os tratados e convenções internacionais sobre direitos humanos que forem aprovados, em cada casa do Congresso Nacional, em dois turnos, por três quintos dos votos dos respectivos membros, serão equivalentes às emendas constitucionais".

Este processo legislativo não ocorreu com o Pacto de São José da Costa Rica, que foi incorporado ao ordenamento brasileiro por meio de Decreto-Legislativo, não se sujeitando ao quórum previsto no § 3º do art. 5º da CF.[506] É oportuna a transcrição de trecho extraído do voto do Ministro Gilmar Mendes, no julgamento do RE n. 466.343-1:

> De qualquer forma, o legislador constitucional não fica impedido de submeter o Pacto Internacional dos Direitos Civis e Políticos e a Convenção Americana sobre Direitos Humanos

---

(501) Nesse sentido é o posicionamento de Sarlet, ao estabelecer que os direitos materialmente fundamentais oriundos de regras internacionais se aglutinam à Constituição material e, por essa razão, acabam tendo *status* equivalente (*Ibidem*, p. 142-143). Flávia Piovesan sustenta outro argumento em favor da hierarquia constitucional dos direitos enunciados em tratados internacionais em matéria de direitos humanos, que vem a ser a natureza materialmente constitucional dos direitos fundamentais, face ao disposto no art. 5º, § 2º, da CF. Já os tratados tradicionais têm hierarquia infraconstitucional, mas supralegal, cuja conclusão se extrai também do princípio da boa-fé, vigente no Direito Internacional (PIOVESAN. 2007a. p. 52-60).
(502) SARLET. *Op. cit.*, p. 143.
(503) Sarlet sustenta que a supremacia da nossa Constituição sobre o Direito Internacional corresponde à posição dominante na literatura (*Ibidem*, p. 142).
(504) Cf. BRENNER. 2008. p. 77.
(505) SARLET. 2005. p. 144.
(506) Sarlet sustenta que há muito tempo o STF já deveria ter atribuído hierarquia constitucional (em sentido material) aos tratados que versem sobre direitos humanos, ainda que estes tenham sido incorporados ao sistema por Decreto Legislativo (*Ibidem*, p. 149).

— Pacto de São José da Costa Rica, além de outros tratados de direitos humanos, ao procedimento especial de aprovação previsto no art. 5º, § 3º, da Constituição, tal como definido pela EC n. 45/04, conferindo-lhes *status* de emenda constitucional.

Segundo esta corrente doutrinária, o art. 5º, § 3º, da CF, acrescentado pela Emenda Constitucional n. 45, de dezembro de 2004, não tem como retroagir e abarcar a ratificação do Pacto de São José da Costa Rica ocorrida mais de dez anos antes, em 1992, por um Decreto-Legislativo. Não há como o citado § 3º regular situações pretéritas.[507]

Desse modo, o Pacto de São José da Costa Rica é reconhecidamente um Tratado Internacional de Direitos Humanos incorporado pelo ordenamento jurídico brasileiro.[508] No entanto, possui, conforme já entendeu o STF, hierarquia supralegal, o que significa que está em um plano superior à legislação infraconstitucional, mas inferior às normas constitucionais.[509]

6.10. A NATUREZA JURÍDICA DO CRÉDITO TRABALHISTA: O DEVEDOR DE ALIMENTOS

Em um segundo plano de argumentação, há fundamentos razoáveis para se sustentar a prisão civil do depositário infiel em uma execução trabalhista de uma verba de natureza alimentícia. Não estamos com isso querendo postular que a prisão civil é cabível neste caso por se tratar de crédito alimentar, mas sim que o Pacto de São José da Costa Rica não é direcionado para o devedor de alimentos.

Conforme já visto na exposição de motivos desse Tratado de Direitos Humanos, o Pacto não foi concebido para proteger o depositário de um bem, que visa a satisfazer uma obrigação alimentícia, oriunda do trabalho prestado por uma pessoa à outra. O art. 7º, 7 do Pacto é expresso ao dispor que: "Este princípio não limita os mandados de autoridade judiciária competente expedidos em virtude de inadimplemento de obrigação alimentar".

Uma interpretação sistemática a respeito dessa norma sinalizará a impossibilidade de proteção do depositário infiel de um bem que visa a satisfazer uma dívida de natureza alimentícia, como ocorre nas execuções trabalhistas de um modo geral. Não há como se inverter a lógica do sistema concebido no próprio Pacto, que visava proteger justamente o hipossuficiente e não desproteger o trabalhador que vendeu a sua força de trabalho e não recebeu o correspondente pagamento.

Alimento é um direito fundamental do cidadão (do trabalhador). É direito à vida, à sobrevivência, à dignidade, previstos no art. 1º, III, e 6º da Constituição Federal. Não há

---

(507) Flávia Piovesan, em sentido contrário, defende que os tratados internacionais de direitos humanos ratificados anteriormente à Emenda Constitucional n. 45/04 têm hierarquia constitucional, sendo tais normas material e formalmente constitucionais (PIOVESAN. 2007a. p. 73).
(508) Segundo Sarlet, o procedimento de incorporação dos tratados internacionais através de emendas constitucionais poderia ser opcional, lembrando que há os que sustentam até mesmo a dispensa de qualquer ato formal de incorporação para além da ratificação (SARLET. 2005a. p. 147-148).
(509) Flávia Piovesan entende equivocado o entendimento segundo o qual, face ao disposto no § 3º do art. 5º da CF, todos os tratados de direitos humanos já ratificados seriam recepcionados como lei federal, por não terem obtido o *quorum* qualificado de três quintos, consoante exige o referido parágrafo. Entende que todos os tratados de direitos humanos, independentemente do *quorum* de sua aprovação, são materialmente constitucionais, compondo o bloco de constitucionalidade (PIOVESAN. 2007a. p. 71-72).

como não se proteger este direito, justamente com o uso de um Tratado Internacional de Direitos Humanos que tem entre seus maiores fundamentos os mesmos direitos — que vem a ser o princípio da dignidade da pessoa humana.

Não há como conceber a dívida de natureza alimentar como as demais dívidas comuns. A prestação alimentícia (que é a hipótese do crédito trabalhista) foi concebida de forma diferenciada pelo nosso ordenamento, tendo posição privilegiada desde a Constituição Federal (art. 100).

Conforme assevera *Flávia Piovesan*, na hipótese de eventual conflito entre o Direito Internacional dos Direitos Humanos e o Direito interno, adota-se o critério da prevalência da norma mais favorável à vítima. Isto é, a primazia é da norma que melhor proteja, em cada caso, os direitos da pessoa humana.[510] Resta decidir e avaliar, no caso em discussão, quem é a vítima: o depositário infiel (normalmente o empregador) do bem que serviria para pagamento de uma dívida de natureza alimentícia, ou o trabalhador que ficou sem o recebimento destes alimentos, apesar do trabalho prestado em favor do empregador?[511]

O descumprimento de uma decisão judicial, em relação às obrigações inerentes ao depósito judicial-processual, viola o direito à vida, desrespeitando os mais elementares direitos fundamentais. Isto, por si só, afasta a aplicação do Pacto de São José da Costa Rica em tais hipóteses, completamente distintas, por razões óbvias e lógicas que não serão mais uma vez repetidas, daquelas relativas à alienação fiduciária.

6.11. O direito fundamental estabelecido no inciso LXVII, do art. 5º da CF

O inciso LXVII do art. 5º está localizado no Título II da Constituição Federal, que trata dos direitos e garantias fundamentais, precisamente no Capítulo I, dos direitos e deveres individuais e coletivos. Consagrou a doutrina estabelecer que no art. 5º da Constituição Federal estão localizados direitos fundamentais, individuais e coletivos. Trata-se de cláusulas pétreas, protegidas pelo disposto no art. 60, § 4º da Constituição Federal.

Sendo assim, indaga-se se é possível a revogação de um direito fundamental previsto no referido dispositivo. Direito fundamental que protege o exequente, trabalhador que busca na execução trabalhista a satisfação dos seus salários. A propósito, em seu voto, o Ministro Gilmar Mendes, no julgamento do RE n. 466.343-1, sustentou:

> Nesse sentido, é possível concluir que, diante da supremacia da Constituição sobre os atos normativos internacionais, a previsão constitucional da prisão civil do depositário infiel (art. 5º, inciso LXVII) não foi revogada pela ratificação do Pacto Internacional dos Direitos Civis e Políticos (art. 11) e da Convenção Americana sobre Direitos Humanos — Pacto de São José da Costa Rica (art. 7º, 7), mas deixou de ter aplicabilidade diante do efeito paralisante desses tratados em relação à legislação infraconstitucional que disciplina a matéria, incluídos o art. 1.287 do Código Civil de 1916 e o Decreto-Lei n. 911, de 1º de outubro de 1969. Tendo em vista o caráter supralegal desses diplomas normativos internacionais, a legislação infraconstitucional posterior que com eles seja conflitante também tem sua eficácia paralisada.

---

(510) PIOVESAN. 2007a. p. 101.
(511) A escolha da norma mais benéfica ao indivíduo é tarefa que caberá fundamentalmente aos tribunais nacionais, no sentido de assegurar a melhor proteção possível ao ser humano, salienta Flávia Piovesan (*Ibidem*, p. 102).

Portanto, vem decidindo o Supremo Tribunal Federal que o dispositivo constitucional não foi revogado, deixando apenas de ter aplicabilidade, em razão do efeito paralisante estabelecido pelo Pacto de São José da Costa Rica, em relação à matéria infraconstitucional que disciplina a matéria.

A este respeito é valiosa a contribuição de *Sarlet*, ao enfatizar que o problema da hierarquia constitucional entre o tratado incorporado (equivalente às emendas) e a Constituição Federal ainda não foi resolvido, lembrando que as emendas constitucionais podem ser declaradas inconstitucionais caso conflitantes com as cláusulas pétreas da Constituição, e acrescentando:

> No mínimo, não se pode deixar de admitir a possibilidade de uma interpretação que venha a reconhecer um conflito insanável por uma interpretação conforme e que, por via de consequência, possa resultar em uma declaração de inconstitucionalidade de um ou mais aspectos do tratado (emenda) por violação das cláusulas pétreas, se assim quiser o intérprete.[512]

A partir destes argumentos, no mínimo poderemos configurar o conflito entre direitos fundamentais. Se de um lado parte da doutrina e jurisprudência reconhece ao depositário infiel o direito fundamental de não ser preso, por seu direito à liberdade, à vida e à dignidade, de outro lado há também o direito fundamental do credor trabalhista, de recebimento do salário impago, estando aqui também o direito à vida, aos alimentos e à sua própria dignidade.

Reconhecendo-se eventuais colisões entre direitos fundamentais, a doutrina traz a solução na aplicação de regras próprias, na ponderação de princípios e de valores. Segundo *Sarlet*, tem sido adotado habitualmente o critério da opção mais benéfica à pessoa, concluindo que:

> Certo é que também aqui haverá de se buscar uma harmonização das posições conflitantes, no âmbito de uma concordância prática (tal como proposta por *Konrad Hesse*) e que inevitavelmente passa por uma hierarquização dos valores e princípios em pauta (*Juarez Freitas*). Para não nos omitirmos aqui no que diz com uma tomada de posição pessoal e sem que se possa aqui aprofundar-se este aspecto, adotamos o entendimento de que na dúvida impõe-se a opção pela solução mais afinada com a proteção da dignidade da pessoa humana (*in dúbio pro dignitate*), tal qual nos propõe *Juarez Freitas*, ainda que em outro contexto.[513]

Assim, seguindo-se as abalizadas lições da melhor doutrina sobre a matéria, não há, simplesmente, como aniquilar, muitas vezes, as remotas chances do credor trabalhista de recebimento dos seus direitos, protegendo-se o depositário do bem de tal forma que lhe possibilite até mesmo a venda do referido bem sem maiores responsabilidades. A ponderação e harmonização dos interesses conflitantes é a melhor solução encontrada pela doutrina, na defesa da dignidade tanto do depositário como também do credor trabalhista.

---

(512) SARLET. 2005a. p. 149.
(513) *Ibidem*, p. 145.

6.12. Análise da prisão civil do depositário infiel sob a ótica do princípio da prestação jurisdicional efetiva

O Estado tem obrigação de prestar jurisdição efetiva. Trata-se, igualmente, de um direito fundamental do cidadão, consagrado de forma expressa no art. 5º, XXXV, da CF. É sob essa perspectiva, também, que a matéria em discussão deve ser analisada, buscando-se uma solução adequada, célere e efetiva.

Normalmente, nas execuções trabalhistas, o proprietário e possuidor do bem penhorado fica também como depositário fiel deste bem, quando objeto de constrição judicial, a fim de que continue explorando, usando o respectivo bem, e com ele lucrando, já que na maioria das ocasiões vem este a ser o ex-empregador do trabalhador-exequente.[514] Esta medida atinge inúmeros resultados, principalmente em benefício do devedor trabalhista, destacando-se os seguintes.

Ficando o proprietário como depositário do bem, ele consegue continuar usando tal bem e lucrando com este uso, por óbvio. E ainda não sendo este bem recolhido para um depósito oficial, por exemplo, a execução não é onerada, já que não há despesas de transporte e armazenamento deste bem. Possibilita-se, assim, a execução de uma forma menos gravosa para o devedor.

Os próprios tribunais entendiam que se mostra abusiva, como regra geral, o imediato recolhimento do bem a partir da sua penhora, a fim de que não se causassem maiores prejuízos ao devedor, bem como não se onerasse desnecessariamente a execução.

Esta sistemática terá de obrigatoriamente ser alterada na hipótese de a jurisprudência consagrar o entendimento da impossibilidade da prisão civil do depositário infiel desse bem, porquanto não há como se manter este procedimento se não há meios de se garantir a restituição do bem. Trata-se de medida inútil, ineficaz e fadada ao insucesso. Obrigatoriamente, a fim de se garantir um resultado útil e eficaz à prestação jurisdicional, o bem terá de ser recolhido, deixando de ser depositário o proprietário ou possuidor do bem. Esta alternativa estará prejudicando e penalizando aquele devedor de boa-fé que pretende entregar o bem penhorado quando instado a tanto ou então satisfazer a obrigação.

Destarte, seguramente o procedimento na esfera trabalhista terá de ser alterado na hipótese de ser considerada abusiva e inconstitucional a prisão civil do depositário infiel, o que seguramente acarretará maiores dificuldades à execução trabalhista, onerando-a demasiada e desnecessariamente. Sem dúvida que providência mais útil e econômica é a possibilidade de prisão desse depositário, como medida coercitiva eficaz para a restituição do bem penhorado.[515]

---

(514) Cf. salienta Marques (1976. v. 4, p. 164), nestes casos o executado assume duplo papel na execução, sendo ao mesmo tempo executado e depositário, em duas relações que são inconfundíveis. Ovídio Baptista da Silva também salienta a dupla função exercida pelo executado quando confiado a ele o encargo de depositário (SILVA, Ovídio Araújo Baptista da. *Curso de processo civil*. 5. ed. São Paulo: Revista dos Tribunais, 2002. v. 2, p. 96).
(515) Salienta Dinamarco (2005. p. 543) que a prisão civil configura-se como instrumento de pressão destinado a estimular o depositário a apresentar o bem ilegitimamente apropriado.

Conclusão

1. A política constitucional do Brasil foi historicamente marcada pela falta de efetividade das múltiplas Constituições. O advento da Constituição de 1988 estabeleceu um marco divisório nessa história, traçando como objetivo alcançar um País justo e digno, construído a partir de avanços sociais. Estes objetivos, que não são fruto da construção puramente doutrinária, mas estão expressos na Carta Constitucional, especialmente no Preâmbulo e no capítulo que elenca os princípios fundamentais, não podem, jamais, ser esquecidos.

Essa trajetória nos possibilita optar pela manutenção do modelo clássico de interpretação das normas constitucionais, lendo a Constituição como uma carta de princípios programáticos, tão somente, e, em consequência, aguardando, clamando ou implorando ações concretas pelo legislador constituinte, ou pelo reconhecimento da força normativa dos seus textos, dando concretude à vontade expressa desde a Constituinte e há muito mais tempo pelo povo brasileiro. Se optarmos pela primeira alternativa a história não mudará, em virtude da falta de compromisso político de se dar eficácia plena às normas constitucionais: continuará marcada pela frustração do povo brasileiro, que comemorou, em 1988, o acesso a diversos direitos, mas acabou nunca desfrutando desses benefícios.

É chegado o momento de fazermos escolhas e estabelecermos posições. Não apenas a respeito, por exemplo, da aplicação imediata ou não das normas que asseguram o aviso-prévio proporcional ao tempo de serviço e o direito de greve do servidor público, mas no sentido de seguirmos um ou outro modelo de interpretação das normas constitucionais. Reconhecendo a máxima eficácia possível das normas constitucionais, a força normativa dos textos constitucionais, buscando extrair efeitos concretos desses textos e da vontade do constituinte (também vontade do povo brasileiro, por óbvio), ou então continuando a seguir as teorias clássicas de interpretação das normas constitucionais, espelhadas na doutrina norte-americana principalmente, que visualizam a Constituição como uma carta com normas essencialmente programáticas, muitas delas destituídas de eficácia jurídica. Esses conceitos clássicos não devem ser desprezados, pois ocuparam papel de destaque em seu tempo, sendo fundamentais para a evolução da doutrina a respeito da matéria. Entretanto, entendemos chegar o momento de a doutrina trabalhista romper com essa teoria clássica, que os demais ramos do direito já estão pensando de maneira diferente a respeito da matéria, especialmente no campo específico do Direito Constitucional.

Desse modo, é dever do Estado — entendendo-se aqui como dever de todos os Poderes do Estado e não apenas do Poder Legislativo — a instituição do Brasil como um verdadeiro Estado Democrático e Social de Direito, destinado a assegurar o exercício dos direitos sociais, conforme determina sua Constituição. É também responsabilidade do Estado implementar os fundamentos e objetivos traçados na Constituição, assegurando-se a dignidade da pessoa humana; os valores sociais do trabalho e da livre iniciativa; a construção de uma sociedade livre, justa e solidária; a erradicação da pobreza e da marginalização; bem como a redução das desigualdades sociais e regionais.

Pelas mesmas razões, não há espaço dogmático para que os direitos sociais não sejam reconhecidos como autênticos direitos fundamentais. É inquestionável a fundamentalidade material dessa espécie de direitos, especialmente por estarem assim reconhecidos expressamente no Título II da Constituição, bem como em razão dos objetivos e fundamentos traçados ao Estado brasileiro no preâmbulo da Constituição e em seu capítulo que versa sobre os princípios fundamentais, devendo ser reconhecidos como cláusulas pétreas, pela melhor interpretação da norma constante no art. 60, § 4º, inciso IV, da Constituição.

É dever do juiz, por serem todos juízes constitucionais, buscar a máxima efetividade das normas constitucionais, que é extraída em virtude da sua densidade normativa, estando em favor dos direitos fundamentais a presunção de aplicabilidade imediata e da plenitude eficacial, consoante dispõe o § 1º do art. 5º da Constituição Federal, a fim de que seja alcançada a vontade constitucional, que é a realização de um direito fundamental. Para tanto, não apenas podem, mas devem ser utilizados todos os instrumentos postos à disposição do intérprete para concretização de um direito fundamental, valendo-se dos modernos métodos de interpretação constitucional, do preenchimento de lacunas, bem como dos mecanismos introduzidos na própria Constituição para controle da chamada inconstitucionalidade por omissão, sobretudo do conhecido Mandado de Injunção.

Assim, buscamos demonstrar a eficácia plena da norma constitucional contida no inciso XXI do art. 7º da Constituição Federal, relativa ao aviso-prévio proporcional ao tempo de serviço, atribuindo-se a sua aplicação imediata, sobretudo por se tratar de um direito fundamental. Entendemos, igualmente, que a norma constitucional contida no inciso VII do art. 37º da Constituição Federal, que versa a respeito do direito de greve dos servidores públicos, possui eficácia plena, por se tratar de um autêntico direito fundamental, atribuindo-se aplicação imediata e integral a esta norma.

O Direito do Trabalho sempre ocupou no cenário jurídico brasileiro ideias de vanguarda, orgulhando a todos nós que operamos neste campo e lutamos pela sua realização, e servindo de modelo, em inúmeros aspectos, para diversos outros ramos do Direito. Entretanto, no que tange ao sistema de interpretação das normas constitucionais, ainda estamos pautados em um modelo único, que já está sendo revisto não apenas no campo do Direito Constitucional brasileiro, mas especialmente pela maciça doutrina construída no Direito comparado. Nunca é tarde para reconhecermos a evolução das ideias sobre o tema, seguindo o caminho traçado pela doutrina constitucional que vem sendo construída, no sentido de levar os juízes a conferir a maior eficácia possível às normas de direitos fundamentais. Não se trata de pregar o ineditismo, mas de reconhecer que algumas ideias podem estar ultrapassadas, especialmente se o objetivo maior é a efetivação de um direito fundamental, assegurando a realização de um direito social e cumprindo, assim, os ditames contidos no Preâmbulo e no Título I da Lei Fundamental — que trata dos princípios fundamentais da Constituição Federal.

2. O princípio da proibição de retrocesso é uma realidade nos sistemas jurídicos democráticos. Apesar de estarmos diante de uma novel teoria, são vários os países que aceitam e adotam tranquilamente esse princípio na preservação dos direitos fundamentais sociais. Não apenas nos chamados países desenvolvidos, mas em inúmeros países mais próximos ao Brasil, ainda em desenvolvimento, registra-se a presença desta teoria. É relevante a construção doutrinária e jurisprudencial da Argentina, e também da Colômbia, impedindo a proibição de retrocesso social. O acórdão analisado neste ensaio, fruto de uma decisão paradigmática proferida pelo Tribunal Constitucional de Portugal, deve servir-nos de parâmetro, no delineamento de limites, objetivos e do próprio conteúdo do princípio da proibição de retrocesso. Naquela decisão, bem como nas demais fontes doutrinárias objeto de análise, evidencia-se a proteção do núcleo essencial da norma constitucional, impedindo-se a supressão ou diminuição de um direito fundamental social sem a correspondente contraprestação ou compensação conferida pelo Estado.

Vimos que não possui o constituinte derivado o poder de retirar ou diminuir determinado direito fundamental social do cidadão sem a concessão de um outro direito de mesma natureza, nem a faculdade de eliminar desse direito exclusivamente por problemas de natureza orçamentária, sem a apresentação de razões e justificativas razoáveis a tanto. É dever do Estado a implementação das diretrizes estabelecidas no texto constitucional, não cabendo analisar os princípios fundamentais apenas como meras diretrizes ou normas programáticas. É também dever do Estado concretizar estes direitos e respeitar os princípios fundamentais. Por essas razões, com fundamento na cláusula do Estado social, nos princípios da segurança e da proteção, no princípio da dignidade da pessoa humana, com vistas à proteção dos direitos adquiridos, e extraindo-se da norma constitucional a máxima eficácia e efetividade possível, há que se preservar os direitos fundamentais sociais, impedindo-se a subtração ou diminuição destes direitos pelo legislador sem a devida implementação das respectivas políticas sociais.

O exemplo, relativo ao salário-família, aqui trazido, deve servir de alerta e de advertência, a fim de que o retrocesso social configurado não seja visto também em outros direitos sociais expressos na Constituição. Sendo o salário-família um direito social fundamental, tanto no aspecto material como no formal, por estar assim disposto no texto constitucional, vale-se da regra de aplicação imediata e da observância da melhor doutrina e jurisprudência no sentido da proibição de retrocesso deste direito, a fim de que seja alcançada a vontade constitucional, que é a realização plena de um direito fundamental.

Portanto, o salário-família constitui-se atualmente como mais um, ainda mísero, instrumento de realização do direito fundamental à seguridade social plena, na busca de uma vida digna e, sobretudo, na busca da justiça social. Enquanto o Estado não propiciar a concretude plena desses direitos, não há como se falar na restrição do salário-família, especialmente quando esta restrição passa a afastar esse direito também dos trabalhadores de baixa renda, pois não há como se admitir que apenas os detentores de renda bruta inferior a R$ 360,00 (valor este da época da edição da EC n. 20/98) fossem considerados de baixa renda.

3. A partir dos objetivos fundamentais estabelecidos ao Brasil na Constituição de 1988, expressos especialmente no Preâmbulo e no capítulo que elenca os princípios fundamentais,

na busca de um país justo e digno, com avanços sociais, é possível, lógico e razoável se concluir que as normas coletivas de trabalho devem ser vistas como valiosos instrumentos de melhoria das condições de trabalho dos trabalhadores, bem como de majoração dos direitos mínimos estabelecidos no texto de lei. Não há espaço para se possibilitar uma diminuição de direitos mínimos a partir da interpretação do texto constitucional.

Aliás, com uma atenta leitura dos basilares arts. 9º e 444 da CTL, também não se mostra viável qualquer exame nesse caminho, porquanto os direitos mínimos devem ser mantidos e assegurados, a fim de que se mantenha a estrutura originária do Direito do Trabalho, que busca estabelecer condições que coloquem as partes contratuais — trabalhadores e patrões — em planos iguais, para contratação e execução do contrato de trabalho. Esses objetivos e limites estabelecidos aos contratos coletivos de trabalho são traçados também no plano internacional, sobretudo nas normas postas pela Organização Internacional do Trabalho. O Supremo Tribunal Federal e o Tribunal Superior do Trabalho já retrataram, de forma clara e explícita, esse entendimento.

4. O problema que envolve a análise da prisão civil do depositário infiel diz respeito não apenas ao exame do Pacto de São José da Costa Rica, mas também ao instituto da efetividade do processo. Não podemos ficar divagando sobre o processo, sobre o instituto da prisão civil do depositário infiel — devedor de prestações alimentícias trabalhistas, mas, sim, devemos adotar providências objetivas, que tragam a efetividade ao processo. Há somente duas alternativas a respeito do tema, sobretudo em virtude das recentes decisões sobre a matéria pelo Supremo Tribunal Federal. Ou adotamos o entendimento de que é inviável a prisão civil nessas hipóteses — parecendo-nos equivocado este entendimento a partir da interpretação sistemática do Pacto de São José da Costa Rica — ou determinamos o recolhimento imediato do bem penhorado, retirando-o da posse do empregador e causando, com isso, com larga frequência, grande prejuízo na continuidade do processo produtivo da empresa, já que, normalmente, os bens penhorados são de uso constante e diário pelo detentor do capital, com intuito de obtenção do resultado econômico pretendido.

Adotando-se a primeira opção, certamente não há como se manter o empregador como depositário do bem penhorado, sob pena de o processo estar fadado ao insucesso, configurando a tutela ineficaz e sem nenhuma efetividade por parte do Estado. Apesar de a discussão ser instigante, esta questão certamente não suscita maiores controvérsias, estando pacificado na doutrina o entendimento acerca do espírito, dos princípios e dos valores norteadores do Pacto de São José da Costa Rica. Este Tratado Internacional de Defesa dos Direitos Humanos seguramente não foi concebido para tutelar os interesses do devedor trabalhista, quando este assume o encargo de depositário fiel de um bem penhorado, que servirá para pagamento de uma dívida de natureza alimentícia. Não há dúvidas de que o Pacto de São José da Costa Rica não foi pensado para ser utilizado como mecanismo de burla dos direitos dos trabalhadores, quando estes buscam a tutela do Estado, com vistas ao recebimento dos salários pelo trabalho prestado.

REFERÊNCIAS

ALEXY, Robert. Direitos fundamentais no Estado constitucional democrático. *Revista de Direito Administrativo*, Rio de Janeiro, n. 217, p. 55-66, jul./set. 1999.

_____ . *Teoría de los derechos fundamentales*. 3. ed. Madrid: Centro de Estúdios Constitucionales, 2002.

_____ . *Teoria dos direitos fundamentais*. Tradução de Virgílio Afonso da Silva da 5. ed. alemã. São Paulo: Malheiros, 2008.

ANDRADE, José Carlos Vieira de. *Os direitos fundamentais na Constituição portuguesa de 1976*. 2. ed. Coimbra: Almedina, 2001.

_____ . *Os direitos fundamentais na Constituição portuguesa de 1976*. 3. ed. Coimbra: Almedina, 2004.

ARANGO, Rodolfo. Prohibición de retroceso en Colombia. In: COURTIS, Christian (org.). *Ni un paso atrás*: la prohibición de regresividad en materia de derechos sociales. Buenos Aires: Del Puerto, 2006.

ARAÚJO, Francisco Rossal de. *A boa-fé no contrato de emprego*. São Paulo: LTr, 1996.

_____ et al. Direito como signo: vinte anos. In: MONTESSO, Cláudio José; FREITAS, Marco Antônio de; STERN, Maria de Fátima Coelho Borges (orgs.). *Direitos sociais na Constituição de 1988*: uma análise crítica vinte anos depois. São Paulo: LTr, 2008. p. 308-315.

ASSIS, Araken de. *Comentários ao código de processo civil*. São Paulo: Revista dos Tribunais, 2000. v. 9.

_____ . *Manual da execução*. 11. ed. São Paulo: Revista dos Tribunais, 2007.

ÁVILA, Humberto. *Teoria dos princípios*: da definição à aplicação dos princípios jurídicos. 9. ed. São Paulo: Malheiros, 2009.

BANDINI, Renato Luiz de Avelar. Reconhecimento das convenções e dos acordos coletivos de trabalho — art. 7º, inc. XXVI, da Constituição Federal de 1988. In: VILLATORE, Marco Antônio César; HASSON, Roland (orgs.). *Direito constitucional do trabalho:* vinte anos depois: Constituição Federal de 1988. Curitiba: Juruá, 2008.

BARCELLOS, Ana Paula de. *A eficácia jurídica dos princípios constitucionais*: o princípio da dignidade da pessoa humana. Rio de Janeiro: Renovar, 2002.

BARROSO, Luís Roberto. *Interpretação e aplicação da Constituição*: fundamentos de uma dogmática constitucional transformadora. São Paulo: Saraiva, 1996a.

_____ . *O direito constitucional e a efetividade de suas normas*: limites e possibilidades da Constituição brasileira. 3. ed. Rio de Janeiro: Renovar, 1996b.

_____ ; BARCELLOS, Ana Paula de. O começo da história: a nova interpretação constitucional e o papel dos princípios no direito brasileiro. In: BARROSO, Luís Roberto (org.). *A nova interpretação constitucional*: ponderação, direitos fundamentais e relações privadas. Rio de Janeiro: Renovar, 2003.

BAYLOS, Antonio. *Direito do trabalho*: modelo para armar. São Paulo: LTr, 1999.

BIAVASCHI, Magda Barros. *O direito do trabalho no Brasil — 1930-1942*. São Paulo: LTr, 2007.

BILHALVA, Jacqueline Michels. *A aplicabilidade e a concretização das normas constitucionais*. Porto Alegre: Livraria do Advogado, 2005.

BOBBIO, Norberto. *A era dos direitos*. Rio de Janeiro: Campus, 1992.

_____ . *Teoria geral do direito*. 2. ed. Tradução de Denise Agostinetti. São Paulo: Martins Fontes, 2008.

BONAVIDES, Paulo. *Curso de direito constitucional*. 13. ed. São Paulo: Malheiros, 2003.

_____ . *Curso de direito constitucional*. 22. ed. São Paulo: Malheiros, 2008.

BRASIL. Constituição. *Constituição da República Federativa do Brasil*. Brasília: Senado Federal, 1988.

_____ . *Decreto-Lei n. 4.657, de 4 de setembro de 1942*. Lei de introdução ao código civil brasileiro. Rio de Janeiro, 1942. Disponível em: <http://www.presidencia.gov.br> Acesso em: 6 jun. 2007.

_____ . *Decreto-Lei n. 5.452, de 1º de maio de 1943*. Aprova a Consolidação das Leis do Trabalho. Rio de Janeiro, 1943. Disponível em: <http://www.planalto.gov.br/ccivil_03/Decreto-Lei/Del5452.htm> Acesso em: 30 mar. 2007.

_____ . *Lei n. 5.869, de 11 de janeiro de 1973*. Institui o código de processo civil. Brasília, 1973. Disponível em: <http://www.planalto.gov.br/ccivil_03/LEIS/L5869.htm> Acesso em: 30 mar. 2007.

_____ . *Lei n. 8.078, de 11 de setembro de 1990*. Dispõe sobre a proteção do consumidor e dá outras providências. Brasília, 1990. Disponível em: <http://www.planalto.gov.br/ccivil_03/Leis/ L8078.htm> Acesso em: 30 mar. 2007.

_____ . *Lei n. 10.101, de 19 de dezembro de 2000*. Dispõe sobre a participação dos trabalhadores nos lucros ou resultados da empresa e dá outras providências. Brasília, 2000. Disponível em: <http://www.planalto.gov.br/> Acesso em: 30 mar. 2007.

_____ . *Lei n. 10.406, de 10 de janeiro de 2002*. Institui o código civil. Brasília, 2002. Disponível em: <http://www.presidencia.gov.br/legislacao/> Acesso em: 6 jun. 2007.

_____ . *Mandado de injunção n. 20*. Relator: Celso de Mello. Brasília, 22 nov. 1996. Disponível em: <http://www.stf.gov.br> Acesso em: 6 jun. 2007.

_____ . *Mandado de injunção n. 438*. Relator: Néri da Silveira. Brasília, 16 jun. 1995. Disponível em: <http://www.stf.gov.br> Acesso em: 6 jun. 2007.

_____ . *Portaria interministerial n. 48, de 12 de fevereiro de 2009*. Brasília, 2009. Disponível em: <http://www81.dataprev.gov.br/sislex/paginas/65/MF-MPS/2009/48.htm> Acesso em: 28 jul. 2009.

_____ . Superior Tribunal de Justiça. *Recurso Especial n. 567.873-MG*. Relator: Min. Luiz Fux, em 10.2.2004. Disponível em: <http://www.stj.jus.br> Acesso em: 28 maio 2009.

_____ . Supremo Tribunal Federal. *Mandado de Injunção n. 95-6*. Brasília, 7 out. 1992. Disponível em: <http://www.stf.jus.br/> Acesso em: 30 jul. 2009.

_____ . Supremo Tribunal Federal. *Mandado de Injunção n. 369-6*. Brasília, 19 ago. 1992. Disponível em: <http://www.stf.jus.br/> Acesso em: 30 jul. 2009.

_____ . Supremo Tribunal Federal. *Mandado de Injunção n. 631-MS*. Relator: Min. Ilmar Galvão. DJ, Brasília, 2 ago. 2002. Disponível em: <http://www.stf.gov.br> Acesso em: 13 jul. 2009.

_____ . Supremo Tribunal Federal. *Agravo regimental no recurso extraordinário n. 271.286-8*. Agravante: Município de Porto Alegre. Agravado: Diná Rosa Vieira. Relator: Ministro Celso de Mello. DJU, Brasília, 24 nov. 2000. Disponível em: <http://www.stf.gov.br> Acesso em: 6 jun. 2007.

_____ . Supremo Tribunal Federal. *Mandado de Injunção n. 670-9*. Relator: Maurício Corrêa. Brasília, 24 abr. 2007. Disponível em: <http://www.stf.jus.br/> Acesso em: 30 jul. 2009.

_____ . Supremo Tribunal Federal. *RE n. 234.186/SP*. Relator: Min. Sepúlveda Pertence. Julgado em 5 de junho de 2001. Disponível em: <http://www.stf.jus.br/> Acesso em: 23 abr. 2009.

_____ . Supremo Tribunal Federal. *RE n. 466.343*. Brasília, 2008. Disponível em: <http://www.stf.jus.br/> Acesso em: 3 ago. 2009.

_____ . Tribunal Regional do Trabalho (4ª Região). *Orientação Jurisprudencial n. 84*. Disponível em: <http://www.tst.gov.br/> Acesso em: 6 jun. 2007.

_____ . Tribunal Regional do Trabalho (4ª Região). *Súmula n. 6*. Aviso prévio proporcional. Disponível em: <http://www.trt4.gov.br/> Acesso em: 6 jun. 2007.

BRENNER, Ana Cristina. *A prisão civil como meio de efetividade da jurisdição no direito brasileiro*. Dissertação (Mestrado em Direito) — Programa de Pós-Graduação em Direito, Faculdade de Direito. Porto Alegre: Pontifícia Universidade Católica do Rio Grande do Sul, 2008.

BUENO, Cássio Scarpinella. *Curso sistematizado de direito processual civil*: tutela jurisdicional executiva. São Paulo: Saraiva, 2008.

CAMINO, Carmen. *Direito individual do trabalho*. Porto Alegre: Síntese, 1999.

CAMPOS, Luis Ernesto; KLETZEL, Gabriela. Progresividad y prohibición de regresividad en materia de accidentes de trabajo y enfermedades profesionales en Argentina. In: COURTIS, Christian (org.). *Ni un paso atrás*: la prohibición de regresividad en materia de derechos sociales. Buenos Aires: Del Puerto, 2006.

CANARIS, Claus-Wilhelm. *Direitos fundamentais e direito privado*. Tradução de Ingo Wolfgang Sarlet e Paulo Mota Pinto. Coimbra: Almedina, 2006.

CANOTILHO, J. J. Gomes. *Direito constitucional e teoria da Constituição*. 7. ed. Lisboa: Almedina, 2003.

_____ . *Estudos sobre direitos fundamentais*. Coimbra: Coimbra Editora, 2004.

CASTRO, Carlos Alberto Pereira de; LAZZARI, João Batista. *Manual de direito previdenciário*. São Paulo: LTr, 2006.

CESARINO JÚNIOR, Antônio Ferreira. *Direito social brasileiro*. Rio de Janeiro: Freitas Bastos, 1957.

CHAVES JÚNIOR, José Eduardo de Resende. Direito coletivo do trabalho: uma aproximação pós--estruturalista. In: VIDOTTI, Tárcio José; GIORDANI, Francisco Alberto da Motta Peixoto (orgs.). *Direito coletivo do trabalho em uma sociedade pós-industrial*. São Paulo: LTr, 2003.

COMPARATO, Fábio Konder. *A afirmação histórica dos direitos humanos*. 3. ed. São Paulo: Saraiva, 2003.

COURTIS, Christian. La prohibición de regresividad en materia de derechos sociales: apuntes introductorios. In: COURTIS, Christian (org.). *Ni un paso atrás*: la prohibición de regresividad en materia de derechos sociales. Buenos Aires: Del Puerto, 2006.

COUTURE, Eduardo J. *Fundamentos del derecho procesal civil*. 3. ed. Buenos Aires: Depalma, 1969.

CHAVES, Luciano Athayde. *A recente reforma no processo comum e seus reflexos no direito judiciário do trabalho*. São Paulo: LTr, 2006.

CUEVA, Mário de La. *Panorama do direito do trabalho*. Porto Alegre: Sulina, 1965.

DELGADO, Mauricio Godinho. *Curso de direito do trabalho*. São Paulo: LTr, 2004.

DINAMARCO, Cândido Rangel. *Instituições de direito processual civil*. 2. ed. São Paulo: Malheiros, 2005.

FRANCO, Ana Maria Suárez. Limites constitucionales a la regresividad en Alemania. In: COURTIS, Christian (org.). *Ni un paso atrás:* la prohibición de regresividad en materia de derechos sociales. Buenos Aires: Del Puerto, 2006.

FREITAS, Juarez. *A interpretação sistemática do direito*. 3. ed. São Paulo: Malheiros, 2002.

_____ . *A interpretação sistemática do direito*. 4. ed. São Paulo: Malheiros, 2004.

_____ . O Estado, a responsabilidade extracontratual e o princípio da proporcionalidade. In: SARLET, Ingo Wolfgang (coord.). *Jurisdição e direitos fundamentais*: anuário 2004/2005. Porto Alegre: Livraria do Advogado, 2005. v. 1, t. 1, p. 179-196.

GOMES, Luís Flávio; CUNHA, Rogério Sanches. *Direito penal*: comentários à convenção americana sobre direitos humanos: Pacto de São José da Costa Rica. São Paulo: Revista dos Tribunais, 2008.

GOMES, Orlando; GOTTSCHALK, Elson. *Curso de direito do trabalho*. 16. ed. Rio de Janeiro: Forense, 2000.

GONZÁLEZ, Horacio. Derecho a la seguridad social en Argentina. In: COURTIS, Christian (org.). *Ni un paso atrás:* la prohibición de regresividad en materia de derechos sociales. Buenos Aires: Del Puerto, 2006.

GRAU, Eros Roberto. *A ordem econômica na Constituição de 1988*. 11. ed. São Paulo: Malheiros, 2006.

_____ . *A ordem econômica na Constituição de 1988*: interpretação e crítica. 3. ed. São Paulo: Malheiros, 1997.

_____. *O direito posto e o direito pressuposto.* 4. ed. São Paulo: Malheiros, 2002.

GRECO FILHO, Vicente. *Direito processual civil brasileiro.* 16. ed. São Paulo: Saraiva, 2003.

GUASTINI, Riccardo. *Das fontes às normas.* Tradução de Edson Bini. Apresentação de Heleno Taveira Tôrres. São Paulo: Quartier Latin, 2005.

HESSE, Konrad. *A força normativa da Constituição.* Porto Alegre: Sergio Antonio Fabris, 1991.

KELSEN, Hans. *Teoria pura do direito.* São Paulo: Martins Fontes, 2000.

KRELL, Andreas J. *Direitos sociais e controle judicial no Brasil e na Alemanha*: os (des)caminhos de um direito constitucional "comparado". Porto Alegre: Sergio Antonio Fabris, 2002.

LAMARCA, Antônio. *Curso expositivo de direito do trabalho:* introdução e sistema. São Paulo: Revista dos Tribunais, 1972.

LEDUR, José Felipe. *A realização do direito do trabalho.* Porto Alegre: Sergio Antonio Fabris, 1998.

_____. *Direitos fundamentais sociais:* efetivação no âmbito da democracia participativa. Porto Alegre: Livraria do Advogado, 2009.

LEITE, Carlos Henrique Bezerra. *A greve como direito fundamental.* Curitiba: Juruá, 2006.

LEIVAS, Paulo Gilberto Cogo. *Teoria dos direitos fundamentais sociais.* Porto Alegre: Livraria do Advogado, 2006.

MAGANO, Octavio Bueno. *Política do trabalho.* São Paulo: LTr, 1992.

MAIOR, Jorge Luiz Souto. *O direito do trabalho como instrumento de justiça social.* São Paulo: LTr, 2000.

_____ ; CORREIA, Marcus Orione Gonçalves. O que é direito social? In: CORREIA, Marcus Orione Gonçalves (org.). *Curso de direito do trabalho.* São Paulo: LTr, 2007. v. 1.

MALLET, Estevão. A negociação coletiva nos Estados Unidos da América. In: VIDOTTI, Tárcio José; GIORDANI, Francisco Alberto da Motta Peixoto (orgs.). *Direito coletivo do trabalho em uma sociedade pós-industrial.* São Paulo: LTr, 2003.

MANSUETI, Hugo Roberto. O direito do trabalho na sociedade Argentina. In: FREDIANI, Yone; SILVA, Jane Granzoto Torres da (orgs.). *O direito do trabalho na sociedade contemporânea.* São Paulo: Jurídica Brasileira, 2001.

MARANHÃO, Délio; CARVALHO, Luís Inácio Barbosa. *Direito do trabalho.* 17. ed. Rio de Janeiro: FGV, 1993.

MARINONI, Luiz Guilherme. *Técnica processual e tutela dos direitos.* São Paulo: Revista dos Tribunais, 2004.

MARQUES, José Frederico. *Manual de direito processual civil.* 5. ed. São Paulo: Saraiva, 1976. v. 4.

MARQUES, Rafael da Silva. *Valor social do trabalho, na ordem econômica, na Constituição brasileira de 1988.* São Paulo: LTr, 2007.

MAXIMILIANO, Carlos. *Hermenêutica e aplicação do direito.* 19. ed. Rio de Janeiro: Forense, 2006.

MENDES, Gilmar Ferreira; COELHO, Inocêncio Mártires; BRANCO, Paulo Gustavo Gonet. *Curso de direito constitucional.* 2. ed. São Paulo: Saraiva, 2008.

MICHAELIS: moderno dicionário da língua portuguesa. São Paulo: Companhia Melhoramentos, 1998.

MIRANDA, Jorge. *Manual de direito constitucional.* 2. ed. Coimbra: Coimbra Editora, 1998. t. 4.

_____. *Manual de direito constitucional.* 3. ed. Coimbra: Coimbra Editora, 2000. t. 4.

_____. *Manual de direito constitucional.* 5. ed. Coimbra: Coimbra Editora, 2003. t. 2.

_____. *Teoria do Estado e da Constituição.* Rio de Janeiro: Forense, 2005.

MORAES FILHO, Evaristo de. *Introdução ao direito do trabalho.* São Paulo: LTr, 2000.

MORAES, Guilherme Braga Peña de. *Dos direitos fundamentais*: contribuição para uma teoria. São Paulo: LTr, 1997.

NASCIMENTO, Amauri Mascaro. *Curso de direito do trabalho*. São Paulo: Saraiva, 2005.

ORGANIZAÇÃO INTERNACIONAL DO TRABALHO. *Convenção n. 151*. Disponível em: <http://www.ilo.org/ilolex/english/convdisp1.htm> Acesso em: 6 jun. 2007.

PIOVESAN, Flávia. *Direitos humanos e justiça internacional*. São Paulo: Saraiva, 2007b.

_____ . *Direitos humanos e o direito constitucional internacional*. 8. ed. São Paulo: Saraiva, 2007a.

_____ . Proteção internacional dos direitos econômicos, sociais e culturais. In: SARLET, Ingo Wolfgang (org.). *Direitos fundamentais sociais*: estudos de direito constitucional, internacional e comparado. Rio de Janeiro: Renovar, 2003a.

_____ . *Proteção judicial contra omissões legislativas*: ação direta de inconstitucionalidade por omissão e mandado de injunção. São Paulo: Revista dos Tribunais, 2003b.

PISARELLO, Geraldo. Derechos sociales y principio de no regresividad en España. In: COURTIS, Christian (org.). *Ni un paso atrás:* la prohibición de regresividad en materia de derechos sociales. Buenos Aires: Del Puerto, 2006. p. 307-327.

PORTUGAL. Tribunal Constitucional. *Acórdão 509/02*. Lisboa, 2002. Disponível em: <http://www.tribunalconstitucional.pt/tc/acordaos/20020509.html> Acesso em: 28 maio 2009.

RAPASSI, Rinaldo Guedes. *Direito de greve de servidores públicos*. São Paulo: LTr, 2005.

RAWLS, John. *Uma teoria da justiça*. Tradução de Almiro Pisetta e Lenita M. R. Esteves. São Paulo: Martins Fontes, 1997.

RIO GRANDE DO SUL. Tribunal Regional do Trabalho (4ª Região). *Processo n. 01836.921/95-0 (RO)*. 1ª Turma. Relatora: Carmen Camino. Porto Alegre, 29 abr. 1999. Disponível em: <http://www.trt4.gov.br/> Acesso em: 21 fev. 2006.

RODRIGUEZ, Américo Plá. *Princípios de direito do trabalho*. 3. ed. Tradução de Wagner D. Giglio e Edilson Alkmim Cunha. São Paulo: LTr, 2000.

ROMITA, Arion Sayão. *Direitos fundamentais nas relações de trabalho*. São Paulo: LTr, 2005.

_____ . Os direitos sociais na Constituição brasileira. *Revista de Direito do Trabalho*, São Paulo, v. 13, n. 73, p. 70-82, maio/jun. 1988.

_____ . *Os direitos sociais na Constituição e outros estudos*. São Paulo: LTr, 1991.

ROSSI, Julieta. Jurisprudencia del Comitê DESC. In: COURTIS, Christian (org.). *Ni un paso atrás*: la prohibición de regresividad en materia de derechos sociales. Buenos Aires: Del Puerto, 2006.

RUSCHEL, Ruy Ruben. A eficácia dos direitos sociais. *Revista da Ajuris*, Porto Alegre, v. 20, n. 58, p. 291-296, 1993.

_____ . O magistrado e as agressões à Constituição... por omissão. *Revista da Ajuris*, Porto Alegre, v. 17, n. 50, p. 144-148, 1990.

RUSSOMANO, Mozart Victor. *Comentários à consolidação das leis do trabalho*. 6. ed. Rio de Janeiro: José Konfino, 1962. v. 1.

_____ . *Estudos de direito do trabalho*. 2. ed. Rio de Janeiro: José Konfino, 1964.

_____ . Evolução do direito e flexibilização. *Revista ANAMATRA*, Rio de Janeiro, n. 56, p. 69, jan. 2009.

_____ . *Pequeno curso de direito do trabalho*. Rio de Janeiro: José Konfino, 1956.

_____ . *Princípios gerais de direito sindical*. 2. ed. Rio de Janeiro: Forense, 1998.

SAMPAIO, José Adércio Leite. *Direitos fundamentais*: retórica e historicidade. Belo Horizonte: Del Rey, 2004.

SARLET, Ingo Wolfgang. *A eficácia dos direitos fundamentais*. Porto Alegre: Livraria do Advogado, 2005.

_____ . As dimensões da dignidade da pessoa humana: construindo uma compreensão jurídico--constitucional necessária e possível. In: SARLET, Ingo Wolfgang (org.). *Dimensões da dignidade*: ensaios de filosofia do direito e direito constitucional. Porto Alegre: Livraria do Advogado, 2005.

_____. *Direitos fundamentais sociais:* estudos de direito constitucional, internacional e comparado. Rio de Janeiro: Renovar, 2003.

_____. *Prohibición de retroceso en Brasil.* In: COURTIS, Christian (org.). *Ni un paso atrás:* la prohibición de regresividad en materia de derechos sociales. Buenos Aires: Del Puerto, 2006.

SCHULTE, Bernd. Direitos fundamentais, segurança social e proibição de retrocesso. In: SARLET, Ingo Wolfgang (org.). *Direitos fundamentais sociais*: estudos de direito constitucional, internacional e comparado. Rio de Janeiro: Renovar, 2003.

SILVA, Jaqueline Mielke; XAVIER, José Tadeu Neves. *Curso de processo civil.* Rio de Janeiro: Forense, 2008. v. 2.

SILVA, José Afonso da. *Aplicabilidade das normas constitucionais.* 2. ed. São Paulo: Revista dos Tribunais, 1982.

_____. *Curso de direito constitucional positivo.* 24. ed. São Paulo: Malheiros, 2005.

SILVA, Ovídio Araújo Baptista da. *Curso de processo civil.* 5. ed. São Paulo: Revista dos Tribunais, 2002. v. 2.

STRECK, Lenio Luiz. *Constituição*: limites e perspectivas da revisão. Porto Alegre: Rigel, 1993.

_____. *Hermenêutica jurídica e(m) crise.* 2. ed. Porto Alegre: Livraria do Advogado, 2000.

STÜRMER, Gilberto. *A liberdade sindical na Constituição da República Federativa do Brasil de 1988 e sua relação com a Convenção n. 87 da Organização Internacional do Trabalho.* Porto Alegre: Livraria do Advogado, 2007.

SÜSSEKIND, Arnaldo et al. *Direito constitucional do trabalho.* 2. ed. Rio de Janeiro: Renovar, 2001.

_____. *Instituições de direito do trabalho.* 19. ed. São Paulo: LTr, 2000. v. 1.

_____. *Instituições de direito do trabalho.* 19. ed. São Paulo: LTr, 2000. v. 2.

_____. Os princípios do direito do trabalho e a Constituição de 1988. In: GIORDANI, Francisco Alberto da Motta Peixoto; MARTINS, Melchíades Rodrigues; VIDOTTI, Tárcio José (orgs.). *Fundamentos do direito do trabalho.* São Paulo: LTr, 2000.

TEIXEIRA, José Horácio Meirelles. *Curso de direito constitucional.* Revisto e atualizado por Maria Garcia. Rio de Janeiro: Forense Universitária, 1991.

THEODORO JÚNIOR, Humberto. *Curso de direito processual civil:* processo de execução e cumprimento da sentença, processo cautelar e tutela de urgência. Rio de Janeiro: Forense, 2007.

TORRES, Ricardo Lobo. A metamorfose dos direitos sociais em mínimo existencial. In: SARLET, Ingo Wolfgang (org.). *Direitos fundamentais sociais:* estudos de direito constitucional, internacional e comparado. Rio de Janeiro: Renovar, 2003.

TRINDADE, Antônio Augusto Cançado. *Tratado de Direito Internacional dos Direitos Humanos.* Porto Alegre: Sergio Antonio Fabris, 1999. v. 2.

UPRIMNY, Rodrigo; GUARNIZO, Diana. Es possible una dogmática adecuada sobre la prohibición de regresividad? Un enfoque desde la jurisprudencia constitucional colombiana. *Direitos Fundamentais & Justiça*: Revista do Programa de Pós-Graduação Mestrado e Doutorado em Direito da PUC-RS, Porto Alegre, ano 2, n. 3, p. 37-64, 2008.

URIARTE, Oscar Ermida. Derechos humanos laborales en el derecho uruguayo. In: *Cadernos da Amatra IV*, Porto Alegre, ano 2, n. 4, p. 50-61, 2007.

VERA, Oscar Parra. Derecho a la salud y prohibición de regresividad. In: COURTIS, Christian (org.). *Ni un paso atrás*: la prohibición de regresividad en materia de derechos sociales. Buenos Aires: Del Puerto, 2006. p. 53-78.

VIANNA, Segadas. *Instituições de direito do trabalho.* São Paulo: LTr, 2000. v. 2.

VIEIRA, Oscar Vilhena. *Direitos fundamentais*: uma leitura da jurisprudência do STF. São Paulo: Malheiros, 2006.